高等教育应用型本科人才培养系列教材

高级财务会计(三)

(第2版)

王宇慧　张劲松　李　文　主　编

哈尔滨工程大学出版社
Harbin Engineering University Press

内容简介

本书在中级财务会计的基础上结合2017年以来新发布及修订的会计准则，对特殊业务会计的理论、方法和程序进行了阐述。本书重点介绍了外币会计、所得税会计、上市公司会计信息的披露、租赁会计、企业合并会计、通货膨胀会计以及清算会计。

本书内容翔实，理论讲解全面、深入，具有较强的实用价值。可作为大专院校及自学考试教材，也可作为会计实务工作者拓展知识的参考书。

图书在版编目(CIP)数据

高级财务会计. 三/王宇慧，张劲松，李文主编
.—2版.—哈尔滨：哈尔滨工程大学出版社,2021.12
ISBN 978-7-5661-2983-3

Ⅰ.①高… Ⅱ.①王… ②张… ③李… Ⅲ.①财务会计 Ⅳ.①F234.4

中国版本图书馆CIP数据核字(2021)第249314号

高级财务会计(三)(第2版)
GAOJI CAIWU KUAIJI(SAN)(DI 2 BAN)

选题策划 夏飞洋
责任编辑 夏飞洋 秦 悦
封面设计 刘长友

出版发行 哈尔滨工程大学出版社
社　　址 哈尔滨市南岗区南通大街145号
邮政编码 150001
发行电话 0451-82519328
传　　真 0451-82519699
经　　销 新华书店
印　　刷 哈尔滨市石桥印务有限公司
开　　本 787 mm×1 092 mm 1/16
印　　张 13.75
字　　数 352千字
版　　次 2021年12月第2版
印　　次 2021年12月第1次印刷
定　　价 46.00元
http://www.hrbeupress.com
E-mail:heupress@hrbeu.edu.cn

前　言

为了适应我国企业和资本市场发展的实际需要，财政部在2017年新发布及修订了7项具体会计准则，分别是《企业会计准则第42号——持有待售的非流动资产、处置组和终止经营》《企业会计准则第22号——金融工具确认和计量》《企业会计准则第23号——金融资产转移》《企业会计准则第24号——套期会计》《企业会计准则第37号——金融工具列报》《企业会计准则第14号——收入》《企业会计准则第16号——政府补助》，并在2018年修订了《企业会计准则第21号——租赁》，2019年修订了《企业会计准则第7号——非货币性资产交换》《企业会计准则第12号——债务重组》，实现了我国企业会计准则与国际财务报告准则的持续趋同。

本书是以最新发布及修订的企业会计准则为背景，研究中级财务会计没有研究的问题，在内容上定位于“特殊业务”的会计理论与方法，同时兼顾会计实践中新产生的需要在理论上予以说明的问题。本书的编写目的是使学员掌握在我国已经成熟或较为成熟的特殊业务会计知识，并扩展学员的会计理论知识，为研究今后可能不断出现的新的特殊业务会计奠定基础，以满足社会对会计人才的需要。

全书共分为十一章，由王宇慧、张劲松、李文担任主编。具体分工如下：第一章、第五章由张劲松编写，第二章、第三章由李文编写，第四章、第九章、第十章由王宇慧编写，第六章、第七章由陶海军编写，第八章由李沐瑶编写，第十一章由谷丰编写。全书由王宇慧进行统稿。本书在编写过程中得到了于海凤、柳佳及王宗琬的大力帮助，同时还参考了诸多学者的文献著述，谨在此表示诚挚的感谢。

由于编者水平有限，书中难免出现疏漏和不当之处，恳望读者、学界前辈及同人不吝赐教，以便匡正。

编　者

2021年9月

目　　录

第一章　外币会计

本章主要介绍外币业务的概念、内容及外币交易会计处理的方法和外币财务报表折算的方法。

【考核知识点】

汇率的分类和标价方法;外币账户的设置;外币交易核算的基本程序;记账本位币的确定、外币业务的日常账务处理;资产负债表日及结算日有关货币性项目与非货币性项目的调整;境外经营记账本位币的确定;外币财务报表折算的一般原则。

【重要概念】

外币　汇率　记账本位币　外币交易　外币财务报表折算

第一节　外币业务概述

一、外币交易的相关概念

(一)外币与外汇

外币与外汇是两个概念。外币是“外国货币”的简称,是指本国货币以外的其他国家或地区的货币。外汇是指以外币表示的用于国际结算的支付手段,包括可用于国际支付的特殊债券、其他外币资产,外汇包括外币。

在会计上,对外币核算有广义的理解。除了直接涉及的外国货币,只要以外国货币形式进行结算的业务都可以纳入外币核算会计中。

(二)外币和记账本位币

记账本位币是指企业所选定的登账货币,而外币是记账本位币之外的货币,二者是相对的概念。

(三)外币业务及外币账户

外币业务:凡是以外币计价的业务,均为外币业务。

外币账户:反映外币收支的账户,主要包括外币现金、外币银行存款、外币应收账款、外币应付账款等。外币账户的最大特点是其价值大小受汇率波动的影响。

二、汇率的分类和标价方法

（一）汇率的种类

1. 买入汇率和卖出汇率

由于大多数外汇交易都与银行发生关系，因此，汇率总是从银行买卖外汇的角度进行标价的。银行从客户买入外汇的汇率叫作买入汇率，也称买入价。银行向客户卖出外汇的汇率叫作卖出汇率，也称卖出价。买入汇率和卖出汇率的平均数，称为中间汇率或中间价。在直接标价法下，卖出价高于买入价；而在间接标价法下，卖出价要低于买入价，其间的差额即为银行外汇的毛利。

2. 现行汇率和历史汇率

现行汇率也称现时汇率，是指当前外币经济业务发生时的当天汇率，或当前编制财务报表时的当天汇率。企业发生外币经济业务时所采取的记账汇率，往往是现行汇率（有时为了简化，也可以采用当月 1 日的汇率）。历史汇率是指最初取得外币资产或最初承担外币负债时的汇率，即经济业务最初发生时的汇率。一般指已登记入账的账面汇率，即过去的记账汇率。现行汇率与历史汇率是相对的，目前的现行汇率经过一段时间之后，也就成了历史汇率。

3. 即期汇率和远期汇率

即期汇率也称现汇汇率，是指在外汇买卖成交后立即或最迟不超过两个营业日进行交割的汇率，即现汇交易中即期交割的汇率。目前即期汇率通常是指中国人民银行公布的当日人民币外汇牌价的中间价。即期汇率的近似汇率是指按照系统合理的方法确定的、与交易发生日即期汇率近似的汇率，通常采用当期平均汇率或加权平均汇率等。企业通常应当采用即期汇率进行折算。汇率变动不大的，也可以采用即期汇率的近似汇率进行折算。

远期汇率也称期汇汇率，是指外汇买卖双方订立外汇买卖契约，事先约定在将来的一定时日据以交割的外汇汇率，即期汇交易中采用的汇率。约定后，不论到期时日的即期汇率涨跌如何，均按原定的约定汇率交割。

（二）汇率的标价方法

1. 直接标价法

直接标价法又称应付标价法，是指每单位外国货币可兑换的本国货币的金额，或者说，是以一定单位的外国货币为标准，来计算应付若干单位的本国货币。例如，将我国人民币对美元的汇率表示为 US $ 100 = RMB ¥ 696.7，即为直接标价法。在直接标价法下，外汇汇率的升降与本国货币标价数额的增减趋势一致。如果兑换一单位外国货币所支付的本国货币比以前多，表明外国货币的币值上升，本国货币的币值下降；反之，表明外国货币币值下降，本国货币币值上升。

2. 间接标价法

间接标价法又称应收标价法，是指每单位本国货币可兑换的外国货币金额，或者说，是以一定单位的本国货币为标准，来计算应收若干单位的外国货币。在间接标价法下，外汇汇率实际上是以其他国家货币表明的本国货币的价格。如果兑出一单位本国货币收回的外国货币比以前少，表明外国货币币值上升，本国货币币值下降；反之，表明外国货币币值下降，本国货币币值上升。

三、外币账户的设置

我国《企业会计准则》规定："会计核算以人民币为记账本位币。业务收支以外币为主的企业，也可以选定某种外币作为记账本位币，但编制的会计报表应当折算为人民币。"外币业务的记账方法有外币统账制和外币分账制两种。企业在对外币业务进行会计核算时，记账方法上可以选择外币统账制或者外币分账制。

外币统账制是指企业在发生外币业务时必须及时折算为记账本位币记账，并以此编制会计报表。外汇统账制是一种以本国货币为记账本位币的记账方法，即以人民币为记账单位来记录所发生的外汇交易业务，将发生的多种货币的经济业务折合成人民币加以反映，外币在账上仅作辅助记录。我国除了有外币业务的金融企业外，其他企业一般都采用这种方法。

外币分账制是指商业银行处理外汇业务所采用的一种专门记账方法。它是在外汇业务发生时，对有关外币的账务，从填制凭证、登记账簿到编制报表，都直接以外币核算，各种外币都自成一套独立的账务系统，互不混淆。

在我国，金融企业外币账户采用的是分账制，不需要在业务发生时折算成记账本位币，而应在期末将报表按照记账本位币折算。

教材中所讲的企业（非金融企业），采用的是统账制，即所涉及的外币业务，在交易发生时，就需要将外币账户折成记账本位币记账。

外币账户的分类如图 1－1 所示。

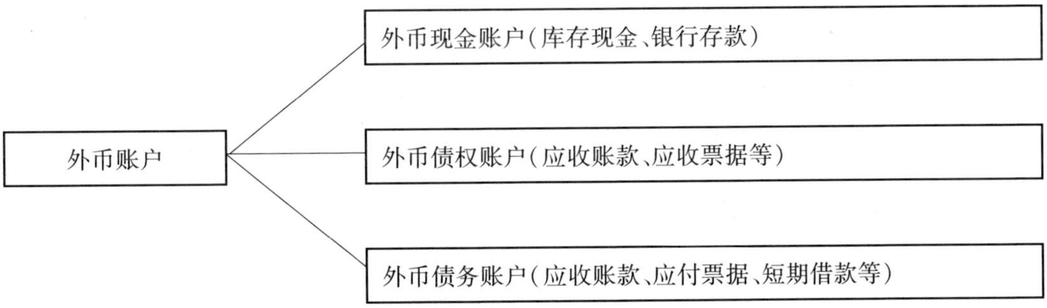

图 1－1　外币账户的分类

第二节　外币交易的会计处理

一、外币交易的主要内容

外币交易是指以外币计价或者结算的交易,包括买入或者卖出以外币计价的商品或者劳务、借入或者借出外币资金和其他以外币计价或者结算的交易。外币是企业记账本位币以外的货币。

一项外币业务的发生,从发生日到结算日,往往要经过一段时间,有的还可能跨越年度。在此期间,由于交易发生日、报表编制日和交易结算日各个时点外汇汇率的变动,必然会产生以下四个会计处理问题:

(1)外币业务发生时的原始记录,主要是借贷和应收、应付外币账户的记录;

(2)应收、应付外币账款到期结算的记录;

(3)外币汇兑损益的账务处理;

(4)在会计期末如何调整外币账户余额来反映未实现外币汇兑损益。

二、外币交易的会计处理

(一)外币交易会计核算的基本程序

第一,根据一定的折算汇率,将外币金额折算为记账本位币金额,按照折算后的记账本位币金额登记有关账户。

在登记有关记账本位币账户的同时,按照外币金额登记相应的外币账户。

将外币金额折算为记账本位币金额时,应采用外币业务发生时的市场汇率,也可以采用外币业务发生当期期初的市场汇率。

第二,对各种外币账户(包括外币现金、银行存款以及外币结算的债权债务)的期末余额,按照期末市场汇率折算为记账本位币金额,并将外币账户期末余额折算为记账本位币的金额与相对应的记账本位币账户的期末余额之间的差额,确认为汇兑损益。

(二)记账本位币的确定

1. 记账本位币的定义

记账本位币是指企业经营所处的主要经济环境中的货币。它通常是企业主要收、支现金的经济环境中的货币,因为使用这一货币最能反映企业主要交易业务的经济结果。例如,我国企业一般以人民币作为记账本位币。需要说明的是,我国会计上所称的记账本位币,与国际财务报告准则中的功能货币,虽然名称不同,但实质内容是一致的。

2. 企业记账本位币的确定

《中华人民共和国会计法》规定,业务收支以人民币以外的货币为主的企业,可以选定其中一种货币作为记账本位币,但是编报财务报表时应当折算为人民币。企业选定记账本位币，应当考虑下列因素：

(1)该货币主要影响商品和劳务销售价格，通常以该货币进行商品和劳务的计价和折算；

(2)该货币主要影响商品和劳务所需人工、材料和其他费用，通常以该货币进行上述费用的计价和结算；

(3)融资活动获得的货币以及保存从经营活动中收取款项时所使用的货币。

【例1-1】 甲公司为外贸自营出口企业，超过80%的营业收入来自对美国的出口，其商品销售价格主要受美元汇率波动的影响，以美元计价。因此，从影响商品和劳务销售价格的角度看，甲公司应选择美元作为记账本位币。

如果甲公司除厂房设施、30%的人工成本在国内以人民币采购或支付外，生产所需原材料、机器设备及70%以上的人工成本都以美元从美国采购或支付，则可确定甲公司的记账本位币是美元。

但是，如果甲公司95%以上的人工成本、原材料及相应的厂房设施、机器设备等在国内采购并以人民币计价，甲公司取得的美元营业收入在汇回国内时直接兑换成了人民币存款，且甲公司对美元汇率波动产生的外币风险进行了套期保值，降低了汇率波动对企业取得的外币销售收入的影响，那么，甲公司可以选择人民币作为记账本位币。

3. 企业境外经营记账本位币的确定

境外经营有两个方面的含义：

(1)指企业在境外的子公司、合营企业、分支机构或联营企业；

(2)当企业在境内的子公司、合营企业、分支机构或联营企业，选定的记账本位币与企业的记账本位币不同时，也应当视同境外经营。确定境外经营，不是以位置是否在境外为判定标准，而是要看其选定的记账本位币是否与企业的记账本位币相同。

企业选定境外经营的记账本位币，除考虑前面所讲的因素外，还应考虑下列因素：

(1)境外经营对其所从事的活动是否具有很强的自主性；

(2)境外经营活动中与企业的交易是否在境外经营活动中占有较大比重；

(3)境外经营活动产生的现金流量是否直接影响企业的现金流量、是否可以随时汇回；

(4)境外经营活动产生的现金流量是否足以偿还其现有债务和可预期的债务。

4. 记账本位币的变更

企业选择的记账本位币一经确定，不得随意变更。

企业因经营所处的主要经济环境发生重大变化，确需变更记账本位币的，应当采用变更当日的即期汇率将所有项目折算为变更后的记账本位币，折算后的金额作为以新的记账本位币计量的历史成本，由于采用同一即期汇率进行折算，因此不会产生汇兑差额。

(三)外币交易日核算和初始计量

企业发生外币交易的，应在初始确认时采用交易发生日的即期汇率或即期汇率的近似汇率将外币金额折算为记账本位币金额，按照折算后的记账本位币金额登记有关账户；在登记有关记账本位币账户的同时，按照外币金额登记相应的外币账户。

企业通常应当采用即期汇率进行折算。即期汇率一般指中国人民银行公布的当日人民币外汇牌价的中间价。但是,在企业发生单纯的货币兑换交易或涉及货币兑换的交易事项时,仅用中间价不能反映货币买卖的损益,则应当按照交易实际采用的汇率(即银行买入价或卖出价)折算。

当汇率变化不大时,为简化核算,企业也可以采用即期汇率的近似汇率进行折算。即期汇率的近似汇率是指按照系统合理的方法确定的、与交易发生日即期汇率近似的汇率,通常采用当期平均汇率或加权平均汇率等。加权平均汇率需要采用外币交易的外币金额作为权重进行计算。

【例1-2】 甲公司属于增值税一般纳税人,记账本位币为人民币,其外币交易采用交易日即期汇率折算。20×0年3月2日,甲公司从国外乙公司购入某原材料,货款300 000美元,当日的即期汇率为1美元=6.83人民币元,按照规定应缴纳的进口关税为204 900人民币元,支付进口增值税为348 330人民币元,货款尚未支付,进口关税及增值税已由银行存款支付。甲公司账务处理为

借:原材料——××材料　　2 253 900(300 000×6.83+204 900)
　应交税费——应交增值税(进项税额)　　348 330
　贷:应付账款——乙公司(美元)　　2 049 000
　　银行存款　　553 230(204 900+348 330)

【例1-3】 甲公司记账本位币为人民币,外币交易采用交易日即期汇率折算。20×0年4月10日,向国外丙公司出口销售一批商品,根据销售合同,货款共计800 000欧元,当日的即期汇率为1欧元=8.87人民币元。假定不考虑增值税等相关税费,货款尚未收到。甲公司账务处理为

借:应收账款——丙公司(欧元)　　7 096 000(800 000×8.87)
　贷:主营业务收入——出口××商品　　7 096 000

【例1-4】 甲公司的记账本位币为人民币,其外币交易采用交易日即期汇率折算。20×0年2月4日,从银行借入200 000英镑,期限为6个月,年利率为5%(等于实际利率),借入的英镑暂存银行。借入当日的即期汇率为1英镑=9.83人民币元。甲公司账务处理为

借:银行存款——××银行(英镑)　　1 966 000(200 000×9.83)
　贷:短期借款——××银行(英镑)　　1 966 000(200 000×9.83)

【例1-5】 甲公司的记账本位币为人民币,其外币交易采用交易日即期汇率折算。20×0年7月28日,将货款1 000 000欧元到银行兑换成人民币,银行当日的欧元买入价为1欧元=9.51人民币元,中间价为1欧元=9.72人民币元。

本例中,企业与银行发生货币兑换,兑换所用汇率为银行的买入价,而通常记账所用的即期汇率为中间价,由此产生的汇兑差额计入当期财务费用。甲公司当日的账务处理为

借:银行存款——××银行(人民币)　　9 510 000(1 000 000×9.51)
　财务费用——汇兑差额　　210 000
　贷:银行存款——××银行(欧元)　　9 720 000(1 000 000×9.72)

企业收到投资者以外币投入的资本，无论是否有合同约定汇率，均不得采用合同约定汇率和即期汇率的近似汇率折算，而应当采用交易发生日的即期汇率折算。这样，外币投入资本与相应的货币性项目的记账本位币金额相等，不产生外币资本折算差额。需要说明的是，虽然"股本（或实收资本）"账户的金额不能反映股权比例，但并不改变企业分配和清算的约定比例，这一约定比例通常已经包括在合同当中。

根据《关于外商投资的公司审批登记管理法律适用若干问题的执行意见》（工商外企字〔2006〕81 号）的规定，外商投资公司的注册资本只能采用收到出资当日的即期汇率，不再使用合同汇率，也不使用即期汇率的近似汇率，与其相对应的资产类科目也不使用即期汇率的近似汇率。这样，外币投入资本不会产生汇兑差额，资产类科目在期末仍分别作为货币性项目与非货币性项目进行处理。

【例 1-6】 甲公司的记账本位币为人民币，其外币交易采用交易日即期汇率折算。20×0 年 2 月 25 日，甲公司为增资扩股与某外商签订投资合同，当日收到外商投入资本 2 000 000美元，当日的即期汇率为 1 美元 =6.82 人民币元，其中，13 000 000 人民币元作为注册资本的组成部分。假定投资合同约定的汇率为 1 美元 =6.85 人民币元。甲公司账务处理为

借：银行存款——××银行（美元）　　13 640 000（2 000 000 ×6.82）
　贷：实收资本——××　　13 000 000
　　资本公积——资本溢价　　640 000

（四）外币交易的期末调整

资产负债表日，企业应当分别对外币货币性项目和外币非货币性项目进行处理。

1. 外币货币性项目

货币性项目是指企业持有的货币和将以固定或可确定金额的货币收取的资产或者偿付的负债。货币性项目分为货币性资产和货币性负债：货币性资产包括现金、银行存款、应收账款、其他应收款、长期应收款等；货币性负债包括应付账款、其他应付款、短期借款、应付债券、长期借款和长期应付款等。

资产负债表日或结算货币性项目时，企业应当采用资产负债表日或结算当日即期汇率折算外币货币性项目，因当日即期汇率与初始确认时或者前一资产负债表日即期汇率不同而产生的汇兑差额，作为财务费用处理，同时调增或调减外币货币性项目的记账本位币金额。

【例 1-7】 沿用【例 1-2】，20×0 年 3 月 31 日，甲公司尚未向乙公司支付所欠货款，当日即期汇率为 1 美元 =6.8 人民币元。对该笔交易产生的外币货币性项目"应付账款"采用期末即期汇率进行折算，折算为记账本位币 2 040 000 人民币元（300 000 ×6.8），与其原记账本位币之差额 9 000 人民币元计入当期损益。甲公司账务处理为

借：应付账款——乙公司（美元）　　9 000［300 000 ×（6.83 -6.8）］
　贷：财务费用——汇兑差额　　9 000

【例 1-8】 沿用【例 1-3】，20×0 年 4 月 30 日，甲公司仍未收到丙公司购货款，当日

的即期汇率为1欧元=9.08人民币元。对该笔交易产生的外币货币性项目“应收账款”采用期末即期汇率进行折算，折算为记账本位币7 264 000人民币元（800 000×9.08），与其原记账本位币之差额168 000人民币元计入当期损益。甲公司账务处理为

借：应收账款——丙公司（欧元）　　168 000［800 000×（9.08－8.87）］
　贷：财务费用——汇兑差额　　168 000

假定20×0年5月20日收到上述货款，兑换成人民币直接存入银行，当日银行的欧元买入价为1欧元=9.28人民币元。甲公司账务处理为

借：银行存款——××银行（人民币）　　7 424 000（800 000×9.28）
　贷：应收账款——丙公司（欧元）　　7 264 000（800 000×9.08）
　　财务费用——汇兑差额　　160 000

【例1-9】 沿用【例1-4】，假定20×0年2月28日即期汇率为1英镑=9.75人民币元，则对该笔交易产生的外币货币性项目“短期借款——××银行（英镑）”采用期末即期汇率进行折算，折算为记账本位币1 950 000人民币元（200 000×9.75），与其原记账本位币之差额16 000人民币元计入当期损益。甲公司账务处理为

借：短期借款——××银行（英镑）　　16 000
　贷：财务费用——汇兑差额　　16 000

20×0年8月4日以人民币归还所借英镑，当日银行的英镑卖出价为1英镑=11.27人民币元，假定借款利息在到期归还本金时一并支付，则当日应归还银行借款利息5 000英镑（200 000×5%÷12×6），按当日英镑卖出价折算成人民币为56 350元（5 000×11.27）。假定20×0年7月31日的即期汇率为1英镑=9.75人民币元，甲公司账务处理为

借：短期借款——××银行（英镑）　　1 950 000
　财务费用——汇兑差额　　304 000
　贷：银行存款——××银行（人民币）　　2 254 000（200 000×11.27）
借：财务费用——利息费用　　56 350（5 000 ×11.27）
　贷：银行存款——××银行（人民币）　　56 350

2. 外币非货币性项目

非货币性项目是指货币性项目以外的项目。例如，存货、长期股权投资、交易性金融资产（股票、基金等）、固定资产、无形资产等。

（1）对于以历史成本计量的外币非货币性项目，已在交易发生日按当日即期汇率折算，资产负债表日不应改变其原记账本位币金额，不产生汇兑差额。因为这些项目在取得时已按取得时即期汇率折算，从而构成这些项目的历史成本，如果再按资产负债表日的即期汇率折算，就会导致这些项目价值不断变动，从而使这些项目的折旧、摊销和减值不断地随之变动。这与这些项目的实际情况不符。

【例1-10】 甲公司的记账本位币为人民币，其外币交易采用交易日即期汇率折算。20×0年3月2日进口一台机器设备，支付价款1 000 000美元，已按当日即期汇率1美元=6.83人民币元折算为人民币并记入“固定资产”账户。“固定资产”属于非货币性项目，因此，资产负债表日也不需要再按照当日即期汇率进行调整。

(2)对于以成本与可变现净值孰低计量的存货，在以外币购入存货并且该存货在资产负债表日的可变现净值以外币反映的情况下，确定资产负债表日存货价值时应当考虑汇率变动的影响。即先将可变现净值按资产负债表日即期汇率折算为记账本位币金额，再与以记账本位币反映的存货成本进行比较，从而确定该项存货的期末价值。

【例1-11】 甲公司为医疗设备经销商，其记账本位币为人民币，外币交易采用交易日即期汇率折算。20×0年10月8日，以1 000欧元/台的价格从国外购入某新型医疗设备200台(该设备在国内市场尚无供应)，当日即期汇率为1欧元=9.28人民币元。20×0年12月31日，尚有120台设备未销售出去，国内市场仍无该设备供应，其在国际市场的价格已降至920欧元/台。20×0年12月31日的即期汇率是1欧元=9.66人民币元。假定不考虑增值税等相关税费。

本例中，由于存货在资产负债表日采用成本与可变现净值孰低计量，因此，在以外币购入存货并且该存货在资产负债表日获得的可变现净值以外币反映时，确定该项存货的期末价值时应当考虑汇率变动的影响。

12月31日甲公司对该项设备应计提的存货跌价准备 $=1\ 000\times120\times9.28-920\times120\times9.66=47\ 136$(人民币元)

借：资产减值损失——存货——××医疗设备　　47 136

　贷：存货跌价准备——××医疗设备　　47 136

(3)对于以公允价值计量的外币非货币性项目，期末公允价值以外币反映的，应当先将该外币金额按照公允价值确定当日的即期汇率折算为记账本位币金额，再与原记账本位币金额进行比较。属于交易性金融资产(股票、基金等)的，折算后的记账本位币金额与原记账本位币金额之间的差额应作为公允价值变动损益(含汇率变动)计入当期损益；属于可供出售金融资产的，其差额则应计入资本公积。

【例1-12】 甲公司的记账本位币为人民币，其外币交易采用交易日的即期汇率折算。20×0年6月8日，甲公司以每股4美元的价格购入乙公司B股20 000股，划分为交易性金融资产核算，当日汇率为1美元=6.82人民币元，款项已支付。20×0年6月30日，乙公司B股市价变为每股3.5美元，当日汇率为1美元=6.83人民币元。假定不考虑相关税费的影响。

20×0年6月8日，甲公司购入股票。

借：交易性金融资产——乙公司B股——成本　　545 600 $(4\times20\ 000\times6.82)$

　贷：银行存款——××银行(美元)　　545 600

根据《企业会计准则第22号——金融工具确认和计量》的相关规定，交易性金融资产以公允价值计量。由于该项交易性金融资产以外币计价，因此在资产负债表日，不仅应考虑B股股票市价的波动，还应一并考虑美元与人民币之间汇率变动的影响。上述交易性金融资产在资产负债表日应按478 100人民币元 $(3.5\times20\ 000\times6.83)$ 入账，与原账面价值545 600人民币元的差额为67 500人民币元应直接计入公允价值变动损益。这67 500人民币元的差额实际上既包含了甲公司所购乙公司B股股票公允价值(股价)变动的影响，又包含了人民币与美元之间汇率变动的影响。甲公司相关的账务处理为

借:公允价值变动损益——乙公司 B 股　　67 500
　贷:交易性金融资产——乙公司 B 股——公允价值变动　　67 500

20×0 年 7 月 24 日,甲公司将所购乙公司 B 股股票按当日市价每股 4.2 美元全部售出,所得价款为 84 000 美元,按当日汇率 1 美元 = 6.84 人民币元折算为 574 560 人民币元(4.2 ×20 000 ×6.84),与其原账面价值 478 100 人民币元的差额为 96 460 人民币元。对于汇率的变动和股价的变动不进行区分,均作为投资收益进行处理。因此,售出乙公司 B 股当日,甲公司的相关账务处理为

借:银行存款——××银行(美元)　　574 560
　交易性金融资产——乙公司 B 股——公允价值变动　　67 500
　贷:交易性金融资产——乙公司 B 股——成本　　545 600
　　投资收益——出售乙公司 B 股　　96 460
借:投资收益——出售乙公司 B 股　　67 500
　贷:公允价值变动损益——乙公司 B 股　　67 500

【例 1 –13】 甲公司以人民币作为记账本位币,其外币交易采用交易日即期汇率折算,按月计算汇兑损益。甲公司在银行开设有欧元账户。

甲公司有关外币账户 20×0 年 5 月 31 日的余额如表 1 – 1 所示。

表 1 –1　甲公司有关外币账户 20×0 年 5 月 31 日的余额

项目	外币账户余额(欧元)	汇率	人民币账户余额(元)
银行存款	800 000	9.55	7 640 000
应收账款	400 000	9.55	3 820 000
应付账款	200 000	9.55	1 910 000

(1)甲公司 20 ×0 年 6 月份发生的有关外币交易或事项如下:

①6 月 5 日,以人民币向银行买入 200 000 欧元。当日即期汇率为 1 欧元 = 9.69 人民币元,当日银行卖出价为 1 欧元 = 9.75 人民币元。

②6 月 12 日,从国外购入一批原材料,总价款为 400 000 欧元。该原材料已验收入库,货款尚未支付。当日即期汇率为 1 欧元 = 9.64 人民币元。另外,以银行存款支付该原材料的进口关税为 644 000 人民币元,增值税为 765 000 人民币元。

③6 月 16 日,出口销售一批商品,销售价款为 600 000 欧元,货款尚未收到。当日即期汇率为 1 欧元 = 9.41 人民币元。假设不考虑相关税费。

④6 月 25 日,收到应收账款 300 000 欧元,款项已存入银行。当日即期汇率为 1 欧元 = 9.54 人民币元。该应收账款系 2 月份出口销售发生的。

⑤6 月 30 日,即期汇率为 1 欧元 = 9.64 人民币元。

甲公司相关账务处理为

①借:银行存款——××银行(欧元)　　1 938 000(200 000 ×9.69)
　　财务费用——汇兑差额　　12 000

贷:银行存款——××银行(人民币)　　1 950 000(200 000 ×9.75)

②借:原材料——××材料　　4 500 000(400 000 ×9.64 +644 000)

应交税费——应交增值税——进项税额　　765 000

贷:应付账款——××单位(欧元)　　3 856 000(400 000 ×9.64)

银行存款——××银行(人民币)　　1 409 000

③借:应收账款——××单位(欧元)　　5 646 000(600 000 ×9.41)

贷:主营业务收入——出口××商品　　5 646 000

④借:银行存款——××银行(欧元)　　2 862 000(300 000 ×9.54)

财务费用——汇兑差额　　3 000

贷:应收账款——××单位(欧元)　　2 865 000(300 000 ×9.55)

(2)20 ×0 年 6 月 30 日,计算期末产生的汇兑差额:

①银行存款欧元户余额 =800 000 +200 000 +300 000 =1 300 000(欧元)

按当日即期汇率折算为人民币金额 =1 300 000 ×9.64 =12 532 000(人民币元)

汇兑差额 =12 532 000 -(7 640 000 +1 938 000 +2 862 000) =92 000(人民币元)(汇兑收益)

②应收账款欧元户余额 =400 000 +600 000 -300 000 =700 000(欧元)

按当日即期汇率折算为人民币金额 =700 000 ×9.64 =6 748 000(人民币元)

汇兑差额 =6 748 000 -(3 820 000 +5 646 000 -2 865 000) =147 000(人民币元)(汇兑收益)

③应付账款欧元户余额 =200 000 +400 000 =600 000(欧元)

按当日即期汇率折算为人民币金额 =600 000 ×9.64 =5 784 000(人民币元)

汇兑差额 =5 784 000 -(1 910 000 +3 856 000) =18 000(人民币元)(汇兑损失)

④应计入当期损益的汇兑差额 = -92 000 -147 000 +18 000 = -221 000(人民币元)(汇兑损失)

借:银行存款——××银行(欧元)　　92 000

应收账款——××单位(欧元)　　147 000

贷:应付账款——××单位(欧元)　　18 000

财务费用——汇兑差额　　221 000

第三节　外币财务报表的折算

一、外币财务报表折算的一般原则

(一)境外经营财务报表的折算

企业对境外经营的财务报表进行折算时,应当遵循下列规定:

(1)资产负债表中的资产和负债项目,采用资产负债表日的即期汇率折算,所有者权益项目除“未分配利润”项目外，其他项目采用发生时的即期汇率折算。

（2）利润表中的收入和费用项目，采用交易发生日的即期汇率折算；也可以采用按照系统合理的方法确定的、与交易发生日即期汇率近似的汇率折算。

（3）按照上述折算产生的外币财务报表折算差额，在资产负债表中所有者权益项目下单独列示。在编制合并财务报表时，应在合并资产负债表中所有者权益项目下单独作为“外币报表折算差额”项目列示。

比较财务报表的折算比照上述规定处理。

【例1-14】 甲公司的记账本位币为人民币，该公司在英国有一子公司乙公司，乙公司确定的记账本位币为英镑。甲公司拥有乙公司70%的股权，并能够对乙公司的财务和经营政策实施控制。甲公司采用当期平均汇率折算乙公司利润表项目。乙公司有关资料如下：

20×0年12月31日的汇率为1英镑=9.88人民币元，20×0年的平均汇率为1英镑=12.87人民币元，实收资本、资本公积发生日的即期汇率为1英镑=14.27人民币元。20×9年12月31日的股本为6 000 000英镑，折算为85 620 000人民币元；盈余公积为600 000英镑，折算为9 000 000人民币元；未分配利润为1 400 000英镑，折算为21 000 000人民币元，甲、乙两公司均在年末提取盈余公积，乙公司20×9年提取的盈余公积为700 000英镑。

利润表（简表）和所有者权益变动表（简表）如表1-2、表1-3所示。

表1-2 利润表（简表）

编制单位：乙公司　　20×0年度　　单位：万元

项目	本年金额（英镑）	折算汇率	折算为人民币金额
一、营业收入	2 400	12.87	30 888
减：营业成本	1 800	12.87	23 166
营业税金及附加	50	12.87	643.5
管理费用	120	12.87	1 544.4
财务费用	10	12.87	128.7
加：投资收益	30	12.87	386.1
二、营业利润	450	—	5 791.5
加：营业外收入	50	12.87	643.5
减：营业外支出	20	12.87	257.4
三、利润总额	480	—	6 177.6
减：所得税费用	130	12.87	1 673.1
四、净利润	350	—	4 504.5
五、每股收益			
六、其他综合收益			
七、综合收益总额			

注：为便于排版，本章在报表中统一以“万元”为单位。在实务中财务报表应以“元”为单位列报。

表 1－3 所有者权益变动表(简表)

项目	实收资本			盈余公积			未分配利润		外币报表折算差额	所有者权益合计
	英镑	折算汇率	人民币	英镑	折算汇率	人民币	英镑	人民币	人民币	人民币
一、本年年初余额	600	14.27	8 562	60		900	140	2 100		11 562
二、本年增减变动金额										
(一)净利润							350	4 504.5		4 504.5
(二)其他综合收益										－4 704.5
其中:外币报表折算差额									－4 704.5	－4 704.5
(三)利润分配										
提取盈余公积				70	12.87	900.9	－70	－900.9		0
三、本年年末余额	600	14.27	8 562	130		1 800.9	420	5 703.6	－4 704.5	11 362

当计提的盈余公积采用当期平均汇率折算,期初盈余公积为以前年度计提的盈余公积按相应年度平均汇率折算后金额的累计,期初未分配利润记账本位币金额为以前年度未分配利润记账本位币金额的累计。

资产负债表(简表)如表 1－4 所示。

表 1－4 资产负债表(简表)

编制单位:乙公司　　　　20×0 年 12 月 31 日　　　　单位:万元

资产	期末数(英镑)	折算汇率	折算为人民币金额	负债和所有者权益	期末数(英镑)	折算汇率	折算为人民币金额
流动资产:				流动负债:			
货币资金	230	9.88	2 272.4	短期借款	50	9.88	494
应收账款	230	9.88	2 272.4	应付账款	340	9.88	3 359.2
存货	280	9.88	2 766.4	其他流动负债	130	9.88	1 284.4
其他流动资产	240	9.88	2 371.2	流动负债合计	520	—	5 137.6
流动资产合计	980	—	9 682.4	非流动负债:			
非流动资产:				长期借款	170	9.88	1 679.6
长期应收款	140	9.88	1 383.2	应付债券	100	9.88	988
固定资产	660	9.88	6 520.8	其他非流动负债	90	9.88	889.2
在建工程	90	9.88	889.2	非流动资产合计	360	—	3 556.8
无形资产	120	9.88	1 185.6	负债合计	880		8 694.4
其他非流动资产	40	9.88	395.2	所有者权益:			

表 1-4(续)

资产	期末数(英镑)	折算汇率	折算为人民币金额	负债和所有者权益	期末数(英镑)	折算汇率	折算为人民币金额
非流动资产合计	1 050	—	10 374	实收资本	600	14.27	8 562
				盈余公积	130		1 800.9
				未分配利润	420		5 703.6
				外币报表折算差额			-4 704.5
				所有者权益合计	1 150		11 362
资产合计	2 030		20 056.4	负债和所有者权益合计	2 030		20 056.4

外币报表折算差额为以记账本位币反映的净资产减去以记账本位币反映的实收资本、资本公积、盈余公积及未分配利润后的余额。

企业选定的记账本位币不是人民币的，应当按照境外经营财务报表折算原则将其财务报表折算为人民币财务报表。

（二）包含境外经营的合并财务报表编制的特别处理

企业境外经营为子公司的情况下，企业在编制合并报表时，对于境外经营财务报表的折算差额，需要在母公司与子公司少数股东之间按照各自在境外经营所有者权益中所享有的份额进行分摊，其中归属于母公司应分担的部分在合并资产负债表和合并所有者权益变动表中所有者权益项目下单独作为“外币报表折算差额”项目列示，属于子公司少数股东应分担的部分应并入“少数股东权益”项目列示。

二、境外经营的处置

企业可通过出售、清算、返还股本或放弃全部或部分权益等方式处置其在境外经营中的权益。企业在处置境外经营权益时，应当将资产负债表中所有者权益项目下列示的、与该境外经营相关的外币财务报表折算差额，自所有者权益项目转入处置当期损益；部分处置境外经营权益的，应当按处置的比例计算处置部分的外币财务报表折算差额，转入处置当期损益。

复习思考题

简答题

1. 什么是汇率，汇率的标价方法有几种？
2. 简述外币交易核算的基本程序。
3. 简述如何确定记账本位币。
4. 简述外币财务报表折算的一般原则。

计算分析题

1. 长江公司为境内注册的公司，其30%收入来自出口销售，其余收入来自国内销售；生产产品所需原材料有30%进口，出口产品和进口原材料通常以欧元结算。对外币业务采用交易发生日的即期汇率折算，并按季度计算汇兑损益，20×0年6月30日有关外币账户余额如表1-5所示：

表1-5　20×0年6月30日有关外币账户余额

欧元户	外币余额（万欧元）	汇率	折合人民币余额（万元）
银行存款	3 000	7.9	23 700
应收账款	500	7.9	3 950
应付账款	400	7.9	3 160
长期借款	2 000	7.9	15 800
应付利息	60	7.9	474

长期借款2 000万欧元，系去年，即20×9年10月1日借入的专门借款，用于建造某生产线，借款期限为3年，年利率为6%，按季计提利息，每年年末支付当年利息。闲置专门借款资金用于短期性质的投资，假定投资收益每个季度末收取并存入银行。

至20×0年6月30日，该生产线正处于建造中，已使用外币借款1 200万欧元，预计将于20×0年12月完工。

长江公司20×0年第三季度发生以下外币业务：

(1)7月1日，收到某外商投入的外币资本1 500万欧元，交易日即期汇率为1欧元=7.92元人民币。款项已存入银行。

(2)7月15日，为建造该生产线从国外进口一套机器设备，设备价款为300万欧元，货款已用欧元支付，增值税进项税额为404.43万元人民币，增值税已经用人民币支付。交易日即期汇率为1欧元=7.93元人民币。

(3)7月31日，向国外甲公司销售一批产品，价款共计500万欧元，交易日即期汇率为1欧元=7.94元人民币，款项尚未收到。（不考虑增值税等相关税费）

(4)8月8日，以外币存款偿还上季度发生的应付账款200万欧元，交易日即期汇率为1欧元=7.93元人民币。

(5)8月20日，以外币银行存款向国外公司支付生产线安装费用150万欧元，当日即期汇率为1欧元=7.95元人民币。

(6)8月31日，收到上季度发生的应收账款200万欧元，交易日即期汇率为1欧元=7.96元人民币。

(7)9月30日，计提外币专门借款利息。假定外币专门借款应计提的利息通过“应付利息”科目核算。当日即期汇率为1欧元=7.97元人民币。

(8)第三季度剩余专门借款存入银行产生的利息收入为5万欧元，已存入银行。

要求：

(1)编制长江公司 20×0 年第三季度相关外币业务的会计分录。

(2)计算长江公司 20×0 年第三季度计入当期损益和在建工程的汇兑损益。

(3)编制与期末汇兑损益相关的会计分录。

(答案中的金额单位为万元)

2. 20×0 年 12 月 31 日，A 公司有关资产、负债项目的期末余额如表 1-6 所示：

表 1-6　资产、负债项目的期末余额

项目	外币金额(万美元)	按照 20×0 年 12 月 31 日年末汇率调整前的账面余额(万元人民币)
银行存款	300	1 959
应收账款	200	1 304
预付账款	100	656
持有至到期投资	80	521.6
应付账款	150	981
预收账款	90	585

20×0 年 12 月 31 日，即期汇率为 1 美元 = 6.5 元人民币。

要求：计算 A 公司在 20×0 年度财务报表中因外币货币性项目期末汇率调整应当确认的汇兑损失。

3. A 公司于 20×9 年 1 月 1 日，为建造某工程项目专门以面值发行公司债券 4 000 万美元，年利率为 6%，期限为 3 年。合同约定，每年 1 月 1 日支付利息，到期还本。工程于 20×9 年 1 月 1 日开始实体建造，20×0 年 12 月 31 日完工，达到预定可使用状态，其间发生的资产支出如下：20×9 年 1 月 1 日，支出 800 万美元；20×9 年 7 月 1 日，支出 2 000 万美元；20×0年 1 月 1 日，支出 1 200 万美元。A 公司的记账本位币为人民币，外币业务采用业务发生时当日的市场汇率折算。相关汇率如下：20×9 年 1 月 1 日，市场汇率为 1 美元 = 6.90 元人民币；20×9 年 12 月 31 日，市场汇率为 1 美元 = 7.04 元人民币；20×0 年 1 月 1 日，市场汇率为 1 美元 = 7.06 元人民币；20×0 年 12 月 31 日，市场汇率为 1 美元 = 6.50 元人民币。

假定不考虑与发行债券有关的辅助费用、未发生专门借款的利息收入或投资收益。按年计提利息并计算汇兑差额。

要求：(1)计算 20×9 年 12 月 31 日该债券利息和汇兑差额资本化金额并编制相关会计分录。

(2)计算 20×0 年 1 月 1 日实际支付利息时产生的汇兑差额并编制会计分录。

(3)计算 20×0 年 12 月 31 日该债券利息和汇兑差额资本化金额并编制会计分录。

第二章　所得税会计

本章主要介绍所得税会计的产生、所得税会计的核算程序和方法。

【考核知识点】

所得税的性质；所得税会计核算程序；资产、负债的计税基础、暂时性差异；递延所得税资产核算和递延所得税负债的核算；当前所得税的计算和账务处理；递延所得税计算和账务处理；所得税费用计算和账务处理。

【重要概念】

所得税会计　资产负债表债务法　暂时性差异　递延所得税　所得税费用

第一节　所得税会计概述

一、所得税的性质

从税法的角度看，企业所得税是指国家对企业生产、经营所得和其他所得依法征收的一种税，是国家参与企业利润分配的重要手段。关于企业所得税的性质，有“收益分配观”和“费用观”两种观点。

“收益分配观”沿用了《中华人民共和国企业所得税法》关于企业所得税是企业利润分配的观念，认为向政府缴纳的企业所得税与向股东分配的股利一样，具有分配企业收益的性质，只不过分配的对象是国家而已。在“收益分配观”中，会计在确认一项所得税负债的同时，还要确认的另一个会计要素项目是属于所有者权益的“利润分配——应交所得税”，且企业所得税会直接影响所有者权益。

“费用观”则认为，企业所得税是企业为获得收益而发生的一种代价，如同企业经营中发生的其他代价一样，其性质属于费用。在“费用观”中，在确认一项所得税负债的同时，还要确认的另一个会计要素项目是属于费用的“所得税”，且企业所得税先影响净利润再影响所有者权益。

二、所得税会计的方法

《企业会计准则第18号——所得税》（2006）中明确指出企业所得税核算采用资产负债表债务法。资产负债表债务法是从资产负债表出发，通过比较资产负债表上列示的资产、负债，按照《企业会计准则》规定确定的账面价值与按照税法规定确定的计税基础，对于两者之间的差额分别应纳税暂时性差异与可抵扣暂时性差异，确认相关的递延所得税负债与递延所得税资产，并在此基础上确定每一期间利润表中的所得税费用。

三、所得税会计的一般核算程序

采用资产负债表债务法核算所得税的情况下，企业一般应于每一资产负债表日进行所得税的核算。核算过程如下：

（1）按照相关会计准则规定确定资产负债表中除递延所得税资产和递延所得税负债以外的其他资产和负债项目的账面价值。

（2）按照会计准则中对于资产和负债计税基础的确定方法，以适用的税收法规为基础，确定资产负债表中有关资产、负债项目的计税基础。

（3）比较资产、负债的账面价值与其计税基础，对于两者之间存在差异的，分析其性质，除准则中规定的特殊情况外，分别应纳税暂时性差异与可抵扣暂时性差异，确定资产负债表日递延所得税负债和递延所得税资产的应有金额，并与期初递延所得税资产和递延所得税负债的余额相比，确定当期应进一步确认的递延所得税资产和递延所得税负债金额或应予转销的金额，将其作为递延所得税。

（4）就企业当期发生的交易或事项，按照适用的税法规定计算确定当期应纳税所得额，将应纳税所得额按照适用的所得税税率进行计算后的结果确认为当期应交所得税。

（5）确定利润表中的所得税费用。

第二节　资产、负债的计税基础及暂时性差异

一、资产的计税基础

资产的计税基础是指企业收回资产账面价值过程中，计算应纳税所得额时按照税法规定可以自应税经济利益中抵扣的金额。资产的计税基础本质上就是税收口径的资产价值标准。计算公式为

资产的计税基础 = 未来期间可税前扣除的金额

通常情况下，资产在取得时其入账价值与计税基础是相同的，后续计量过程中因会计准则规定与税法规定不同，可能造成账面价值与计税基础的差异。企业应当按照适用的税收法规规定计算确定资产的计税基础。现就有关资产项目计税基础的确定举例说明如下。

（一）固定资产

1. 折旧方法、折旧年限不同产生的差异

《企业会计准则》规定，既可以按直线法计提折旧，也可以按照双倍余额递减法、年数总和法等计提折旧，前提是有关方法能够反映固定资产为企业带来经济利益的实现方式。

税法一般会规定固定资产的折旧方法，除某些按照规定可以加速折旧的情况外（例如，由于技术进步、产品更新换代较快等），基本上可以税前扣除的是按照直线法计提的折旧。

另外，税法还会规定每一类固定资产的最低折旧年限，而会计处理时按照《企业会计准则》规定，折旧年限是由企业按照固定资产能够为企业带来经济利益的期限估计确定的。

因折旧年限的不同,也会产生固定资产账面价值与计税基础之间的差异。

2. 因计提固定资产减值准备产生的差异。

持有固定资产的期间内,在对固定资产计提了减值准备以后,因所计提的减值准备不允许税前扣除,其账面价值会下降,但计税基础不会随资产减值准备的提取而发生变化,因而也会造成其账面价值与计税基础的差异。

【例2-1】 甲公司适用的所得税税率为25%。各年税前利润均为10 000万元。2018年末以1 500万元购入一项固定资产,甲公司在会计核算时估计其使用寿命为5年。按照适用税法规定,按照10年计算确定可税前扣除的折旧额。假定会计与税法均按年限平均法计提折旧,净残值均为零。所得税会计核算如下:

(1)2019年末:

资产账面价值=1 500-1 500/5=1 200(万元)

资产计税基础=1 500-1 500/10=1 350(万元)

可抵扣暂时性差异=1 350-1 200=150(万元)

2019年末"递延所得税资产"余额=150×25%=37.5(万元)

2019年末"递延所得税资产"发生额=37.5-0=37.5(万元)

2019年末确认递延所得税费用=-37.5(万元)

2019年应交所得税=(10 000+1 500/5-1 500/10)×25%=2 537.5(万元)

2019年末确认所得税费用=2 537.5-37.5=2 500(万元)

借:所得税费用　　2 500

　递延所得税资产　　37.5

　贷:应交税费——应交所得税　　2 537.5

(2)2020年末:

资产账面价值=1 500-1 500/5×2=900(万元)

资产计税基础=1 500-1 500/10×2=1200(万元)

累计可抵扣暂时性差异=1 200-900=300(万元)

2020年末"递延所得税资产"余额=300×25%=75(万元)

2020年末"递延所得税资产"发生额=75-37.5=37.5(万元)

2020年末确认递延所得税费用=-37.5(万元)

2020年应交所得税=(10 000+1 500/5-1 500/10)×25%=2 537.5(万元)

2020年末确认所得税费用=2 537.5-37.5=2 500(万元)

借:所得税费用　　2 500

　递延所得税资产　　37.5

　贷:应交税费——应交所得税　　2 537.5

【例2-2】 A公司适用的所得税税率为25%。2018年12月30日取得的某项固定资产成本为750万元,使用年限为10年,会计采用年限平均法计提折旧,净残值为零。2020年12月31日,估计该项固定资产的可收回金额为550万元。税法规定,使用年限为10年,该固定资产应采用双倍余额递减法计提折旧,净残值为零。A公司各年实现的利润总额均为1 000万元。计算所得税费用并进行账务处理。

(1)2019 年末：

资产账面价值 = 7 500 - 7 500/10 = 6 750(万元)

资产计税基础 = 7 500 - 7 500 × 2/10 = 6 000(万元)

应纳税暂时性差异 = 6 750 - 6 000 = 750(万元)

2019 年末“递延所得税负债”余额 = 750 × 25% = 187.5(万元)

2019 年末“递延所得税负债”发生额 = 187.5(万元)

2019 年末应交所得税 = (10 000 + 7 500/10 - 7 500 × 2/10) × 25% = 2 650 万元

2019 年末确认所得税费用 = 2 650 - 187.5 = 2 462.5(万元)

借:所得税费用　　2 462.5

　贷:递延所得税负债　　187.5

　　应交税费——应交所得税　　2 650

(2)2020 年末：

该项固定资产计提减值准备前的账面价值为 7 500 - 7 500/10 × 2 = 6 000(万元)，该账面价值大于其可收回金额 5 500 万元，两者之间的差额应计提 500 万元的固定资产减值准备。

资产账面价值 = 7 500 - 7 500/10 × 2 - 500 = 5 500(万元)

资产计税基础 = 7 500 - 7 500 × 2/10 - 6 000 × 2/10 = 4 800(万元)

累计应纳税暂时性差异 = 700(万元)

2020 年末“递延所得税负债”余额 = 700 × 25% = 175(万元)

2020 年末“递延所得税负债”发生额 = 175 - 187.5 = -12.5(万元)

2020 年末应交所得税 = (10 000 + 7 500/10 + 500 - 6 000 × 2/10) × 25% = 2 512.5(万元)

2020 年末确认所得税费用 = 2 512.5 - 12.5 = 2 500(万元)

借:所得税费用　　2 500

　递延所得税负债　　12.5

　贷:应交税费——应交所得税　　2 512.5

(二)无形资产

企业除内部研发外，取得的无形资产，初始确认时其入账价值与税法规定的成本之间一般不存在差异。

1. 内部研究开发形成的无形资产

会计准则规定，研究阶段的支出应当费用化计入当期损益，开发阶段符合资本化条件以后至达到预定用途前发生的支出应当资本化作为无形资产的成本。

税法规定，企业为开发新技术、新产品、新工艺发生的研究开发费用，未形成无形资产计入当期损益的，在按照规定据实扣除的基础上，按照研究开发费用的 50% 加计扣除；形成无形资产的，按照无形资产成本的 150% 计算每期摊销额。

如无形资产的确认不是产生于企业合并交易，同时在确认时既不影响会计利润也不影响应纳税所得额，则按照所得税准则的规定，不确认有关暂时性差异的所得税影响。

【例 2 -3】 甲公司自 2019 年 1 月 1 日起自行研究开发一项新专利技术。适用的所得税税率为 25%。甲公司 2019 年与 2020 年实现利润总额均为 1 000 万元。2019 年度研发支出为 200 万元，其中费用化支出为 80 万元，资本化支出为 120 万元。2019 年 7 月 1 日该项专利技术获得成功并取得专利权。甲公司预计该项专利权的使用年限为 10 年，采用直线法进行摊销，均符合税法规定。税法规定，研究开发支出未形成无形资产计入当期损益的，按照研究开发费用的 50% 加计扣除；形成无形资产的，按照无形资产成本的 150% 摊销。计算 2019 年和 2020 年末的计税基础及所得税费用。

2019 年和 2020 年末的所得税费用如下：

(1)2019 年末：

无形资产账面价值 = 1 200 - 1 200/10 × 6/12 = 1 200 - 60 = 1 140(万元)

无形资产计税基础 = 1 200 × 150% - 1 200 × 150%/10 × 6/12 = 1 140 × 150% = 1 710(万元)

可抵扣暂时性差异 = 1 710 - 1 140 = 570(万元)

自行研发的无形资产确认时，既不影响应纳税所得额，也不影响会计利润，故不确认相关的递延所得税资产。

2019 年末应交所得税 = (10 000 - 800 × 50% + 60 - 1 200 × 150%/10 × 6/12) × 25% = 2 392.5(万元)

(2)2020 年末：

无形资产的账面价值与计税基础仍然会产生差异，但是还是初始形成时的差异，不予以确认。

2020 年末应交所得税 = (10 000 + 1 200/10 - 1 200 × 150%/10) × 25% = 2 485(万元)

2020 年末确认所得税费用 = 2 485(万元)

2020 年末应交所得税 = (1 000 + 120/10 - 120 × 150%/10) × 25% = 248.5(万元)

2020 年末确认所得税费用 = 248.5(万元)

2. 无形资产在后续计量时，会计与税收的差异主要产生于对无形资产是否需要摊销及无形资产减值准备的提取。

(1)《企业会计准则》规定，对于使用寿命不确定的无形资产，不要求摊销，在会计期末应进行减值测试。税法规定，企业取得的无形资产成本，应在一定期限内摊销，即税法中没有界定使用寿命不确定的无形资产。使用寿命不确定的无形资产在持有期间，因摊销规定的不同，会造成其账面价值与计税基础的差异。

(2)在对无形资产计提减值准备的情况下，由于所计提的减值准备不允许税前扣除，因此也会造成其账面价值与计税基础的差异。

【例 2 -4】 A 公司每年的税前利润总额均为 20 000 万元；A 公司适用的所得税税率为 25%。2019 年 1 月 1 日，A 公司董事会批准研发某项新产品专利技术，有关资料如下：2019 年，该研发项目发生的费用均属于费用化支出。2020 年 1 月，共发生费用 6 200 万元，其中 6 000 万元符合资本化条件，当月达到预定用途。A 公司预计该新产品专利技术的使用寿命为 10 年，A 公司对其采用直线法摊销；税法规定该项无形资产采用直线法摊销，摊销年限与会计相同。2020 年末，该项无形资产出现减值迹象，经减值测试得出，该项无形资产的可收回金额为 4 320 万元，减值后摊销年限和摊销方法不需变更。

税法规定，企业为开发新技术、新产品、新工艺发生的研究开发费用，未形成无形资产计入当期损益的，在按照规定据实扣除的基础上，按照研究开发费用的 50% 加计扣除；形成无形资产的，按照无形资产成本的 150% 计算每期摊销额。A 公司该研究开发项目符合上述税法规定。

减值测试前无形资产的账面价值 = 6 000 − 6 000/10 = 5 400（万元）

应计提的减值准备金额 = 5 400 − 4 320 = 1 080（万元）

无形资产账面价值 = 4 320 万元

无形资产计税基础 = 6 000 × 150% − 6 000 × 150%/10 = 8 100（万元）

可抵扣暂时性差异 = 8 100 − 4 320 = 3 780（万元）

其中 1 080 万元的可抵扣暂时性差异需要确认递延所得税

应确认的递延所得税资产 = 1 080 × 25% = 270（万元）

应纳税所得额 = 20 000 − 200 × 50% + 6 000/10 − 6 000 × 150%/10 + 1 080 = 20 680（万元）

应交所得税 = 20 680 × 25% = 5 170（万元）

确认所得税费用 = 5 170 − 270 = 4 900（万元）。

借：所得税费用	4 900	
递延所得税资产	270	
贷：应交税费——应交所得税		5 170

（三）以公允价值计量且其变动计入当期损益或资本公积的金融资产

《企业会计准则第 22 号——金融工具确认和计量》规定，对于以公允价值计量且其变动计入当期损益（资本公积）的金融资产，其于某一会计期末的账面价值应修正至此时点的公允价值，税法对此则通常不认定，只承认其原始入账成本。

【例 2－5】 甲公司适用的所得税税率为 25%，各年税前会计利润均为 1 000 万元。2019 年 11 月 20 日，甲公司自公开市场取得一项权益性投资，支付价款 100 万元，作为交易性金融资产。2019 年 12 月 31 日，该权益性投资的公允价值为 110 万元。假定 2019 年期初暂时性差异余额为零，不考虑其他因素。

2020 年 12 月 31 日，该投资的公允价值为 80 万元。计算 2019 年和 2020 年所得税费用并进行账务处理。

（1）2019 年末：

交易性金融资产账面价值 = 110（万元）

交易性金融资产计税基础 = 100（万元）

应纳税暂时性差异 = 110 − 100 = 10（万元）

年末"递延所得税负债"余额 = 10 × 25% = 2.5（万元）

应交所得税 =（1 000 − 10）× 25% = 247.5（万元）

2019 年所得税费用 = 247.5 + 2.5 = 250(万元)

借:所得税费用　　250

　贷:递延所得税负债　　2.5

　　应交税费——应交所得税　　247.5

(2)2020 年末:

交易性金融资产账面价值 = 80(万元)

交易性金融资产计税基础 = 100(万元)

累计可抵扣暂时性差异 = 20(万元)

"递延所得税资产"余额 = 20 × 25% = 5(万元)

"递延所得税资产"发生额 = 5 - 0 = 5(万元)

"递延所得税负债"发生额 = 0 - 2.5 = -2.5(万元)

确认递延所得税费用 = -5 - 2.5 = -7.5(万元)

应交所得税 = (1 000 + 30) × 25% = 257.5(万元)

所得税费用 = 257.5 - 7.5 = 250(万元)

借:所得税费用　　250

　递延所得税资产　　5

　递延所得税负债　　2.5

　贷:应交税费——应交所得税　　257.5

【例 2-6】 假设【例 2-5】将该资产作为可供出售金融资产,其他条件不变。

(1)2019 年末:

可供出售金融资产账面价值 = 110(万元)

可供出售金融资产计税基础 = 100(万元)

应纳税暂时性差异 = 10(万元)

年末"递延所得税负债"余额 = 10 × 25% = 2.5(万元)

确认资本公积 = -2.5(万元)

应交所得税 = 1 000 × 25% = 250(万元)

2019 年所得税费用 = 247.5 + 2.5 = 250(万元)

借:所得税费用　　250

　资本公积　　2.5

　贷:递延所得税负债　　2.5

　　应交税费——应交所得税　　250

(2)2020 年末:

可供出售金融资产账面价值 = 80(万元)

可供出售金融资产计税基础 = 100(万元)

累计可抵扣暂时性差异 = 20(万元)

"递延所得税资产"余额 = 20 × 25% = 5(万元)

"递延所得税资产"发生额 = 5 - 0 = 5(万元)

“递延所得税负债”发生额 =0 -2.5 = -2.5（万元）

确认资本公积 =7.5（万元）

应交所得税 =1 000 ×25% =250（万元）

所得税费用 =250（万元）

借：所得税费用	250	
递延所得税资产	5	
递延所得税负债	2.5	
贷：资本公积		7.5
应交税费——应交所得税		250

（四）其他资产

1. 投资性房地产

企业持有的投资性房地产进行后续计量时，会计准则规定可以采用两种模式：一种是成本模式，采用该种模式计量的投资性房地产，其账面价值与计税基础的确定和固定资产、无形资产相同；另一种是在符合规定条件的情况下，可以采用公允价值模式对投资性房地产进行后续计量。对于采用成本模式计量的投资性房地产，其计税基础类似于固定资产或无形资产计税基础的确定；对于采用公允价值进行后续计量的投资性房地产，其计税基础类似于交易性金融资产计税基础的确定。

2. 其他计提了资产减值准备的各项资产

有关资产计提了减值准备以后，其账面价值会随之下降，而按照税法规定，资产的减值在转化为实质性损失之前，不允许税前扣除，从而造成资产的账面价值与其计税基础之间的差异。

3. 长期股权投资

会计准则规定，可以分别采用成本法及权益法进行核算。税法中对于投资资产的处理，要求按规定确定其成本后，在转让或处置投资资产时，其成本准予扣除。因此，税法中对于长期股权投资并没有权益法的概念。

长期股权投资取得以后，如果按照会计准则规定采用权益法核算，则一般情况下在持有过程中随着应享有被投资单位净资产份额的变化，其账面价值与计税基础会产生差异。如果企业拟长期持有该项投资，则：

（1）因初始投资成本的调整产生的暂时性差异预计未来期间不会转回，对未来期间没有所得税影响，不确认递延所得税；

（2）因确认投资损益产生的暂时性差异，如果在未来期间逐期分回现金股利或利润时免税，也不存在对未来期间的所得税影响，不确认递延所得税；

（3）因确认应享有被投资单位其他权益变动而产生的暂时性差异，在长期持有的情况下预计未来期间也不会转回，不确认递延所得税。

二、负债的计税基础

负债的计税基础是指负债的账面价值减去未来期间计算应纳税所得额时按照税法规

定可予抵扣的金额。计算公式为

负债的计税基础 = 负债的账面价值 - 未来期间可税前扣除的金额

某些情况下，负债的确认可能会影响企业的损益，进而影响不同期间的应纳税所得额，使得其计税基础与账面价值之间产生差额，如按照会计准则规定确认的某些预计负债。

(一)预计负债

1. 企业因销售商品提供售后服务等原因确认的预计负债

按照或有事项准则的规定，企业应将预计提供售后服务发生的支出在销售当期确认为费用，同时确认预计负债。如果税法规定，有关的支出应于发生时税前扣除，则会产生可抵扣暂时性差异。如果税法规定对于费用支出按照权责发生制原则确定税前扣除时点，则不会产生可抵扣暂时性差异。

【例 2-7】 A 公司在 2020 年销售产品时承诺提供 3 年的保修服务，在当年的利润表中确认了 70 万元的销售费用，同时确认预计负债，当年未发生任何保修支出。假设税法规定，与产品有关的售后服务费用可在实际发生时税前扣除，计算预计负债的计税基础及所得税费用并进行账务处理。

预计负债账面价值 = 70（万元）

预计负债计税基础 = 70 - 70 = 0

累计可抵扣暂时性差异金额 = 70（万元）

2020 年末“递延所得税资产”余额 = 70 × 25% = 17.5（万元）

2020 年末“递延所得税资产”发生额 = 17.5（万元）

2020 年应交所得税 = (1000 + 70) × 25% = 267.5（万元）

2020 年所得税费用 = 267.5 - 17.5 = 250（万元）

借：所得税费用　　250

　　递延所得税资产　　17.5

　贷：应交税费——应交所得税　　267.5

2. 未决诉讼

因或有事项确认的预计负债，应按照税法规定的计税原则确定其计税基础。某些情况下，因有些事项确认的预计负债，如果税法规定其支出无论是否实际发生均不允许税前扣除，即未来期间按照税法规定可予抵扣的金额为零，其账面价值与计税基础相同。

【例 2-8】 甲公司适用的所得税税率为 25%。2020 年 12 月 31 日甲公司涉及一个违反合同的诉讼案件，估计败诉的可能性为 60%，如败诉，估计赔偿金额为 100 万元。假定税法规定，违反合同的诉讼实际发生时可以税前扣除，假定甲公司税前会计利润为 10 000 万元。不考虑其他纳税调整。计算 2020 年预计负债的计税基础、所得税费用并进行账务处理。

预计负债账面价值 = 100（万元）

预计负债计税基础 = 100 - 100 = 0（万元）

可抵扣暂时性差异 = 100（万元）

2020 年末“递延所得税资产”余额 = 100 × 25% = 25（万元）

2020 年末“递延所得税资产”发生额 = 25（万元）

2020 年应交所得税 = （10 000 + 100）× 25% = 2 525（万元）

2020 年所得税费用 = 2 525 − 25 = 2 500（万元）

借：所得税费用　　2 500

　　递延所得税资产　　25

　贷：应交税费——应交所得税　　2 525

（二）预收账款

某些情况下，因不符合会计准则规定的收入确认条件而未确认为收入的预收款项，按照税法规定应计入当期应纳税所得额时，有关预收账款的计税基础为零，即因其产生时已经计算缴纳所得税，因此未来期间可全额税前扣除。

【例 2 − 9】 A 公司于 2020 年 12 月 20 日收到客户一笔合同预付款，金额为 1 000 万元，因不符合收入确认条件，于是将其作为预收账款核算。假定按照适用税法规定，该款项应计入取得当期应纳税所得额计算缴纳所得税，不考虑其他因素。2020 年 A 公司税前会计利润为 10 000 万元，所得税税率为 25%。计算预收账款账面价值、计税基础及所得税费用并进行账务处理。

预收账款账面价值 = 100（万元）

预收账款计税基础 = 100 − 100 = 0

可抵扣暂时性差异 = 100（万元）

2020 年末“递延所得税资产”余额 = 100 × 25% = 25（万元）

2020 年末“递延所得税资产”发生额 = 25（万元）

2020 年应交所得税 = （10 000 + 100）× 25% = 2 525（万元）

2020 年所得税费用 = 2 525 − 25 = 2 500（万元）

借：所得税费用　　2 500

　　递延所得税资产　　25

　贷：应交税费——应交所得税　　2 525

（三）以公允价值计量且其变动计入当期损益的金融负债

【例 2 − 10】 2020 年 10 月 2 日 A 公司发行 1 000 万张人民币短期融资券，期限为 1 年，票面利率为 6%，每张面值为 100 元，到期一次还本付息。A 公司将该短期融资券指定为以公允价值计量且其变动计入当期损益的金融负债。2020 年末该短期融资券的市场价格为每张 95 元（不含利息）。做出与短期融资券相关的会计处理，以及相应的所得税会计处理。

（1）2020 年 10 月 2 日发行短期融资券

借：银行存款　　（5 000 × 100）500 000

　贷：交易性金融负债——成本　　500 000

(2)2020 年 12 月 31 日

借:交易性金融负债——公允价值变动 25 000

贷:公允价值变动损益 25 000(500 000 - 5 000 × 95)

借:投资收益 (500 000 × 6% × 3/12)7 500

贷:应付利息 7 500

(3)所得税处理

交易性金融负债的账面价值 = 500 000 - 25 000 = 475 000 (万元)

交易性金融负债的计税基础 = 500 000 (万元)

应纳税暂时性差异 = 25 000 (万元)

递延所得税负债 = 25 000 × 25% = 6 250(万元)

递延所得税费用 = 6 250(万元)

借:所得税费用 6 250

贷:递延所得税负债 6 250

(四)应付职工薪酬

应付职工薪酬需要纳税调整,如表 2 - 1 所示。

表 2 - 1 应付职工薪酬需纳税调整项目表

项目	需要纳税调整	递延所得税
合理的工资允许扣除,如果超过部分	在发生当期不得税前扣除,以后期间也不得税前扣除:纳税调增	不确认
超过 14% 部分福利费及超过 2% 部分工会经费	在发生当期不允许税前扣除,以后期间也不得税前扣除:纳税调增	不确认
超过 2.5% 部分职工教育经费	在发生当期不允许税前扣除,以后期间则可税前扣除:纳税调增	确认递延所得税资产
辞退福利	假定税法规定,与该项辞退福利有关的补偿款于实际支付时可税前抵扣:纳税调增	确认递延所得税资产

【例 2 - 11】 甲公司 2020 年度税前会计利润为 10 000 万元,所得税税率为 25%。

(1)甲公司全年应付职工薪酬为 2 850 万元,其中:工资、薪金为 2 000 万元,职工福利费为 300 万元,工会经费为 50 万元,因现金结算股份支付确认管理费用为 500 万元;假定甲公司全年无其他纳税调整因素。

(2)税法规定,企业发生的合理的工资、薪金支出准予据实扣除;企业发生的职工福利费支出,不超过工资、薪金总额 14% 的部分准予扣除;企业拨缴的工会经费,不超过工资、薪金总额 2% 的部分准予扣除;与股份支付有关确认的费用用于实际支付时可税前抵扣。做出相应的所得税会计处理。

(1)应纳税所得额 = 10 000 + 职工福利费(300 - 2 000 × 14%) + 工会经费(50 -

2 000×2%）+ 股份支付确认管理费用 500 万元 = 10 000 +（300 - 280）+（50 - 40）+ 500 = 10 530（万元）

（2）当期应交所得税额 = 10 530×25% = 2 632.5（万元）

（3）负债账面价值 = 2 850（万元）；负债计税基础 = 2 850 - 500 = 2 350（万元）；形成可抵扣暂时性差异 = 500（万元）

借：所得税费用　　　　2 507.5（2 632.5 - 125）

　递延所得税资产　　　125（500×25%）

　贷：应交税费——应交所得税　　　2 632.5

（五）权益结算的股份支付

2012 年 5 月 23 日，国家税务总局发布了《国家税务总局关于我国居民企业实行股权激励计划有关企业所得税处理问题的公告》（国家税务总局公告 2012 年第 18 号），明确了我国对于股权激励企业所得税的处理原则。

（1）对股权激励计划实行后立即可以行权的，上市公司可以根据实际行权时该股票的公允价格与激励对象实际行权支付价格的差额和数量，计算确定作为当年上市公司工资薪金支出，依照税法规定进行税前扣除。

（2）对股权激励计划实行后，需待一定服务年限或者达到规定业绩条件（以下简称等待期）方可行权的，上市公司等待期内会计上计算确认的相关成本费用，不得在对应年度计算缴纳企业所得税时扣除。在股权激励计划可行权后，上市公司方可根据该股票实际行权时的公允价格与当年激励对象实际行权支付价格的差额及数量，计算确定作为当年上市公司工资薪金支出，依照税法规定进行税前扣除。

（3）本条所指股票实际行权时的公允价格，以实际行权日该股票的收盘价格确定。

（六）其他负债

如企业应缴的罚款和滞纳金等，在尚未支付之前按照会计准则规定确认为费用，同时作为负债反映。税法规定，罚款和滞纳金不能税前扣除，其计税基础为账面价值减去未来期间计税时可予税前扣除的金额之间的差额，即计税基础等于账面价值，不产生暂时性差异。

【例 2 - 12】 A 公司适用的所得税税率为 25%，假定 A 公司税前会计利润为 10 000 万元。不考虑其他纳税调整，2020 年 12 月接到下列处罚书面通知书：（1）因违反当地有关环保法规的规定，接到环保部门的处罚通知，要求其支付罚款 3 000 万元。税法规定，企业因违反国家有关法律法规支付的罚款和滞纳金，计算应纳税所得额时不允许税前扣除。至 2020 年 12 月 31 日，该项罚款尚未支付。（2）因违反税收法规的规定，接到税务部门的处罚通知，要求其支付罚款 2 000 万元。税法规定，企业因违反国家有关法律法规支付的罚款和滞纳金，计算应纳税所得额时不允许税前扣除。至 2020 年 12 月 31 日，该项罚款尚未支付。计算所得税费用以及做出相应的所得税会计处理。

负债账面价值 = 5 000（万元）

负债计税基础 = 5 000 - 0 = 5 000（万元）

不形成暂时性差异

借:所得税费用　　3 750[(10 000 +5 000)×25%]

　贷:应交税费——应交所得税　　3 750

三、暂时性差异

暂时性差异是指资产或负债的账面价值与其计税基础之间的差额。

(一)应纳税暂时性差异

所谓应纳税暂时性差异是指在确定未来收回资产或清偿负债期间的应纳税所得额时,将产生应税金额的暂时性差异。较为直观的认定规律是:当暂时性差异使得应交所得税先小于所得税费用、后大于所得税费用时,此差异即可认定为应纳税暂时性差异。

(二)可抵扣暂时性差异

所谓可抵扣暂时性差异是指在确定未来收回资产或清偿负债期间的应纳税所得额时,将产生可抵扣金额的暂时性差异。较为直观的认定规律是:当暂时性差异使得应交所得税先大于所得税费用、后小于所得税费用时,此差异即可认定为可抵扣暂时性差异。

(三)资产负债表债务法的运算原理

(1)当资产的账面价值小于计税基础时,会产生可抵扣暂时性差异;

(2)新增可抵扣暂时性差异会追加应税所得,转回可抵扣暂时性差异时会冲减应税所得;

(3)可抵扣暂时性差异匹配“递延所得税资产”科目,新增可抵扣暂时性差异时列入借方,转回可抵扣暂时性差异时列入贷方;

(4)“递延所得税资产”的登账额 = 当期可抵扣暂时性差异的变动额 × 所得税税率;

(5)“递延所得税资产”的余额 = 该时点可抵扣暂时性差异 × 当时的税率;

(6)当资产的账面价值大于计税基础时,会产生应纳税暂时性差异;

(7)新增应纳税暂时性差异会调减应税所得,转回应纳税暂时性差异时会追加应税所得;

(8)应纳税暂时性差异匹配“递延所得税负债”科目,新增应纳税暂时性差异时列入贷方,转回应纳税暂时性差异时列入借方;

(9)“递延所得税负债”的登账额 = 当期应纳税暂时性差异的变动额 × 所得税税率;

(10)“递延所得税负债”的余额 = 该时点应纳税暂时性差异 × 当时的税率;

(11)当负债的账面价值大于计税基础时,会产生可抵扣暂时性差异;

(12)当负债的账面价值小于计税基础时,会产生应纳税暂时性差异。

(四)特殊项目产生的暂时性差异

1. 未作为资产、负债确认的项目产生的暂时性差异企业发生的符合条件的广告费和业务宣传费支出，除另有规定外，不超过当年销售收入15%的部分，准予扣除；超过部分准予在以后纳税年度结转扣除。该类费用在发生时按照会计准则规定计入当期损益，不形成资产负债表中的资产，但按照税法规定可以确定其计税基础的，两者之间的差异形成暂时性差异。

【例2-13】 A公司适用的所得税税率为25%。假定A公司税前会计利润为10 000万元。不考虑其他纳税调整。2020年发生17 000万元广告费支出，发生时已作为销售费用计入当期损益。税法规定，该类支出不超过当年销售收入15%的部分允许当期税前扣除，超过部分允许向以后年度结转税前扣除。A公司2020年实现销售收入100 000万元。进行相应的所得税会计处理。

资产账面价值＝0

资产计税基础＝17 000－100 000×15%＝2 000（万元）

可抵扣暂时性差异＝2 000（万元）

2020年末"递延所得税资产"余额＝2 000×25%＝500（万元）

2020年应交所得税＝（10 000＋2 000）×25%＝3 000（万元）

2020年所得税费用＝3 000－500＝2 500（万元）

借：所得税费用	2 500	
递延所得税资产	500	
贷：应交税费——应交所得税		3 000

2. 可抵扣亏损及税款抵减产生的暂时性差异

对于按照税法规定可以结转以后年度的未弥补亏损及税款抵减，在会计处理上，与可抵扣暂时性差异的处理相同。在符合条件的情况下，应确认与其相关的递延所得税资产。

3. 企业合并中取得的有关资产、负债产生的暂时性差异

因《企业会计准则》规定与税收法规规定不同，可能使得对于企业合并中取得资产、负债的入账价值与按照税法规定确定的计税基础不同，如对于非同一控制下企业合并，购买方对于合并中取得的可辨认资产、负债按照《企业会计准则》规定应当按照其在购买日的公允价值确认，而如果该合并按照税法规定属于免税改组，即购买方在合并中取得的可辨认资产、负债维持其原计税基础不变，则会产生因企业合并中取得可辨认资产、负债的公允价值与其计税基础不同，形成暂时性差异。

4. 商誉的处理

商誉只有在计提减值准备时才认定为可抵扣暂时性差异，确认递延所得税资产，其余差异均不考虑。

5. 提取长期股权投资的处理

长期股权投资除减值提取按可抵扣暂时性差异处理外，其余差异均按非暂时性差异处理。

6. 与直接计入所有者权益的交易或事项相关的所得税

与当期及以前期间直接计入所有者权益的交易或事项相关的当期所得税及递延所得税应当计入所有者权益。直接计入所有者权益的交易或事项主要有：对会计政策变更采用

追溯调整法或对前期差错更正采用追溯重述法调整期初留存收益、可供出售金融资产公允价值的变动计入所有者权益、同时包含负债及权益成分的金融工具在初始确认时计入所有者权益等。

(五)资产负债表债务法下既有永久性差异又有暂时性差异时的会计处理

1. 永久性差异的概念

永久性差异仅影响发生当期,不影响以后期间,不存在不同会计期间摊配问题,如果此差异对应了资产或负债,则账面价值与计税基础相同。

2. 永久性差异的分类

(1)会计认定为收入而税务不认定,比如国债利息收入;

(2)税务认定为费用而会计不认定,比如企业研发费用的追加扣税额;

(3)会计认定为费用而税务不认定,常见的有超标的业务招待费、罚没支出、超过同期金融机构贷款利率标准的利息费用、超标的公益性捐赠支出、非公益性捐赠支出等。

(4)税务认定为收入而会计不认定。

3. 永久性差异对资产负债账面价值的影响

永久性差异对应的资产或负债其账面价值通常与计税基础一致。比如因罚没支出而形成的“其他应付款”,其账面价值与计税基础均为入账额,二者没有差异。

第三节 递延所得税负债和递延所得税资产的核算

一、递延所得税负债的核算

(一)递延所得税负债的确认

企业在确认因纳税暂时性差异产生的递延所得税负债时,应遵循以下原则:

(1)除所得税准则中明确规定可不确认递延所得税负债的情况以外,企业对于所有的应纳税暂时性差异均应确认相关的递延所得税负债。除与直接计入所有者权益的交易或事项以及企业合并中取得资产、负债相关的以外,在确认递延所得税负债的同时,应增加利润表中的所得税费用。

(2)商誉的初始确认。非同一控制下的企业合并中,企业合并成本超过合并中取得的被购买方可辨认净资产公允价值份额的差额,按照会计准则规定应确认为商誉。会计上作为非同一控制下的企业合并,如果按照税法规定计税时作为免税合并的情况下,商誉的计税基础为零,其账面价值与计税基础形成应纳税暂时性差异(商誉作为资产账面价值大于计税基础),准则中规定不确认与其相关的递延所得税负债。(我们承认这个应纳税暂时性差异,但是这个差异不记账)

【例2-14】 A企业以增发市场价值为15 000万元的自身普通股为对价购入B企业100%的净资产,对B企业进行吸收合并(直接接收对方资产和负债),合并前A企业与B企业不存在任何关联方关系（非同一控制下企业合并）。假定该项合并符合税法规定的免税合并条件，交易各方选择进行免税处理，购买日B企业各项可辨认资产、负债的公允价值及其计税基础如表2－2所示。

表2－2　B企业各项可辨认资产、负债的公允价值及其计税基础　　单位：万元

项目	公允价值	计税基础	暂时性差异
固定资产	6 750	3 875	2 875
应收账款	5 250	5 250	—
存货	4 350	3 100	1 250
其他应付款	（750）	0	（750）
应付账款	（3 000）	（3 000）	0
不包括递延所得税的可辨认资产、负债的公允价值	12 600	9 225	3 375

B企业适用的所得税税率为25%，预期在未来期间不会发生变化，该项交易中应确认递延所得税负债及商誉的金额计算如下：

可辨认净资产公允价值	12 600
递延所得税资产（可抵扣暂时性差异×税率）	（750×25%）187.5
递延所得税负债（应纳税暂时性差异×税率）	（4 125×25%）1 031.25
考虑递延所得税后：	
可辨认资产、负债的公允价值	11 756.25（12 600＋187.5－1 031.25）
商誉	3 243.75（倒挤）
企业合并成本	15 000（已知条件）

因该项合并符合税法规定的免税合并条件，即商誉的计税基础为零。

该项合并中所确认的商誉金额3 243.75万元与其计税基础零之间产生的应纳税暂时性差异，按照准则中规定，不再进一步确认相关的所得税影响。

应税合并应予说明的是，按照会计准则规定在非同一控制下企业合并中确认了商誉，并且按照所得税法规的规定商誉在初始确认时计税基础等于账面价值的，该商誉在后续计量过程中因会计准则与税法规定不同产生暂时性差异的（比如提减值），应当确认相关的所得税影响。

（二）递延所得税负债的计量

（1）递延所得税负债应按照预期清偿该负债期间的适用税率计量，即递延所得税负债应以相关应纳税暂时性差异转回期间的所得税税率计量。

（2）无论应纳税暂时性差异的转回期间如何，准则中规定递延所得税负债不要求折现。

二、递延所得税资产的核算

(一)递延所得税资产的确认

(1)确认由可抵扣暂时性差异产生的递延所得税资产,应当以未来期间很可能取得用来抵扣可抵扣暂时性差异的应纳税所得额为限。因为确认的递延所得税资产要在以后期间转回,所以在确认时要考虑以后期间是否有足够的应纳税所得额用以抵扣转回的可抵扣暂时性差异。

(2)企业对于能够结转以后年度的可抵扣亏损和税款抵减,应当以很可能获得用来抵扣可抵扣亏损和税款抵减的未来应纳税所得额为限,确认相应的递延所得税资产。

(二)递延所得税资产的计量

1. 税率的确定

确认递延所得税资产时,应估计相关可抵扣暂时性差异的转回时间,以转回期间适用的所得税税率为基础计算确定。无论相关的可抵扣暂时性差异转回期间如何,递延所得税资产均不予折现。

2. 递延所得税资产的减值

(1)资产负债表日,企业应当对递延所得税资产的账面价值进行复核。如果未来期间很可能无法取得足够的应纳税所得额用以利用递延所得税资产的利益,应当减记递延所得税资产的账面价值(借记"所得税费用",贷记"递延所得税资产")。

(2)递延所得税资产的账面价值减记后,以后期间根据新的环境和情况判断能够产生足够的应纳税所得额利用可抵扣暂时性差异,使得递延所得税资产包含的经济利益能够实现的,应相应恢复递延所得税资产的账面价值(借记"递延所得税资产",贷记"所得税费用")。

三、特定交易或事项中涉及递延所得税的确认

(一)与直接计入所有者权益的交易或事项相关的所得税。

与当期及以前期间直接计入所有者权益的交易或事项相关的当期所得税及递延所得税应当计入所有者权益。直接计入所有者权益的交易或事项:(1)对会计政策变更采用追溯调整法或对前期差错更正采用追溯重述法调整期初留存收益;(2)可供出售金融资产公允价值的变动计入所有者权益。

(二)与企业合并相关的递延所得税

(1)企业在发生企业合并交易或事项时,因会计准则规定与税法规定不同产生的递延所得税的确认,其对应的会计科目为商誉。

(2)已确认的商誉,且未减值,合并中所确认的商誉金额与其计税基础之间产生的应纳

税暂时性差异，按照准则规定，不再进一步确认相关的所得税影响。

（3）在企业合并中，购买方取得被购买方的可抵扣暂时性差异，比如，购买日取得的被购买方在以前期间发生的未弥补亏损等可抵扣暂时性差异。按照税法规定可以用于抵减以后年度应纳税所得额，但在购买日不符合递延所得税资产确认条件的，不应予以确认。购买日后12个月内，如果取得新的或进一步的信息表明相关情况在购买日已经存在，被购买方在购买日可抵扣暂时性差异带来的经济利益预期能够实现的，购买方应当确认相关的递延所得税资产，同时减少由该企业合并所产生的商誉，商誉不足冲减的，差额部分确认为当期损益（所得税费用）。除上述情况以外（比如，购买日后超过12个月，或在购买日不存在相关情况但购买日以后出现新的情况导致可抵扣暂时性差异带来的经济利益预期能够实现），如果符合了递延所得税资产的确认条件，确认与企业合并相关的递延所得税资产应当计入当期损益（所得税费用），不得调整商誉。

【例2－15】 甲公司于2020年1月1日购买乙公司80%的股权，形成非同一控制下的企业合并，因会计准则规定与适用税法规定的处理方法不同，在购买日产生可抵扣暂时性差异3 000万元。假定购买日及未来期间企业适用的所得税税率为25%。购买日因预计未来期间无法取得足够的应纳税所得额，未确认与可抵扣暂时性差异相关的递延所得税资产为750（3 000×25%）万元。在购买日之后6个月，企业预计能够产生足够的应纳税所得额用来抵扣原合并时产生的3 000万元可抵扣暂时性差异的影响，企业应当考虑使得该利益变为很可能实现的事实和环境是否在购买日已经存在，做出该企业相应的会计处理。

（1）如果这些事实和环境在购买日已经存在，假定购买日已确认的商誉金额为500万元，企业应进行以下账务处理：

借：递延所得税资产　　750

　贷：商誉　　　　　　　500（冲减购买日确认的商誉金额为50万元）

　　所得税费用　　　　250

（2）如果这些事实和环境在购买日已经存在，假定购买日确认的商誉金额为2 000万元，企业应进行以下账务处理：

借：递延所得税资产　　750

　贷：商誉　　　　　　　750（冲减购买日确认的商誉金额2 000万元中的750万元）

（3）如果这些事实和环境出现在购买日之后，企业应进行以下账务处理：

借：递延所得税资产　　750

　贷：所得税费用　　　　750

四、适用税率变化对已确认递延所得税资产和递延所得税负债的影响

企业在某一会计期间适用的所得税税率因适用税收法规的变化而发生变化的，企业应对已确认的递延所得税资产和递延所得税负债按照新的税率进行重新计量。应对原已确认的递延所得税资产及递延所得税负债的金额进行调整，以反映税率变化带来的影响。

除直接计入所有者权益的交易或事项产生的递延所得税资产及递延所得税负债，相关的调整金额应计入所有者权益以外，其他情况下因税率变化产生的递延所得税资产及递延

所得税负债的调整金额应确认为变化当期的所得税费用(或收益)。

第四节　所得税费用的计算和账务处理

一、当期所得税的计算和账务处理

当期所得税是指企业按照税法规定计算确定的针对当期发生的交易和事项,应缴纳给税务部门的所得税金额,即应交所得税,应以适用的税收法规为基础计算确定。即

当期所得税 = 当期应交所得税

企业在确定当期所得税时,对于当期发生的交易或事项,会计处理与税收处理不同的,应在会计利润的基础上,按照适用税收法规的要求进行调整,计算出当期应纳税所得额,按照应纳税所得额与适用所得税税率计算确定当期应交所得税。一般情况下,应纳税所得额可在会计利润的基础上,考虑会计与税收法规的差异,按照以下公式计算确定:

应纳税所得额 = 会计利润 + 按照会计准则规定计入利润表但计税时不允许税前扣除的费用 ± 计入利润表的费用与按照税法规定可予税前抵扣的金额之间的差额 ± 计入利润表的收入与按照税法规定应计入应纳税所得额的收入之间的差额 - 税法规定的不征税收入 ± 其他需要调整的因素

借:所得税费用

　贷:应交税费——应交所得税

二、递延所得税的计算和账务处理

递延所得税是指按照《企业会计准则》规定应予确认的递延所得税资产和递延所得税负债在期末应有的金额相对于原已确认金额之间的差额,即递延所得税资产及递延所得税负债的当期发生额,但不包括直接计入所有者权益的交易或事项及企业合并的所得税影响。用公式表示为

递延所得税 =(递延所得税负债的期末余额 - 递延所得税负债的期初余额) -

(递延所得税资产的期末余额 - 递延所得税资产的期初余额)

应予说明的是,确认递延所得税资产或递延所得税负债,一般应当计入所得税费用,但是以下两种情况除外。

(1)资本公积:直接计入所有者权益的交易,即其他综合收益。

(2)商誉:企业合并中取得的资产、负债,其账面价值与计税基础不同,应确认相关递延所得税的,递延所得税的确认影响合并中产生的商誉或是计入当期损益的金额,不影响所得税费用。

【例 2 - 16】　A 公司适用的所得税税率为 25%,各年税前会计利润均为 1 000 万元。企业在计税时,对该项无形资产按照 10 年的期限摊销,摊销金额允许税前扣除。

(1)A 公司于 2019 年 1 月 1 日取得的某项无形资产,取得成本为 100 万元,取得该项无形资产后,根据各方面情况判断,A 公司无法合理预计其使用期限,将其作为使用寿命不确

定的无形资产。

(2)2020 年 12 月 31 日，对该项无形资产进行减值测试，其可收回金额为 60 万元。

要求：计算 2019 年和 2020 年末的所得税费用。

(1)2019 年末：

账面价值 = 100(万元)

计税基础 = 100 - 10 = 90(万元)

应纳税暂时性差异 = 10(万元)

“递延所得税负债”发生额 = 10 × 25% = 2.5(万元)

应交所得税 = (1 000 + 0 - 10) × 25% = 247.5(万元)

所得税费用 = 247.5 + 2.5 = 250(万元)

(2)2020 年末：

计提减值准备 = 100 - 60 = 40(万元)

账面价值 = 60(万元)

计税基础 = 100 - 10 × 2 = 80(万元)

“递延所得税资产”余额 = 20 × 25% = 5(万元)

“递延所得税负债”发生额 = 0 - 2.5 = -2.5(万元)

“递延所得税资产”发生额 = 5 - 0 = 5(万元)

递延所得税收益 = 2.5 + 5 = 7.5(万元)

应交所得税 = (1 000 + 40 - 10) × 25% = 257.5(万元)

所得税费用 = 257.5 - 7.5 = 250(万元)

三、所得税费用

利润表中的所得税费用由两个部分组成：当期所得税和递延所得税。即

所得税费用 = 当期所得税 + 递延所得税

计入当期损益的所得税费用或收益不包括企业合并和直接在所有者权益中确认的交易或事项产生的所得税影响。与直接计入所有者权益的交易或者事项相关的当期所得税和递延所得税，应当计入所有者权益。

所得税费用应当在利润表中单独列示。

【例 2 - 17】 甲公司适用的所得税税率为 25%。甲公司申报 20 × 8 年度企业所得税时，涉及以下事项：

(1)20 × 8 年，甲公司应收账款年初余额为 300 万元，坏账准备年初余额为零；应收账款年末余额为 2 400 万元，坏账准备年末余额为 200 万元。税法规定，企业计提的各项资产减值损失在未发生实质性损失前不允许税前扣除。

(2)20 × 8 年 9 月 5 日，甲公司以 240 万元购入某公司股票，作为可供出售金融资产处理。至 12 月 31 日，该股票尚未出售，公允价值为 260 万元。税法规定，资产在持有期间公允价值的变动不计税，在处置时一并计算应计入应纳税所得额的金额。

(3)甲公司于 20 × 6 年 1 月购入的对乙公司股权投资的初始投资成本为 280 万元，采

用成本法核算。20×8年10月3日,甲公司从乙公司分得现金股利20万元,计入投资收益。至12月31日,该项投资未发生减值。甲公司、乙公司均为设在我国境内的居民企业。税法规定,我国境内居民企业之间取得的股息、红利免税。

(4)20×8年,甲公司将业务宣传活动外包给其他单位,当年发生业务宣传费480万元,至年末尚未支付。甲公司当年实现销售收入3 000万元。税法规定,企业发生的业务宣传费支出,不超过当年销售收入15%的部分,准予税前扣除;超过部分,准予结转以后年度税前扣除。

(5)其他相关资料:

①20×7年12月31日,甲公司存在可于3年内税前弥补的亏损260万元,甲公司对这部分未弥补亏损已确认递延所得税资产65万元。

②甲公司20×8年实现利润总额300万元。

③除上述各项外,甲公司会计处理与税务处理不存在其他差异。

④甲公司预计未来期间能够产生足够的应纳税所得额用于抵扣可抵扣暂时性差异,预计未来期间适用所得税税率不会发生变化。

⑤甲公司对上述交易或事项已按《企业会计准则》规定进行处理。

要求:

(1)确定甲公司20×8年12月31日有关资产、负债的账面价值及其计税基础,并计算相应的暂时性差异。

(2)计算甲公司20×8年应确认的递延所得税费用(或收益)。

(3)编制甲公司20×8年与所得税相关的会计分录。

计算过程如下:

(1)甲公司20×8年暂时性差异计算表如表2-3所示。

表2-3 暂时性差异计算表

单位:万元

项目	账面价值	计税基础	应纳税暂时性差异	可抵扣暂时性差异
应收账款	2 400-200=2 200	2 400		200
可供出售金融资产	260	240	20	
长期股权投资	280	280		
其他应付款	480	3 000×15%=450		30

(2)递延所得税资产=(200+30)×25%-65=-7.5(万元)

递延所得税费用=7.5(万元)

(3)甲公司20×8年的应纳税所得额=300+200-20+30-260=250(万元)

应交所得税=250×25%=62.5(万元)

借:所得税费用　　70

　资本公积——其他资本公积　　5

　贷:应交税费——应交所得税　　62.5

　　递延所得税资产　　7.5

递延所得税负债　　5

四、所得税费用计算和账务处理

计算确定了当期所得税及递延所得税以后，利润表中应予确认的所得税费用为两者之和，即

所得税费用 = 当期所得税 + 递延所得税

【例 2-18】 A 公司 2020 年度利润表中利润总额为 3 000 万元，该公司适用的所得税税率为 25%。递延所得税资产及递延所得税负债不存在期初余额（首期）。与所得税核算有关的情况如下：

2020 年发生的有关交易和事项中，会计处理与税收处理存在差别的有：

(1)2020 年 1 月开始计提折旧的一项固定资产成本为 1 500 万元，使用年限为 10 年，净残值为 0，会计处理按双倍余额递减法计提折旧，税收处理按直线法计提折旧。假定税法规定的使用年限及净残值与会计规定相同。

会计折旧 = 1 500 × 2/10 = 300（万元）

税收折旧 = 1 500/10 = 150（万元）

(2)向关联企业捐赠现金 500 万元。假定按照税法规定，企业向关联方的捐赠不允许税前扣除。（营业外支出、永久性差异）

(3)当期取得作为交易性金融资产核算的股票投资成本为 800 万元，2020 年 12 月 31 日的公允价值为 1 200 万元。税法规定，以公允价值计量的金融资产持有期间市价变动不计入应纳税所得额。

(4)违反环保法规定应支付罚款 250 万元。

(5)期末对持有的存货计提了 75 万元的存货跌价准备，该存货原值 2 075 万元。

分析：

(1)2020 年度当期应交所得税：

应纳税所得额 = 3 000 + 150 + 500 − 400 + 250 + 75 = 3 575（万元）

应交所得税 = 3 575 × 25% = 893.75（万元）

(2)2020 年度递延所得税：

递延所得税资产 = 225 × 25% = 56.25（万元）

递延所得税负债 = 400 × 25% = 100（万元）

递延所得税 = 100 − 56.25 = 43.75（万元）

(3)利润表中应确认的所得税费用：

所得税费用 = 893.75 + 43.75 = 937.50（万元），确认所得税费用的账务处理如下：

借：所得税费用　　9 375 000（倒挤）

　递延所得税资产　　562 500

　贷：应交税费——应交所得税　　8 937 500

　　递延所得税负债　　1 000 000

该公司 2020 年资产负债表相关项目金额及其计税基础如表 2-4 所示。

表 2-4 暂时性差异计算表 单位:万元

项目	账面价值	计税基础	差异	
			应纳税暂时性差异	可抵扣暂时性差异
存货	2 000	2 075		75
固定资产:				
固定资产原价	1 500	1 500		
减:累计折旧	300	150		
减:固定资产减值准备	0	0		
固定资产账面价值	1 200	1 350		150
交易性金融资产	1 200	800	400	
其他应付款	250	250		
总计			400	225

五、所得税的列报

(一)当期所得税资产及当期所得税负债以抵销后的净额列示

同时满足以下条件的,企业应当将当期所得税资产及当期所得税负债以抵销后的净额列示:

(1)企业拥有以净额结算的法定权利;

(2)意图以净额结算或取得资产、清偿负债同时进行。

当期所得税资产及当期所得税负债以净额列示是指当企业实际缴纳的所得税税款大于按照税法规定计算的应交税时,超过部分在资产负债表中应当列示为“其他流动资产”;当企业实际缴纳的所得税税款小于按照税法规定确定的应交税时,差额部分应当作为资产负债表中的“应交税费”项目列示。

(二)递延所得税资产及递延所得税负债以抵销后的净额列示

同时满足以下条件的,企业应当将递延所得税资产及递延所得税负债以抵销后的净额列示:

(1)企业拥有以净额结算当期所得税资产及当期所得税负债的法定权利;

(2)递延所得税资产及递延所得税负债是与同一税收征管部门对同一纳税主体征收的所得税相关或者是对不同的纳税主体相关,但在未来每一具有重要性的递延所得税资产及负债转回的期间内,涉及的纳税主体意图以净额结算当期所得税资产和负债或是同时取得资产、清偿负债。

(三)合并财务报表

一方的当期所得税资产或递延所得税资产与另一方的当期所得税负债或递延所得税

负债一般不能予以抵销，除非所涉及的企业具有以净额结算的法定权利并且意图以净额结算。

复习思考题

简答题

1. 简述所得税会计产生的原因。

2. 简述资产负债表债务法的程序。

3. 简述新增暂时性差异与转回暂时性差异是如何界定的。

4. 简述固定资产及无形资产账面价值与计税基础产生差异的原因。

5. 简述所得税费用的构成。

计算分析题

1. 甲公司适用的所得税税率为25%。甲公司申报2018年度企业所得税时，涉及以下事项：

（1）2018年，甲公司应收账款年初余额为3 000万元，坏账准备年初余额为零；应收账款年末余额为24 000万元，坏账准备年末余额为2 000万元。税法规定，企业计提的各项资产减值损失在未发生实质性损失前不允许税前扣除。

（2）2018年9月5日，甲公司以2 400万元购入某公司股票，作为可供出售金融资产处理。至12月31日，该股票尚未出售，公允价值为2 600万元。税法规定，资产在持有期间公允价值的变动不计入当期应纳税所得税额，待处置时一并计算应计入应纳税所得额的金额。

（3）甲公司于2016年1月购入的对乙公司股权投资的初始投资成本为2 800万元，采用成本法核算。2018年10月3日，甲公司从乙公司分得现金股利200万元，计入投资收益。至12月31日，该项投资未发生减值。甲公司、乙公司均为设在我国境内的居民企业。税法规定，我国境内居民企业之间取得的股息、红利免税。

（4）2018年，甲公司将业务宣传活动外包给其他单位，当年发生业务宣传费4 800万元，至年末尚未支付。甲公司当年实现销售收入30 000万元。税法规定，企业发生的业务宣传费支出，不超过当年销售收入15%的部分，准予税前扣除；超过部分，准予结转以后年度税前扣除。

（5）其他相关资料：

①2017年12月31日，甲公司存在可于3年内税前弥补的亏损2 600万元，甲公司对这部分未弥补亏损已确认递延所得税资产650万元。

②甲公司2018年实现利润总额3 000万元。

③除上述各项外，甲公司会计处理与税务处理不存在其他差异。

④甲公司预计未来期间能够产生足够的应纳税所得额用于抵扣可抵扣暂时性差异，预计未来期间适用所得税税率不会发生变化。

⑤甲公司对上述交易或事项已按《企业会计准则》规定进行处理。

要求：

(1)确定甲公司2018年12月31日有关资产、负债的账面价值及其计税基础，并计算相应的暂时性差异。

(2)计算甲公司2018年应确认的递延所得税费用(或收益)。

(3)编制甲公司2018年与所得税相关的会计分录。

2. 甲上市公司于2020年1月设立，适用的所得税税率为25%。该公司2020年利润总额为6 000万元，当年发生的交易或事项中，会计规定与税法规定存在差异的项目如下：

(1)2020年12月31日，甲公司应收账款余额为5 000万元，对该应收账款计提了475万元坏账准备。税法规定，应收款项发生实质性损失时允许税前扣除。

(2)按照销售合同规定，甲公司承诺对销售的A产品提供3年免费售后服务。甲公司2020年销售的A产品预计在售后服务期间发生的费用为400万元，已计入当期损益。税法规定，与产品售后服务相关的支出在实际发生时允许税前扣除。甲公司2020年没有发生售后服务支出。

(3)甲公司2020年以4 000万元取得一项到期还本付息的国债投资，作为持有至到期投资核算。该投资实际利率与票面利率相差较小，甲公司采用票面利率计算确认利息收入，当年确认国债利息收入为200万元，计入持有至到期投资账面价值，该国债投资在持有期间未发生减值。税法规定，国债利息收入免征所得税。

(4)2020年12月31日，甲公司B产品账面余额为2 600万元，根据市场情况对B产品计提跌价准备400万元，计入当期损益。税法规定，该类资产在发生实质性损失时允许税前扣除。

(5)2020年4月，甲公司自公开市场购入基金，作为交易性金融资产核算，取得成本为2 000万元；2020年12月31日该基金的公允价值为4 100万元，公允价值相对账面价值的变动已计入当期损益，持有期间基金未进行分配。税法规定，该类资产在持有期间公允价值变动不计入应纳税所得额，待处置时一并计算应计入应纳税所得额的金额。

其他相关资料：假定预期未来期间甲公司适用的所得税税率不发生变化，甲公司预计未来期间能够产生足够的应纳税所得额以抵扣可抵扣暂时性差异。

根据以上资料计算甲公司2020年应确认的所得税费用并编制会计分录。

第三章　上市公司会计信息的披露

本章主要介绍股份公司与上市公司的定义，上市公司信息披露的意义及法律责任，上市公司信息披露的基本框架，以及分部报告、中期财务报告、关联方信息的披露。

【考核知识点】

上市公司的含义；上市公司信息披露基本框架；分部的确定；分部报告的种类；中期财务报告的编制；关联方；关联方信息披露。

【重要概念】

上市公司　股份公司　分部报告　中期财务报告　关联方

第一节　上市公司信息披露概述

一、股份公司与上市公司的定义

上市公司是指所发行的股票经过国务院或者国务院授权的证券管理部门批准，在证券交易所上市交易的股份有限公司。

股份公司是由一定人数的股东所组成，股东以其所认购的股份金额为限对公司承担责任的公司。

二、上市公司信息披露的意义及法律责任

（一）上市公司信息披露的意义

目前，投资者和社会公众对上市公司信息的获取主要是通过广大媒体阅读各类临时公告和定期报告。投资者和社会公众在获取上市公司信息后，可以作为投资决策的重要依据。因此，上市公司真实、全面、及时、充分地进行信息披露至关重要，只有这样，才能保护投资者的合法权益和社会公共利益。

上市公司对外披露信息，既是其筹资和利益分配的需要，又是与企业有经济利益关系的单位、个人决策，以及政府部门进行管理的要求，同时也是上市公司树立自身形象的必要方式。在上市公司以各种书面报告形式披露的信息中，包含着大量的会计信息。会计信息的披露在上市公司的组建和运行中发挥着非常重要的意义。

上市公司信息披露对投资者而言，其重要意义主要在于：

（1）有助于投资者进行投资决策。广大股东和潜在投资者可以在平等的基础上获得上市公司的信息，各投资主体可以根据公开的信息做出恰当的投资决策。

（2）落实公司管理人员托管责任。所有权和管理权相互分离是上市公司的重要特征之

一。股东将资金投入公司是为了保值和增值,通过上市公司披露的会计信息,可以了解管理人员的经营业绩和受托经营管理责任的履行情况,进而督促上市公司管理人员进一步做好经营管理工作。

(3)促进上市公司加强经营管理。通过上市公司披露的会计信息,可以了解公司经营管理情况,也可以通过股票价格了解公司经营管理情况,从而加强经营管理。

(二)上市公司信息披露的法律责任

上市公司对其信息披露具有严肃的法律责任。为保护投资者的权益,我国证券法规定,上市公司依法披露的信息必须真实、准确、完整,不得有虚假记载、误导陈述或者重大遗漏。

上市公司不按照规定公开其财务状况,或者对财务会计报告作虚假记载,可能误导投资者,由证券交易所决定暂停其股票上市交易;不按照规定公开其财务状况,或者对财务会计报告作虚假记载、误导性陈述或者重大遗漏,只要投资者在证券交易中遭受损失的,上市公司应当承担赔偿责任。

三、上市公司信息披露的基本框架

为了保证上市公司信息披露的合理性,我国先后颁布了一系列涉及上市公司信息披露的法规,如《中华人民共和国公司法》《中华人民共和国证券法》《上市公司信息披露管理办法》《首次公开发行股票并上市管理办法》《公开发行证券的公司信息披露内容与格式准则》等。根据上述法律和行政法规规定,上市公司必须公开披露的信息内容主要包括招股说明书、上市公告书、定期报告、临时报告及其他披露文件。其中披露的内容均含有大量的会计信息,比如向广大投资者、债权人及其他信息使用者披露公司财务状况、经营成果和现金流量等对决策有用的信息。

(一)招股说明书

招股说明书的内容与格式主要包括:

(1)封面、书脊、扉页、目录、释义;

(2)概览;

(3)本次发行概况;

(4)风险因素;

(5)发行人基本情况;

(6)业务和技术;

(7)同业竞争与关联交易;

(8)董事、监事、高级管理人员与核心技术人员;

(9)公司治理;

(10)财务会计信息;

(11)管理层讨论与分析;

(12)业务发展目标；

(13)募集资金运用；

(14)股利分配政策；

(15)其他重要事项；

(16)董事、监事、高级管理人员及有关中介机构声明；

(17)备查文件。

(二)上市公告书

上市公告书的主要内容有：

(1)股票获准在证券交易所上市的日期和批准文号；

(2)股票发行情况、股权结构和最大的10名股东的名单及持股数量；

(3)公司创立大会或者股东大会同意公司股票在证券交易所上市交易的决议；

(4)董事、监事和高级管理人员简历及其持有本公司股票的情况；

(5)公司近3年或者成立以来经会计师审计的经营业绩、财务状况及下一年的盈利预测文件；

(6)公司的名称、住所；

(7)本次发行前每股净资产值和发行结束后每股净资产值；

(8)发起人、发行人简况；

(9)募集资金的运用计划及收益、风险预测；

(10)重要合同、重大诉讼和其他重大事项；

(11)发行人董事会的上市承诺与责任声明；

(12)证券监督管理部门和证券交易所要求载明的其他事项。

(三)定期报告

按照《上市公司信息披露管理办法》的规定，上市公司应当披露的定期报告包括年度报告、中期报告。凡是对投资者做出价值判断和投资决策有重大影响的信息，均应当披露。

1. 年度报告

年度报告应当在每个会计年度结束之日起四个月内编制完成并披露。

年度报告应当记载的内容包括：公司基本情况；主要会计数据和财务指标；公司股票、债券发行及变动情况，报告期末股票、债券总额、股东总数，公司前十大股东持股情况；持股百分之五以上股东、控股股东及实际控制人情况；董事、监事、高级管理人员的任职情况、持股变动情况、年度报酬情况；董事会报告；管理层讨论与分析；报告期内重大事件及对公司的影响；财务会计报告和审计报告全文；中国证监会规定的其他事项。

2. 中期报告

中期报告应当在每个会计年度的上半年结束之日起两个月内编制完成并披露。

中期报告应当记载的内容包括：公司基本情况；主要会计数据和财务指标；公司股票、债券发行及变动情况、股东总数、公司前十大股东持股情况，控股股东及实际控制人发生变化的情况;管理层讨论与分析;报告期内重大诉讼、仲裁等重大事件及对公司的影响;财务会计报告;中国证监会规定的其他事项。

(四)临时报告

发生可能对上市公司证券及其衍生品种交易价格产生较大影响的重大事件,投资者尚未得知时,上市公司应当立即披露,说明事件的起因、目前的状态和可能产生的影响。

1. 重大事件

重大事件包括:

(1)《中华人民共和国证券法》第八十条第二款规定的重大事件;

(2)公司发生大额赔偿责任;

(3)公司计提大额资产减值准备;

(4)公司出现股东权益为负值;

(5)公司主要债务人出现资不抵债或者进入破产程序,公司对相应债权未提取足额坏账准备;

(6)新公布的法律、行政法规、规章、行业政策可能对公司产生重大影响;

(7)公司开展股权激励、回购股份、重大资产重组、资产分拆上市或者挂牌;

(8)法院裁决禁止控制股东转让其所持股份;任一股东所持公司百分之五以上股份被质押、冻结、司法拍卖、托管、设定信托或者被依法限制表决权等,或者出现被强制过户风险;

(9)主要资产被查封、扣押或者冻结,主要银行账户被冻结;

(10)上市公司预计经营业绩发生亏损或者发生大幅变动;

(11)主要或者全部业务陷入停顿;

(12)获得对当期损益产生重大影响的额外收益,可能对公司的资产、负债、权益或者经营成果产生重要影响;

(13)聘任或者解聘为公司审计的会计师事务所;

(14)会计政策、会计估计重大自主变更;

(15)因前期已披露的信息存在差错、未按规定披露或者虚假记载,被有关机关责令改正或者经董事会决定进行更正;

(16)公司或者其控股股东、实际控制人、董事、监事、高级管理人员受到刑事处罚,涉嫌违法违规被中国证监会立案调查或者受到中国证监会行政处罚,或者受到其他有权机关重大行政处罚;

(17)公司的控股股东、实际控制人、董事、监事、高级管理人员涉嫌严重违纪违法或者职务犯罪被纪检监察机关采取留置措施且影响其履行职责;

(18)除董事长或者经理外的公司其他董事、监事、高级管理人员因身体、工作安排等原因无法正常履行职责达到或者预计达到三个月以上,或者因涉嫌违法违规被有权机关采取强制措施且影响其履行职责;

(19)中国证监会规定的其他事项。

上市公司的控股股东或者实际控制人对重大事件的发生、进展产生较大影响的，应当及时将其知悉的有关情况书面告知上市公司，并配合上市公司履行信息披露义务。

2. 其他事项

上市公司变更公司名称、股票简称、公司章程、注册资本、注册地址、主要办公地址和联系电话等，应当立即披露。

上市公司披露重大事件后，已披露的重大事件出现可能对上市公司证券及其衍生品种交易价格产生较大影响的进展或者变化的，上市公司应当及时披露进展或者变化情况、可能产生的影响。

上市公司控股子公司发生前述重大事件，可能对上市公司证券及其衍生品种交易价格产生较大影响的，上市公司应当履行信息披露义务。

上市公司参股公司发生可能对上市公司证券及其衍生品种交易价格产生较大影响的事件的，上市公司应当履行信息披露义务。

涉及上市公司的收购、合并、分立、发行股份、回购股份等行为导致上市公司股本总额、股东、实际控制人等发生重大变化的，信息披露义务人应当依法履行报告、公告义务，披露权益变动情况。

上市公司应当关注本公司证券及其衍生品种的异常交易情况及媒体关于本公司的报道。证券及其衍生品种发生异常交易或者在媒体中出现的消息可能对公司证券及其衍生品种的交易产生重大影响时，上市公司应当及时向相关各方了解真实情况，必要时应当以书面方式问询。上市公司控股股东、实际控制人及其一致行动人应当及时、准确地告知上市公司是否存在拟发生的股权转让、资产重组或者其他重大事件，并配合上市公司做好信息披露工作。

公司证券及其衍生品种交易被中国证监会或者证券交易所认定为异常交易的，上市公司应当及时了解造成证券及其衍生品种交易异常波动的影响因素，并及时披露。

第二节　分 部 报 告

一、分部报告的编制基础

提供分部报告信息的基础涉及的问题是分部报告信息是以集团公司的合并会计报表为基础提供，还是以母公司的个别会计报表为基础提供；对此通常有两种做法：第一种做法是既要以合并会计报表为基础提供，还要以母公司个别报表为基础提供；第二种做法是仅以合并会计报表为基础提供。目前，国际上通行的做法是以合并会计报表为基础提供。《国际会计准则第 14 号》认为：如果一份财务报告既包括证券公开交易的企业的合并财务报表，也包括母公司或一个或多个子公司的个别财务报表，则分部报告信息只需以合并会计报表为基础列报。如果子公司本身就是证券公开交易的企业，则它应在其个别财务报表中列报分部信息。

二、分部的确定

（一）分部划分标准

在编制分部报告时首先必须确定分部的划分，而影响分部报告的中心问题是风险和报酬。将分部之间风险和报酬区分开来的标准多种多样，主要包括行业、地区、客户、组织结构、独立核算单位、生产线、产品或劳务等。目前，国际上划分分部的标准主要有两种：一是“类似法”，即按报告主体内部各组成部分相似的风险和报酬，以产品或劳务以及地区划分分部，称为业务分部和地区分部；二是“管理法”，即以企业内部管理当局进行经营决策、分配资源和评价业绩而组织的分部为基础，并以产品或劳务、地区、法律主体或顾客的种类等多种不同的方式，确定对外报告的分部，称作“经营分部”。

我国《企业会计准则》（2006）采用的分部划分标准与国际会计准则相同，要求企业以风险和报酬差异为基础划分业务分部和地区分部，并按此划分的分部披露信息，国际会计准则理事会于2006年11月正式颁布《国际财务报告准则第8号——经营分部》，取消了地区分部和业务分部的划分及其主要报告形式和次要报告形式的规定，要求以内部政治结构、管理要求和内部报告制度为依据确定企业的经营分部。为了体现《企业会计准则》与《国际会计准则》的持续趋同，财政部于2009年6月在《企业会计准则解释第3号》中做出相应调整，规定企业应当以内部组织结构、管理要求、内部报告制度为依据确定单独的经营分部。

（二）经营分部的确定

经营分部是企业确认分部报告中的报告分部的基础，指企业内部同时满足下列条件的各组成部分：①该组成部分能够在日常活动中单独产生收入并发生费用；②企业管理层能够定期或分期评价该组成部分的经营成果，已决定向其配置资源和评价其业绩；③企业能够取得该组成部分的财务状况、经营成果和现金流量等会计信息。

1. 经营分部的确定原则

（1）企业应当以内部组织结构、管理要求、内部报告制度为依据确定单独的经营分部。

（2）每一个经营分部一般应具有独自的经济特征，经济特征不相似的经营分部，应当分别确认为不同的经营分部。

2. 经营分部的合并

在实务中，并非所有的经营分部都适合作为独立的经营分部来考虑，也会出现两个或多个经营分部具有相近的长期财务业绩，且确定这些分部所考虑的因素也具有较强的相似性。这通常表明这些分部具备了具有相似经济特征的经营分部的合并标准。

经营分部的合并是指当企业内部存在相似经济特征的两个或多个经营分部时，在满足分部合并标准时，可将其合并为一个经营分部。我国《企业会计准则》规定两个或多个经营分部同时满足下列条件的，可以予以合并。

（1）具有相近的长期财务业绩，包括相近的长期平均毛利率、资产回报率、未来现金流量等。

(2)确定经营分部所考虑的因素类似,通常是指几个分部在以下几个方面均相同或相似:①单项产品或劳务的性质,包括产品或劳务的规格、型号、最终用途等;②生产过程的性质,包括采用劳动密集或资本密集方式组织生产、使用相同或相似的设备和原材料、采用委托生产或加工方式等;③产品或劳动的客户类型,包括大宗客户、零散客户等;④销售产品或提供劳务的方式,包括批发、零售、自产自销、委托销售、承包等;⑤生产产品或提供劳务受法律、行政法规的影响,包括经营范围或交易定价限制等。

三、报告分部的定义及确定

(一)报告分部的定义

报告分部是指在分部报告中单独披露其财务信息的经营分部。根据分部报告准则的规定,并非所有的经营分部都有必要在分部报告中的附注披露相关的财务信息。在确定报告分部时,应当考虑重要性原则,通常情况下,符合重要性标准的经营分部才能确定为报告分部。

(二)报告分部的定量确定标准

报告分部的确定要遵循"三个10%、一个75%和一个10"的规定。

1. 重要性标准的定量标准(三个10%)

根据分部报告准则的规定,判断经营分部是否重要的标准主要有以下三个,满足三个标准中任意一个都被认为是重要分部,并应确定为报告分部。

(1)分部收入占所有分部收入合计的10%或者以上的经营分部

分部收入是指可归属于经营分部的对外交易收入和对其他分部交易收入。分部收入主要由可归属于经营分部的对外交易收入构成,通常为营业收入。可以间接归属于经营分部的收入,即将企业交易产生的收入在相关经营分部之间进行分配,按属于某经营分部的收入金额确定为某分部收入。

分部收入通常不包括下列项目:①利息收入和股利收入,但分部的日常活动就是金融性质的除外;②营业外收入,如固定资产盘盈、处置固定资产净收益、出售无形资产净收益等;③处置投资产生的净收益,但分部的日常活动就是金融性质的除外;④采用权益法核算的长期股权投资确定的投资收益,但分部的日常活动就是金融性质的除外。

需要注意,对外交易收入包括两部分:一是对外交易收入,二是对其他分部交易收入,当某分部的分部收入大部分是对外交易收入,并且满足上述条件时,则可将其确定为报告分部;反之当某分部的分部收入大部分是通过与其他分部交易而取得,并且企业的分部管理不属于按垂直一体化经营分部的不同层次来划分的,即使满足上述10%的条件,也不能确定为报告分部。

(2)分部利润(亏损)的绝对额占所有盈利分部利润合计数或者所有亏损分部亏损额占亏损数的绝对值两者中较大者的10%或者以上的经营分部

分部利润(亏损)是指分部收入减去分部费用后的余额。在计算分部利润(亏损)时,应注意将不属于分部收入和分部费用的项目剔除。

分部费用是指可归属于经营分部的对外交易费用和对企业的分部交易费用。分部费用主要由可归属于经营分部的对外交易费用构成，通常包括营业成本、营业税金及附加、销售费用等。与分部收入的确定相同，归属于经营分部的费用也来源于两个渠道：一是可以直接归属于经营分部的费用，即直接由经营分部的业务交易而发生；二是可以间接归属于经营分部的费用，即将企业交易分部的费用在相关分部之间进行分配，属于某经营分部的费用金额确认为某分部费用。

分部费用通常不包括下列项目：①利息费用，如发行债券产生的利息费用，但分部的日常活动就是金融性质的除外；②营业外支出，如处置固定资产、无形资产等发生的净损失；③处置投资发生的净损失，但分部的日常活动就是金融性质的除外；④采用权益法核算的长期股权投资确定的投资损失，但分部的日常活动就是金融性质的除外；⑤与企业整体相关的管理费用和其他费用。

(3)分部资产占所有分部资产合计额的10%或者以上的经营分部

分部资产是指经营分部日常活动使用的可归属于该经营分部的资产，不包括递延所得税资产。企业在计量分部资产时，应当按照分部资产的账面净值进行计量，即原值扣除相关累计折旧或摊销额以及累计减值准备后的金额计量。

企业在确认分部资产时，应注意分部资产与分部利润（亏损）、分部费用等之间存在的对应关系，这些关系主要包括：①如果分部收入（亏损）包括利息或股利收入，分部资产中就应当包括相应的应收账款、贷款、投资或其他金融资产；②如果分部费用包括某项固定资产的折旧费用，分部资产中就应当包括该项固定资产；③如果分部费用包括某项无形资产或商誉的摊销额或减值额，分部资产中就应当包括该项无形资产或商誉。

由两个或两个以上经营分部共同享有的资产，其归属权取决于与该资产相关收入和费用的分配，与共享资产相关的收入和费用归属于哪个经营分部，共享资产就应该分配给哪个经营分部。共享资产的折旧费或摊销费应该在其所归属的分部经营成果中扣减。

2. 报告分部的外部收入约束条件（一个75%）

企业的经营分部达到规定的10%重要性标准确认为报告分部后，确定为报告分部的对外交易收入合计额占合并总收入的比重应当达到75%。如果未达到75%的标准，企业必须增加报告分部的数量，将其他未作为经营分部纳入报告分部的范围，直到该比重达到75%。此时，其他未作为报告分部的经营分部很可能是满足前述规定的10%重要性标准，但为了使报告分部的对外交易收入合计额占合并总收入或企业总收入的总体比重能够达到75%的比例要求，也应当将其确定为报告分部。

3. 报告分部的数量标准（一个10）

根据前述报告分部的确定标准以及外部交易收入75%的约束条件，企业最终确定的报告分部数量可能会超过10个，这样企业提供的分部信息可能变得非常烦琐，不利于会计信息使用者理解和使用。因此，分部报告准则规定，在分部报告中，报告分部的数量不应该超过10个。如果按照规定标准确定的分部数量超过10个，企业应该考虑将具有相似经济特征、满足经营分部合并条件的报告分部进行合并，以确保报告分部的数量不超过10个。

（三）报告分部的定性确定标准

1. 低于10%重要性标准的选择

如果经营分部为满足上述10%重要性标准，可以按照下列规定确定报告分部。

（1）企业管理层如果认为披露该经营分部信息对会计信息使用者有用，那么无论该经营分部是否满足10%的重要性标准，均可以将该分部直接指定为报告分部。

（2）将未满足报告分部确认标准的经营分部与一个或一个以上的具有相似经济特征、满足经营分部合并条件的其他经营分部合并，作为一个报告分部，对经营分部10%的重要性测试可能会导致企业拥有大量未满足10%数量临界限额经营分部。在这种情况下，如果企业没有直接将这些经营分部指定为报告分部，就可以将它们适当合并成一个报告分部。

2. 为提供可比信息确定报告分部

企业在确定报告分部时，除应遵循相应的确定标准即约束条件外，还应当考虑不同会计期间经营分部信息的可比性和一致性。对于某一经营分部，在上期可能满足报告分部的确定条件从而被确定为报告分部，但本期并不满足报告分部的确定条件。基于可比性原则，如果企业认为该经营分部仍然重要，单独披露该经营分部的信息能够更有助于会计信息使用者了解企业的整体情况，则无须考虑该经营分部确定为报告分部的条件，仍应当将该经营分部确定为本期的报告分部。

另外，对于某一经营分部，在本期可能满足报告分部的确定条件从而被确定为报告分部，但上期可能并不满足报告分部的确定条件从而未被确定为报告分部。基于可比性原则，企业也可以将以前会计期间该分部信息进行重述，并追溯披露该分部信息，如果重述需要的信息无法获得，或者不符合成本效益原则，则无须重述以前会计期间的分部信息。不论是否对以前会计期间相应的报告分部进行重述，企业均应当在报告时披露这一事实。

四、分部报告信息的披露

（一）描述性信息

企业应当在财务报表附注中披露如下分部报告相关的描述性信息：

（1）确定报告分部考虑的因素。确定报告分部考虑的因素通常包括企业管理层是怎样对报告分部进行管理的，例如，按产品和服务管理、按地理区域管理或综合各种因素进行组织管理等。

（2）报告分部的产品和劳务的类型。

（二）每一报告分部的利润（亏损）总额相关信息

企业应当在财务报表附注中披露每一报告分部的利润（亏损）信息，包括利润（亏损）总额及组成项目。同时还应披露与利润（亏损）相关的每一报告分部的下列信息。

（1）对外交易收入和分部间交易收入。

（2）利息收入和利息费用，但是报告分部的日常活动属于金融性质的除外。

(3)折旧费用和摊销费用,以及其他重大的非现金项目。

(4)采用权益法核算的长期股权投资确认的投资收益。

(5)所得税费用或所得税收益。

(6)其他重大的收益或费用项目。

(三)每一报告分部的资产、负债总额相关信息

企业应当在财务报表附注中披露每一报告分部的资产总额、负债(不包括递延所得税负债)总额信息,包括资产总额组成项目的信息。同时还应当在附注中披露与资产相关的每一报告分部的下列信息。

(1)采用权益法核算的长期股权投资金额。

(2)非流动资产(不包括自融资产、独立账户资产、递延所得税资产)金额。

多于两个或多个经营分部共同承担的负债,其分配取决于与共同负债相关费用的分配。与共同负债相关费用分配给哪个经营分部,该共同负债也应当分配给哪个经营分部。

(四)会计计量相关的会计政策信息

1. 分部间转移价格的确定及其变更

企业在计量分部之间的交易收入时,需要确定分部间转移交易价格。一般情况下,分部之间的交易定价不同于市场公允交易价格,为准确计量分部间转移价格,企业核定分部间交易收入时,应当以实际交易金额为基础计量。由于企业不同期间生产的产品的成本不同,可能导致不同期间分部间的转移价格的确定产生差异,造成转移交易价格的变更。对于分部间转移价格的确定及其变更,企业除了应在附注中披露转移价格的确定基础外,对于转移交易金额的变更情况,也应当在附注中进行披露。

2. 分部会计政策披露

分部会计政策是指与披露分部报告特别相关的会计政策。一般来说,分部会计政策应当与编制企业集团合并财务报表时所采用的会计政策一致,但某些分部信息采用了分部特有的会计政策,比如分部的确定、分部间转移价格的确定方法,以及其收入和费用、资产和负债分配给报告分部的基础等。

企业应当在附注中披露与报告分部利润(亏损)计量相关的下列分部会计政策:分部间转移价格的确定基础;相关收入和费用分配给报告分部的基础;确定报告分部利润(亏损)使用的计量方法的变更及变更的性质和影响数等。

企业还应当在附注中披露和分部资产、负债计量相关的下列分部会计政策:分部间转移价格的确定基础;相关资产或负债分配给报告分部的基础。

如果企业因管理战略或内部组织结构改变对经营业务范围做出变更或对经营地区做调整,使企业愿意确定的报告分部所面临的风险和报酬产生较大差异,则必须改变原报告分部的分类。在这种情况下,企业就应当对分部会计政策变更予以披露。

第三节　中期财务报告

一、中期财务报告的内容

中期财务报告至少应当包括下面几个部分：资产负债表、利润表、现金流量表和附注。

（1）资产负债表、利润表、现金流量表和附注是中期财务报告至少应当编制的法定内容，而其他财务报表或者相关信息，如所有者权益（或股东权益）变动表等，企业可以根据需要自行决定。

（2）中期资产负债表、利润表和现金流量表的格式和内容，应当与上年度财务报表一致。但如果当年新施行的会计准则对财务报表格式和内容做了修改的，中期财务报表应当按照修改后的报表格式和内容编制，与此同时，在中期财务报告中提供的上年度比较财务报告的格式和内容也应当做相应的调整。

（3）中期财务报告中的附注相对于年度财务报告中的附注而言，是适当简化的。中期财务报表附注的编制应当遵循重要性原则。如果某项信息没有在中期财务报告中披露，会影响到投资者等信息使用者对企业财务状况、经营成果和现金流量判断的正确性，那么就认为这一信息是重要的。但企业至少应当在中期财务报告附注中披露中期财务报告准则规定的信息。

二、中期财务报告的编制

按照我国《企业会计准则第32号——中期财务报告》的要求，编制中期财务报告的基本规定如下：

（一）在中期财务报告中所提供的资产负债表、利润表和现金流量表应当是完整的会计报表，其格式和内容应当与上年度会计报表相一致。

（二）如果企业在上年度财务报告中编制的是合并会计报表，则企业在中期期末也应当编制合并会计报表；如果企业在上年度财务报告中还包括母公司会计报表，则企业中期财务报告中也应当提供母公司会计报表。如果企业上年度财务报告中既包括合并会计报表，也包括母公司会计报表，但是在报告中期内，企业处置了所有纳入上年度合并会计报表编制范围的子公司，则企业在中期财务报告中只需要提供母公司会计报表，但是根据准则要求提供的上年度比较会计报表应当包括合并跨季报表，除非上年度可比中期的财务报告没有提供合并会计报表。

（三）在中期财务报告中，企业应当提供以下比较会计报表：本中期末资产负债表和上年度末的资产负债表；本中期的利润表、年初至本中期末的利润表，以及上年度可比期间的利润表（其中上年度可比期间的利润表是指上年度可比本中期的利润表和上年度年初至可比本中期末的利润表）；年初至本中期末的现金流量表和上年度初至可比本中期末的现金流量表。

（四）中期会计报表附注应当以"年初至本中期末"为基础编制，重点披露自上年度资产负债表日之后发生的有助于理解企业财务状况、经营成果和现金流量变化的重要事项或者交易。同时,本中期财务状况、经营成果和现金流量有关的重要事项或者交易,也应当在中期会计报表附注中予以披露。中期会计报表附注至少应当包括下列信息:

(1)中期会计报表所采用的会计政策与上年度会计报表相一致的说明。如果发生了会计政策的变更,应当说明会计政策变更的内容、理由及其影响数;如果会计政策变更的累积影响数不能合理确定,应当说明理由。

(2)会计估计变更的内容、理由及其影响数;如果影响数不能确定,应当说明理由。

(3)重大会计差错的内容及其更正金额。

(4)企业经营的季节性或者周期性的特征。

(5)存在控制关系的管理企业发生变化的情况;关联方之间发生交易的,应当披露关联方关系的性质、交易的类型和交易要素。

(6)合并会计报表的合并范围发生变化的情况。

(7)对性质特别或者金额异常的会计报表项目的说明。

(8)债务性证券和权益性证券的发行、回购和偿还情况。

(9)向企业所有者分配利润的情况(包括在中期内实施的利润分配和已提出或者已批准但尚未实施的利润分配情况),包括向所有者分配的利润总额和每股股利。

(10)业务分部和地区分部的分部收入和分部利润(亏损)。

(11)中期资产负债表日以后所发生的或有负债和或有资产的变化情况。

(12)企业结构变化情况的说明,比如企业合并和重组,对被投资单位具有重大影响、共同控制关系或者控制关系的长期股权投资的购买或者处置,终止营业等。

(13)其他重大交易或者事项,如重大的长期资产转让及其出售情况、重大的固定资产和无形资产取得情况、重大的研究和开发支出、重大的非货币性交易事项、重大的债务重组事项、重大的资产价值损失及其资产减值损失的转回情况等。

与具体准则的要求相比,中国证监会对上市公司的中期报告的披露内容增加了很多,要求也更严格。具体请参阅中国证监会发布的《公开发行证券的公司信息披露的内容和格式准则第 3 号——中期报告》和《公开发行证券的公司信息披露编报规则第 13 号——季度报告》。

第四节 关 联 方

一、关联方关系的确定

从一个企业的角度出发,与其存在关联方关系的各方包括以下 10 种情况:

(1)该企业的母公司,不仅包括直接或间接地控制该企业的其他企业,也包括能够对该企业实施直接或间接控制的单位等。某一个企业直接控制一个或多个企业,例如,母公司控制一个或若干个子公司,则母公司与子公司之间即为关联方关系。某一个企业通过一个或若干个中间企业间接控制一个或多个企业,例如,母公司通过其子公司,间接控制子公司的子公司，表明母公司与其子公司的子公司存在关联方关系。某一个企业直接地通过一个或若干个中间企业间接地控制一个或多个企业。

（2）该企业的子公司，包括直接或间接地被该企业控制的其他企业，也包括直接或间接地被该企业控制的企业、单位、基金等特殊目的实体。

（3）与该企业受同一母公司控制的其他企业。因为两个或多个企业有相同的母公司，因而其母公司对它们都具有控制能力，即两个或多个企业如果有相同的母公司，它们的财务和经营政策都由母公司决定，各个被投资企业之间由于受相同母公司的控制，因而为自身利益而进行的交易可能会受到某种限制。因此，关联方披露准则规定，与该企业受同一母公司控制的两个或多个企业之间构成关联方关系。

（4）对该企业实施共同控制的投资方。这里的共同控制包括直接的共同控制和间接的共同控制。需要强调的是，对企业实施直接或间接共同控制的投资方与该企业之间是关联方关系，但这些投资方之间并不能仅仅因为共同控制了同一家企业而视为存在关联方关系。

（5）能够对该企业施加重大影响的投资方。这里的重大影响包括直接的重大影响和间接的重大影响。对企业实施重大影响的投资方与该企业之间是关联方关系，但这些投资方之间并不能仅仅因为对同一家企业具有重大影响而视为存在关联方关系。

（6）企业的合营企业。合营企业指按照合同规定，其经营活动由投资双方或若干方共同控制的企业。合营企业的主要特点在于投资各方均不能对被投资企业的财务和经营政策单独做出决策，必须由投资各方共同做出决策。因此，合营企业是以共同控制为前提的，两方或多方共同控制某一企业时，该企业则为投资者的合营企业。

（7）企业的联营企业。联营企业指投资方对其具有重大影响，但不是投资者的子公司或合营企业的企业。联营企业和重大影响是相联系的，如果投资者能对被投资企业施加重大影响，则该被投资企业视为投资者的联营企业。

（8）该企业的主要投资者个人及与其关系密切的家庭成员。主要投资者个人，是指能够控制、共同控制一个企业或者对一个企业施加重大影响的个人投资者。

（9）该企业或其母公司的关键管理人员及与其关系密切的家庭成员。关键管理人员包括董事长、董事、董事会秘书、总经理、总会计师、财务总监等。

（10）该企业主要投资者个人、关键管理人员或与其关系密切的家庭成员控制、共同控制或施加重大影响的其他企业。与主要投资者个人或关键管理人员关系密切的家庭成员，例如父母、配偶、兄弟、姐妹和子女等，对于这类关联方，应当根据主要投资者个人、关键管理人员或与其关系密切的家庭成员对两家企业的实际影响力具体分析判断。

二、关联方交易的确认和类型

1. 关联方交易的定义

关联方交易是指关联方之间转移资源、劳务或义务的行为，而不论是否收取价款。从关联方交易的概念可以发现：

（1）按照关联方定义，构成关联方关系的企业之间、企业与个人之间的交易，即通常是在关联方关系已经存在的情况下，关联各方之间的交易。

(2)资源或义务的转移是关联方交易的主要特征，通常情况下，在资源或义务转移的同时，风险和报酬也应转移。

(3)关联方之间资源或义务的转移价格是了解关联方交易的关键，关联方交易通常来说能在一般商业条款中使参与双方受益。一般商业条款是指那些不会比与非关联方交易可望合理收益更多或更少的商业条款，母公司与子公司之间的交易在使用其他条款没有有利之处时，经常以这种条款进行。但在某些情况下，关联方交易是为了使交易的一方获得收益而进行的。例如，某一公司的董事可能影响销售给他本人的一项资产的价格，使价格低于市价，或是一方为另一方提供便利而参与交易。另外，一项关联方交易可能按为减少企业由另一国家税收或关税而引起的财务负担而设计的条款定价。会计上确认资源或义务的转移通常是以风险和报酬的转移为依据，并以各方同意的价格为计量标准。

(4)关联方在确定价格时可能有一定程度的弹性，而在非关联方之间的交易中则没有这种弹性。非关联方之间的价格是公平价格，《国际会计准则》提供了关联交易确定价格的几种方法，如可比不可控价格、转售价格、成本加利润法。

2. 关联方交易的表现形式

根据《企业会计准则》的规定，关联方交易的类型通常包括下列各项：

(1)购买或销售商品。购买或销售商品是关联方交易较为常见的交易事项。例如，企业集团成员之间互相购买或销售商品，从而形成了关联方交易。

(2)购买或销售商品以外的其他资产。例如，母公司出售给其子公司的设备或出售联营企业给其子公司等。

(3)提供或接受劳务。例如，A 企业为 B 企业的联营企业，A 企业专门从事设备维修服务，B 企业的所有设备均由 A 企业负责维修，B 企业每年支付设备维修费 20 万元。

(4)担保。担保包括在借贷、买卖、货物运输、加工承揽等经济活动中，为了保障其债权实现而实行的保证、抵押等。当存在关联方关系时，一方往往为另一方提供为取得货款、买卖等经济活动中所需的担保。

(5)提供资金(贷款或股权投资)。例如，企业从其关联方取得资金或权益性资金的变动等。

(6)租赁。租赁通常包括经营租赁和融资租赁等。

(7)代理。代理主要是依据合同条款，一方可为另一方代理某些事务，如代理销售货物或一方代另一方签订合同等。

(8)研究与开发项目的转移。在存在关联方关系时，有时某一企业所研究与开发的项目会由于一方的要求而放弃或转移给其他企业。例如，B 公司是 A 公司的子公司，A 公司要求 B 公司停止对某一新产品的研究和试制，并将 B 公司研究的现有成果转给 A 公司。

(9)许可协议。当存在关联关系时，可能关联方之间会达成某项协议，允许一方使用另一方的商标等，从而形成关联方之间的交易。

(10)代表企业或由企业代表另一方进行债务结算。

(11)关键管理人员薪酬。

企业支付给关键管理人员的报酬也是一项主要的关联交易。值得注意的是《企业会计准则》所举的交易类型的例子只是各种交易形式的一部分,判断是否属于关联方交易,应以交易是否发生为准,而不以是否收取价款为前提。例如,A 公司为 B 公司的母公司,B 公司的某项专有技术无偿提供给 A 公司使用,A 公司由于使用了 B 公司的专有技术而打开了产品的销路,利润大幅度增长。在这项交易中,虽然 B 公司没有就 A 公司使用其专有技术而收取价款,但是交易已经存在,而且 A 公司由于使用了 B 公司的专有技术而提高了盈利水平,这对 A 公司的财务状况和经营成果产生较大的影响,因此,应当将其作为关联方交易。如果在会计报表附注中披露了 A 公司无偿使用 B 公司的某项专有技术获得利润,这就告诉了广大报表使用者这一事实。如果税法规定对无偿提供其他企业使用本企业的专有技术需要纳税的,那么可以告诉报表使用者,B 公司为此项交易需要缴纳的税金是 B 公司的一项损失,借以评价管理当局在处理与 A 公司的这项交易时是否恰当。交易发生时以存在关联方关系为前提的,在某些情况下,不存在关联方关系时交易不可能发生,而存在关联方关系时,这种交易才可能发生。例如,我国按照行业会计制度规定,当期的销售退回冲减当期的销售收入,以便于简化核算手续。但有些企业利用这一规定,为了体现良好的经营业绩,在年度终了前将产品大量销售给本企业的关联方,形成当年的销售利润,然后到下年初又做销售退回,冲减下年度的销售收入和销售成本,以这种虚假销售作为调节利润的手段。再如,通过对被控制企业资产的重估,调整企业长期投资的账面价值,达到虚增资产的目的等。

三、关联方信息的披露

1. 企业无论是否发生关联方交易,均应当在附注中披露与该企业之间存在直接控制关系的母公司和子公司有关的信息。

(1)母公司和子公司的名称。母公司不是该企业最终控制方的,还应当披露最终控制方名称。母公司和最终控制方均不对外提供财务报表的,还应当披露母公司之上与其最相近的对外提供财务报表的母公司名称。

(2)母公司和子公司的业务性质、注册地、注册资本(或实收资本、股本)及其变化。

(3)母公司对该企业或者该企业对子公司的持股比例和表决权比例。

2. 企业与关联方发生关联方交易的,应当在附注中披露该关联方关系的性质、交易类型及交易要素。

关联方关系的性质是指关联方与该企业的关系,即关联方是该企业的子公司、合营企业、联营企业等;交易类型通常包括购买或销售商品、购买或销售商品以外的其他资产、提供或接受劳务、担保、提供资金(贷款或股权投资)、租赁、代理、研究与开发项目的转移、许可协议、代表企业或由企业代表另一方进行债务结算等。

交易要素至少应当包括:交易的金额;未结算项目的金额、条款和条件,以及有关提供或取得担保的信息;未结算应收项目坏账准备金额;定价政策。

类型相似的关联方交易,在不影响财务报表阅读者正确理解关联方交易对财务报表影响的情况下,可以合并披露。

对外提供合并财务报表的，对于已经包括在合并范围内各企业之间的交易不予披露。合并财务报表是将集团作为一个整体来反映与其有关的财务信息，在合并财务报表中，企业集团作为一个整体看待，企业集团内的交易已不属于交易，并且已经在编制合并财务报表时予以抵销。因此，关联方披露准则规定对外提供合并财务报表的，除了应按上述1、2的要求进行披露外，对于已经包括在合并范围内并已抵销的各企业之间的交易不予披露。

复习思考题

简答题

1. 企业无论是否发生关联方交易，均应当在附注中披露母公司和子公司的哪些信息？

2. 简述关联方交易的类型。

3. 具有相似经济特征的两个或多个经营分部，在同时满足哪些条件时，可以合并为一个经营分部？

4. 简述确定为报告分部的条件。

5. 简述中期财务报告的组成部分。

第四章　租 赁 会 计

本章概述了租赁业务及其特点、类别及租赁会计的产生发展和租赁会计核算内容，阐述了出租人、承租人以及售后租回业务的会计核算。

【考核知识点】

租赁业务的特点和分类，租赁会计核算的基本内容；出租人的会计处理；承租人的会计处理；售后租回交易的会计处理。

【重要概念】

租赁　融资租赁　经营租赁　售后租回

第一节　租赁会计概述

一、租赁的定义

租赁是指在一定期间内，出租人将资产的使用权让与承租人以获取对价的合同。新租赁准则规定，承租人会计处理不再区分经营租赁和融资租赁，而是采用单一的会计处理模型，也就是说，除采用简化处理的短期租赁和低价值资产租赁外，对所有租赁均确认使用权资产和租赁负债，参照固定资产准则对使用权资产计提折旧，采用固定的周期性利率确认每期利息费用。出租人租赁仍分为融资租赁和经营租赁两大类，并分别采用不同的会计处理方法。

在合同开始日，企业应当评估合同是否为租赁或者包含租赁。如果合同一方让渡了在一定期间内控制一项或多项已识别资产使用的权利以换取对价，则该合同为租赁或者包含租赁。

一项合同要被分类为租赁，必须满足三要素：一是存在一定期间。在合同中，“一定期间”也可以表述为已识别资产的使用量，例如，某项设备的产出量。如果客户有权在部分合同期内控制已识别资产的使用，则合同包含一项在该部分合同期间的租赁。二是存在已识别资产。已识别资产通常由合同明确指定，也可以在资产可供客户使用时隐性指定。但如果资产的部分产能在物理上可区分（例如，建筑物的一层），则该部分产能属于已识别资产。如果资产的某部分产能与其他部分在物理上不可区分（例如，光缆的部分容量），则该部分不属于已识别资产，除非其实质上代表该资产的全部产能，从而使客户获得因使用该资产所产生的几乎全部经济利益的权利。即使合同已对资产进行指定，如果资产供应方在整个使用期间拥有对该资产的实质性替换权，则该资产不属于已识别资产。其原因在于，如果资产供应方在整个使用期间均能自由替换合同资产，那么实际上，合同只规定了满足客户需求的一类资产，而不是被唯一识别出的一项或几项资产。也就是说，在这种情况下，合同资产并未和资产供应方的同类其他资产明确区分开来，并未被识别出来。三是资产供应方向客户转移对已识别资产使用权的控制。为确定合同是否让渡了在一定期间内控制已识别资产使用的权利，企业应当评估合同中的客户是否有权获得在使用期间因使用已识别资产所产生的几乎全部经济利益，并有权在该使用期间主导已识别资产的使用。

二、租赁的产生和发展

租赁是一种历史悠久的交易形式，是伴随着商品经济和生产社会化发展而逐步发展起来的，从最早的原始租赁活动发展到今天各种复杂的创新租赁形式，经历了一个漫长的历史过程。租赁的内涵也不断发展和变化，租赁形式不断创新，租赁交易合同也日渐复杂，租赁业从原始租赁阶段向更高级的传统租赁、近代租赁、现代租赁阶段发展，租赁的内涵日益丰富。现代租赁业的标志就是1952年在美国的出现融资租赁，融资租赁是现代租赁的主要形式。

受经济发展水平和生产关系特点的影响，租赁业形成了三个不同的发展阶段：传统租赁阶段、近代租赁阶段、现代租赁阶段。

（一）传统租赁——始于所有权与使用权的分离

租赁是一个古老的经济范畴。古代最早的记载可以追溯到公元前1400年，居住在地中海沿岸的腓尼基人发明了租赁这种新的商业贸易模式。我国早在周秦时代就出现租赁现象，汉唐以后，土地、房屋、农具等财产租赁比较普遍。古代租赁是一种原始的实物信用，产生于相互交换实物的需要，当时没有固定的租赁契约形式和报酬条件。

（二）近代设备租赁——制造商产品促销的一种手段

近代设备租赁开始于18世纪的工业革命。工业革命使社会生产从以农业、手工业经济为主转向以机器制造业为主，英国是最早发生产业革命的国家，也是近代设备租赁业的发源地。

近代早期租赁主要是以获取出租物使用权为目的的租赁信用形式，其特征是签订租赁合同并规定租金报酬。

（三）现代融资租赁

现代融资租赁始于20世纪50年代，以1952年美国租赁公司的成立为标志。20世纪50年代正是第二次世界大战结束的恢复建设时期，许多大规模的企业需要重新建造，传统的设备急需更新，投资扩大，技术进步迅速。融资租赁由于其独特的优点，融资与融物相结合，以融物方式实现融资目的，融资租赁业务迅速由美国扩展到欧洲、日本等地，包括商业银行、投资银行、人寿保险公司、养老基金、信托基金在内的各类金融机构为改革传统的信贷方式，保证资金的安全性和获取高回报率，纷纷以各种方式介入融资租赁业，极大地推动了租赁业的发展，各种类型的租赁公司不断涌现，信息技术和航空航天事业的发展，各种高价值设备、新技术设备如大型成套设备、飞机、计算机、信息技术设备、办公机器等成为主要租赁对象，租赁交易额大增，租赁成为一项新兴产业。从20世纪70年代起，随着国际贸易的发展和跨国公司海外投资的扩张及发展中国家吸引外资的需求，融资租赁开始跨越国界，发达国家的租赁公司纷纷在发展中国家建立分支机构或合资企业，国际租赁成为现代租赁业发展的新趋势，已成为国际贸易活动中的一种重要形式，极大地促进了国际贸易的发展。

据世界银行的报告，租赁业务已成为金融业的一个重要分支，在全世界的私人投资中占有1/8份额。在发展中国家，现代租赁业日益发挥重要的作用，在世界排名前50名的租赁市场中有半数在发展中国家。

三、租赁业务的特点、分类及一般程序

（一）租赁业务的特点

企业的租赁业务与一般商品交易不同，具有以下特点：

（1）租赁资产的使用权和所有权分离。从法律关系上看，租赁资产的所有权和使用权相分离，租赁交易中的出租人始终拥有租赁资产的所有权，承租人只是经出租人授权，在约定的期限内获得租赁资产的使用权。

（2）“融资”与“融物”相结合。从融资方式上看，租赁交易融资是以“融物”的方式达到“融资”的目的，融资与融物相结合。租赁交易中出租人和承租人的债权债务关系，不同于单纯的货币信贷关系。

（3）租赁资产分期获得补偿。从租赁业务关系上看，在用消耗的租赁资产以分期收入租金形式得到补偿，即出租人定期收取承租人的租金。这种定期收取租金形式既可满足企业一次性支付能力不足而需要购买设备的需求，又可满足企业短期拥有所需设备的要求。

（二）租赁业务的分类

租赁业务多种多样，为深入认识和理解租赁业务的内容，现按一定标准将租赁业务进行分类。

租赁按其目的不同可分为经营租赁和融资租赁。

（1）经营租赁是为满足经营使用上的临时或季节性需要而发生的资产租赁。经营租赁中出租人拥有租赁资产的所有权和保有风险与报酬。租赁资产一般需要经过多次出租，才能收回其投资；承租人是因资产使用的临时需要，但并不准备拥有资产设备。

（2）融资租赁是指实质上转移了与资产所有权有关的全部风险和报酬的租赁。其所有权最终可能转移，也可能不转移。

一项租赁应否认定为融资租赁，不在于租赁合同的形式，而应视出租人是否将租赁资产的风险和报酬转移给了承租人而做出判断。如果一项租赁实质上转移了与资产所有权有关的全部风险和报酬，那么无论租赁合同采用什么样的形式，都应将该项租赁认定为融资租赁。如果一项租赁实质上并没有转移与资产所有权有关的全部风险和报酬，那么应将该项租赁认定为经营租赁。

出租人在对租赁分类时，应全面考虑租赁期届满时租赁资产所有权是否转移给承租人、承租人是否有购买租赁资产的选择权等各种因素。符合下列一项或数项标准的，应当认定为融资租赁；除融资租赁以外的租赁为经营租赁。

①租赁资产的所有权转移给承租人。

②承租人有购买租赁资产的选择权，所订立的购买价款预计将远低于行使选择权时租赁资产的公允价值，因而在租赁开始日就可以合理确定承租人将会行使这种选择权。

③资产的所有权不转移，但租赁期占租赁资产使用寿命的大部分。

④在租赁开始日，租赁收款额的现值几乎相当于租赁资产的公允价值。

⑤资产性质特殊，如果不做较大改造，只有承租人才能使用。

一项租赁存在下列一种或多种迹象的，也可能分类为融资租赁。

(1)若承租人撤销租赁，那么撤销租赁对出租人造成的损失由承租人承担。

(2)资产余值的公允价值波动所产生的利得或损失归属于承租人。例如，租赁结束时，出租人以相当于资产销售收益的绝大部分金额作为对租金的退还，说明承租人承担了租赁资产余值的几乎所有风险和报酬。

(3)承租人有能力以远低于市场水平的租金继续租赁至下一期间。此经济激励政策与购买选择权类似，如果续租选择权行权价远低于市场水平，可以合理确定承租人将继续租赁至下一期间。

值得注意的是，出租人判断租赁类型时，上述情形和迹象并非总是决定性的，而是应综合考虑经济激励的有利方面和不利方面。若有其他特征充分表明，租赁实质上没有转移与租赁资产所有权相关的几乎全部风险和报酬，则该租赁应分类为经营租赁。例如，若租赁资产的所有权在租赁期结束时是以相当于届时其公允价值的可变付款额转让至承租人，或者因存在可变租赁付款额导致出租人实质上没有转移几乎全部风险和报酬，就可能出现这种情况。

(三)租赁业务的一般程序

租赁业务的一般程序包括租赁资产的购入、租赁合同的履行和租赁期届满时租赁资产的处置。下面以业务程序较为复杂的直接租赁中的租赁为例，说明租赁业务一般程序。

1. 租赁资产的购入

(1)租赁资产的准备。企业在选择直接融资租赁方式筹集资金后，就应审慎地选择适当的出租公司，并向其提出申请书。出租公司在收到承租申请后，须对承租企业进行审查与评估。

(2)签订租赁合同。

(3)签订购货合同。

(4)租赁资产款项交付。

2. 租赁合同的履行

在租赁期间，租赁合同的签订各方，认真履行各自的义务，享受规定的权利。租赁合同的内容主要包括：

（1）租赁资产的验收。

（2）租金支付。

（3）租赁资产的担保。

（4）租赁资产的使用、维修、保养与计提折旧。

3. 租期届满租赁资产的处置

租期届满，融资租赁资产的处置方法有退租、续租和留购。租赁费用的高低受到资产处置方式的影响，为了避免承租双方产生纠纷，在租赁合同中明确规定租赁资产的处置方法，并于期满后认真执行。

四、与租赁有关的几个基本概念

（一）租赁期

租赁期是指承租人有权使用租赁资产且不可撤销的期间；承租人有续租选择权，即有权选择续租该资产，且合理确定将行使该选择权的，租赁期还应当包含续租选择权涵盖的期间；承租人有终止租赁选择权，即有权选择终止租赁该资产，但合理确定将不会行使该选择权的，租赁期应当包含终止租赁选择权涵盖的期间。

（二）租赁期开始日

租赁期自租赁期开始日起计算。租赁期开始日是指出租人提供租赁资产使其可供承租人使用的起始日期。如果承租人在租赁合同约定的起租日或租金起付日之前，已获得对租赁资产使用权的控制，则表明租赁期已经开始。租赁合同中对起租日或租金支付时间的约定，并不影响租赁期开始日的判断。

【例4－1】 在某商铺的租赁安排中，出租人于20×0年1月1日将房屋钥匙交付承租人，承租人在收到钥匙后，就可以自主安排对商铺的装修布置，并安排搬迁。合同约定有3个月的免租期，起租日为20×0年4月1日，承租人自起租日开始支付租金。

分析：此交易中，由于承租人自20×0年1月1日起就已拥有对商铺使用权的控制，因此租赁期开始日为20×0年1月1日，即租赁期包含出租人给予承租人的免租期。

（三）不可撤销期间

在确定租赁期和评估不可撤销租赁期间时，企业应根据租赁条款约定确定可强制执行合同的期间。如果承租人和出租人双方均有权在未经另一方许可的情况下终止租赁，且罚款金额不重大，则该租赁不再是可强制执行的。如果只有承租人有权终止租赁，则在确定租赁期时，企业应将该项权利视为承租人可行使的终止租赁选择权予以考虑。如果只有出租人有权终止租赁，则不可撤销的租赁期包括终止租赁选择权所涵盖的期间。

（四）续租选择权和终止租赁选择权

在租赁期开始日，企业应当评估承租人是否合理确定将行使续租或购买标的资产的选择权,或者将不行使终止租赁选择权。在评估时,企业应当考虑对承租人行使续租选择权或不行使终止租赁选择权带来经济利益的所有相关事实和情况,包括自租赁期开始日至选择权行使日之间的事实和情况的预期变化。

需考虑的因素包括但不限于以下方面:

(1)与市价相比,选择权期间的合同条款和条件,如选择权期间内为使用租赁资产而需支付的租金;可变租赁付款额或其他或有款项,如由终止租赁罚款和余值担保导致的应付款项;初始选择权期间后可行使的其他选择权的条款和条件,如续租期结束时可按低于市价的价格行使购买选择权。

(2)在合同期内,承租人进行或预期进行重大租赁资产改良的,在可行使续租选择权、终止租赁选择权或者购买租赁资产选择权时,预期能为承租人带来的重大经济利益。

(3)与终止租赁相关的成本。例如,谈判成本、搬迁成本、寻找与选择适合承租人需求的替代资产所发生的成本、将新资产融入运营所发生的整合成本、终止租赁的罚款、将租赁资产恢复至租赁条款约定状态的成本、将租赁资产归还至租赁条款约定地点的成本等。

(4)租赁资产对于承租人运营的重要程度。例如,租赁资产是否为一项专门资产,租赁资产位于何地,以及是否可获得合适的替换资产等。

(5)与行使选择权相关的条件及满足相关条件的可能性。例如,租赁条款约定,仅在满足一项或多项条件时方可行使选择权,此时还应考虑相关条件及满足相关条件的可能性。

租赁的不可撤销期间的长短会影响对承租人是否合理确定将行使或不行使选择权的评估。通常,租赁的不可撤销期间越短,承租人行使续租选择权或不行使终止租赁选择权的可能性就越大,原因在于不可撤销期间越短,获取替代资产的相对成本就越高。此外,评估承租人是否合理确定将行使或不行使选择权时,如果承租人以往曾经使用过特定类型的租赁资产或自有资产,则可以参考承租人使用该类资产的通常期限及原因。例如,承租人通常在特定时期内使用某类资产,或承租人时常对某类租赁资产行使选择权,则承租人应考虑以往这些做法的原因,以评估是否合理确定将对此类租赁资产行使选择权。

续租选择权或终止租赁选择权可能与租赁的其他条款相结合。例如,无论承租人是否行使选择权,均保证向出租人支付基本相等的最低或固定现金,在此情形下,应假定承租人合理确定将行使续租选择权或不行使终止租赁选择权。又如,同时存在原租赁和转租赁时,转租赁期限超过原租赁期限,如原租赁包含 5 年的不可撤销期间和 2 年的续租选择权,而转租赁的不可撤销期限为 7 年,此时应考虑转租赁期限及相关租赁条款对续租选择权评估的可能影响。购买选择权的评估方式应与续租选择权或终止租赁选择权的评估方式相同,购买选择权在经济上与将租赁期延长至租赁资产全部剩余经济寿命的续租选择权类似。

【例 4-2】 承租人签订了一份建筑租赁合同,包括 4 年不可撤销期限和 2 年按照市价行使的续租选择权。在搬入该建筑之前,承租人花费了大量资金对租赁建筑进行了改良,预计在 4 年结束时租赁资产改良仍将具有重大价值,且该价值仅可通过继续使用租赁资产实现。

分析:在此情况下,承租人合理确定将行使续租选择权,因为如果在 4 年结束时放弃该租赁资产改良，将蒙受重大经济损失。因此，在租赁开始时，承租人确定租赁期为6年。

五、租赁的分拆与合并

（一）租赁的分拆

合同中同时包含多项单独租赁的，承租人和出租人应当将合同予以分拆，并分别各项单独租赁进行会计处理。合同中同时包含租赁和非租赁部分的，承租人和出租人应当将租赁和非租赁部分进行分拆，除非企业适用新租赁准则的简化处理。分拆时，各租赁部分应当分别按照新租赁准则进行会计处理，非租赁部分应当按照其他适用的企业会计准则进行会计处理。

同时符合下列条件，使用已识别资产的权利构成合同中的一项单独租赁：（1）承租人可从单独使用该资产或将其与易于获得的其他资源一起使用中获利。易于获得的资源是指出租人或其他供应方单独销售或出租的商品或服务，或者承租人已从出租人或其他交易中获得的资源。（2）该资产与合同中的其他资产不存在高度依赖或高度关联关系。例如，若承租人租入资产的决定不会对承租人使用合同中的其他资产的权利产生重大影响，则表明该项资产与合同中的其他资产不存在高度依赖或高度关联关系。

1. 承租人的处理

在分拆合同包含的租赁和非租赁部分时，承租人应当按照各项租赁部分单独价格及非租赁部分的单独价格之和的相对比例分摊合同对价。租赁和非租赁部分的相对单独价格，应当根据出租人或类似资产供应方就该部分或类似部分向企业单独收取的价格确定。如果可观察的单独价格不易于获得，承租人应当最大限度地利用可观察的信息估计单独价格。为简化处理，承租人可以按照租赁资产的类别选择是否分拆合同包含的租赁和非租赁部分。承租人选择不分拆的，应当将各租赁部分及与其相关的非租赁部分分别合并为租赁，按照新租赁准则进行会计处理。但是，对于按照《企业会计准则第22号——金融工具确认和计量》（2017）应分拆的嵌入衍生工具，承租人不应将其与租赁部分合并进行会计处理。

2. 出租人的处理

出租人应当分拆租赁部分和非租赁部分，根据《企业会计准则第14号——收入》（2017）关于交易价格分摊的规定分摊合同对价。

（二）租赁的合并

企业与同一交易方或其关联方在同一时间或相近时间订立的两份或多份包含租赁的合同，在满足下列条件之一时，应当合并为一份合同进行会计处理。

（1）该两份或多份合同基于总体商业目的而订立并构成“一揽子交易”，若不作为整体考虑则无法理解其总体商业目的。

（2）该两份或多份合同中的某份合同的对价金额取决于其他合同的定价或履行情况。

（3）该两份或多份合同让渡的资产使用权合起来构成一项单独租赁。

两份或多份合同合并为一份合同进行会计处理的,仍然需要区分该一份合同中的租赁部分和非租赁部分。

第二节 承租人会计处理

在租赁期开始日,承租人应当对租赁确认使用权资产和租赁负债,应用短期租赁和低价值资产租赁简化处理的除外。

一、初始计量

(一)租赁负债的初始计量

租赁负债应当按照租赁期开始日尚未支付的租赁付款额的现值进行初始计量。识别应纳入租赁负债的相关付款项目是计量租赁负债的关键。

1. 租赁付款额

租赁付款额,是指承租人向出租人支付的与在租赁期内使用租赁资产的权利相关的款项。

租赁付款额包括以下五项内容:

(1)固定付款额及实质固定付款额,存在租赁激励的,扣除租赁激励相关金额。租赁业务中的实质固定付款额是指在形式上可能包含变量但实质上无法避免的付款额。例如:①付款额设定为可变租赁付款额,但该可变条款几乎不可能发生,没有真正的经济实质。例如,付款额仅需在租赁资产经证实能够在租赁期间正常运行时支付,或者仅需在不可能不发生的事件发生时支付。又如,付款额初始设定为与租赁资产使用情况相关的可变付款额,但其潜在可变性将于租赁期开始日之后的某个时点消除,在可变性消除时,该类付款额成为实质固定付款额。②承租人有多套付款额方案,但其中仅有一套是可行的。在此情况下,承租人应采用该可行的付款额方案作为租赁付款额。③承租人有多套可行的付款额方案,但必须选择其中一套。在此情况下,承租人应采用总折现金额最低的一套作为租赁付款额。

【例4-3】 甲公司是一家知名零售商,从乙公司处租入已成熟开发的零售场所开设一家商店。根据租赁合同,甲公司在正常工作时间内必须经营该商店,且甲公司不得将商店闲置或进行分租。合同中关于租赁付款额的条款为:如果甲公司开设的这家商店没有发生销售,则甲公司应付的年租金为100元;如果这家商店发生了任何销售,则甲公司应付的年租金为1 000 000元。

分析:本例中,该租赁包含每年1 000 000元的实质固定付款额。该金额不取决于销售额的可变付款额。因为甲公司是一家知名零售商,根据租赁合同,甲公司应在正常工作时间内经营该商店,所以甲公司开设的这家商店不可能不发生销售。

租赁激励是指出租人为达成租赁向承租人提供的优惠,包括出租人向承租人支付的与租赁有关的款项、出租人为承租人偿付或承担的成本等。存在租赁激励的,承租人在确定租赁付款额时，应扣除租赁激励相关金额。

（2）取决于指数或比率的可变租赁付款额。可变租赁付款额是指承租人为取得在租赁期内使用租赁资产的权利，而向出租人支付的因租赁期开始日后的事实或情况发生变化（而非时间推移）而变动的款项。可变租赁付款额可能与下列各项指标或情况挂钩：

①由于市场比率或指数数值变动导致的价格变动。例如，基准利率或消费者价格指数变动可能导致租赁付款额调整。

②承租人源自租赁资产的绩效。例如，零售业不动产租赁可能会要求基于使用该不动产取得的销售收入的一定比例确定租赁付款额。

③租赁资产的使用。例如，车辆租赁可能要求承租人在超过特定里程数时支付额外的租赁付款额。

需要注意的是，可变租赁付款额中，仅取决于指数或比率的可变租赁付款额纳入租赁负债的初始计量中，包括与消费者价格指数挂钩的款项、与基准利率挂钩的款项和为反映市场租金费率变化而变动的款项等。此类可变租赁付款额应当根据租赁期开始日的指数或比率确定。除了取决于指数或比率的可变租赁付款额之外，其他可变租赁付款额均不纳入租赁负债的初始计量中。

（3）购买选择权的行权价格，前提是承租人合理确定将行使该选择权。在租赁期开始日，承租人应评估是否合理确定将行使购买标的资产的选择权。在评估时，承租人应考虑对其行使或不行使购买选择权产生经济激励的所有相关事实和情况。如果承租人合理确定将行使购买标的资产的选择权，则租赁付款额中应包含购买选择权的行权价格。

（4）行使终止租赁选择权需支付的款项，前提是租赁期反映出承租人将行使终止租赁选择权。在租赁期开始日，承租人应评估是否合理确定将行使终止租赁的选择权。在评估时，承租人应考虑对其行使或不行使终止租赁选择权产生经济激励的所有相关事实和情况。如果承租人合理确定将行使终止租赁选择权，则租赁付款额中应包含行使终止租赁选择权需支付的款项，并且租赁期不应包含终止租赁选择权涵盖的期间。

【例 4-4】 承租人甲公司租入某办公楼的一层楼，为期 10 年。甲公司有权选择在第 5 年后提前终止租赁，并以相当于 6 个月的租金作为罚金。每年的租赁付款额为固定金额 200 000 元。该办公楼是全新的，并且在周边商业园区的办公楼中处于技术领先水平。上述租赁付款额与市场租金水平相符。

分析：在租赁期开始日，甲公司评估后认为，6 个月的租金对于甲公司而言金额重大，同等条件下，也难以按更优惠的价格租入其他办公楼，可以合理确定不会选择提前终止租赁，因此其租赁负债不应包括提前终止租赁时需支付的罚金，租赁期确定为 10 年。

（5）根据承租人提供的担保余值预计应支付的款项。担保余值是指与出租人无关的一方向出租人提供担保，保证在租赁结束时租赁资产的价值至少为某指定的金额。如果承租人提供了对余值的担保，则租赁付款额应包含该担保下预计应支付的款项，它反映了承租人预计将支付的金额，而不是承租人担保余值下的最大敞口。

2. 折现率

租赁负债应当按照租赁期开始日尚未支付的租赁付款额的现值进行初始计量。在计算租赁付款额的现值时,承租人应当采用租赁内含利率作为折现率;无法确定租赁内含利率的,应当采用承租人增量借款利率作为折现率。租赁内含利率是指使出租人的租赁收款额的现值与未担保余值的现值之和等于租赁资产公允价值与出租人的初始直接费用之和的利率。其中,未担保余值是指租赁资产余值中,出租人无法保证能够实现或仅由与出租人有关的一方予以担保的部分。初始直接费用是指为达成租赁所发生的增量成本。增量成本是指若企业不取得该租赁,则不会发生的成本,如佣金、印花税等。无论是否实际取得租赁都会发生的支出,不属于初始直接费用,例如,为评估是否签订租赁而发生的差旅费、法律费用等,此类费用应当在发生时计入当期损益。

【例4-5】 承租人甲公司与出租人乙公司签订了一份车辆租赁合同,租赁期为5年。在租赁开始日,该车辆的公允价值为100 000元,乙公司预计在租赁结束时其公允价值(即未担保余值)将为10 000元。租赁付款额为每年23 000元,于年末支付。乙公司发生的初始直接费用为5 000元。乙公司计算租赁内含利率 i 的方法如下:

$$23\ 000 \times (P/A, i, 5) + 10\ 000 \times (P/F, i, 5) = 100\ 000 + 5\ 000$$

本例中,计算得出的租赁内含利率 i 为5.79%。其中,$(P/A, i, n)$ 为年金现值系数,$(P/F, i, n)$ 为复利现值系数。

承租人增量借款利率是指承租人在类似经济环境下为获得与使用权资产价值接近的资产,在类似期间以类似抵押条件借入资金须支付的利率。该利率与下列事项相关:

(1)承租人自身情况,即承租人的偿债能力和信用状况;

(2)“借款”的期限,即租赁期;

(3)“借入”资金的金额,即租赁负债的金额;

(4)“抵押条件”,即租赁资产的性质和质量;

(5)经济环境,包括承租人所处的司法管辖区、计价货币、合同签订时间等。

在具体操作时,承租人可以先根据所处经济环境,以可观察的利率作为确定增量借款利率的参考基础,然后根据承租人自身情况、标的资产情况、租赁期和租赁负债金额等租赁业务的具体情况对参考基础进行调整,得出适用的承租人增量借款利率。企业应当对确定承租人增量借款利率的依据和过程做好记录。

(二)使用权资产的初始计量

使用权资产是指承租人可在租赁期内使用租赁资产的权利。在租赁期开始日,承租人应当按照成本对使用权资产进行初始计量。该成本包括下列四项:

(1)租赁负债的初始计量金额。

(2)在租赁期开始日或之前支付的租赁付款额;存在租赁激励的,应扣除已享受的租赁激励相关金额。

(3)承租人发生的初始直接费用。

(4)承租人为拆卸及移除租赁资产、复原租赁资产所在场地或将租赁资产恢复至租赁条款约定状态预计将发生的成本。

前述成本属于为生产存货而发生的，适用《企业会计准则第 1 号——存货》。关于上述第(4)项成本，承租人有可能在租赁期开始日就承担了上述成本的支付义务，也可能在特定期间内因使用标的资产而承担了相关义务。承租人应在其有义务承担上述成本时，将这些成本确认为使用权资产成本的一部分。但是，承租人由于在特定期间内将使用权资产用于生产存货而发生的上述成本，应按照《企业会计准则第 1 号——存货》进行会计处理。承租人应当按照《企业会计准则第 13 号——或有事项》对上述成本的支付义务进行确认和计量。承租人发生的租赁资产改良支出不属于使用权资产，应当记入“长期待摊费用”科目。

在某些情况下，承租人可能在租赁期开始前就发生了与标的资产相关的经济业务或事项。例如，租赁合同双方经协商在租赁合同中约定，标的资产需经建造或重新设计后方可供承租人使用；根据合同条款与条件，承租人需支付与资产建造或设计相关的成本。承租人如发生与标的资产建造或设计相关的成本，应适用其他相关准则（如《企业会计准则第 4 号——固定资产》）进行会计处理。同时，需要注意的是与标的资产建造或设计相关的成本不包括承租人为获取标的资产使用权而支付的款项，此类款项无论在何时支付，均属于租赁付款额。

【例 4－6】 承租人甲公司就某栋建筑物的某一层楼与出租人乙公司签订了为期 10 年的租赁合同，并拥有 5 年的续租选择权。有关资料如下：(1)初始租赁期内的不含税租金为每年 50 0 00 元，续租期间为每年 55 000 元，所有款项应于每年年初支付；(2)为获得该项租赁，甲公司发生的初始直接费用为 20 000 元，其中，15 000 元为向该楼层前任租户支付的款项，5 000 元为向促成此租赁交易的房地产中介支付的佣金；(3)作为对甲公司的激励，乙公司同意补偿甲公司 5 000 元的佣金；(4)在租赁期开始日，甲公司评估后认为，不能合理确定将行使续租选择权，因此，将租赁期确定为 10 年；(5)甲公司无法确定租赁内含利率，其增量借款利率为每年 5%，该利率反映的是甲公司以类似抵押条件借入期限为 10 年、与使用权资产等值的相同币种的借款而必须支付的利率。为简化处理，假设不考虑相关税费影响。

分析：承租人甲公司的会计处理如下：

第一步，计算租赁期开始日租赁付款额的现值，并确认租赁负债和使用权资产。

在租赁期开始日，甲公司支付第 1 年的租金 50 000 元，并以剩余 9 年租金（每年 50 000 元）按 5% 的年利率折现后的现值计量租赁负债。计算租赁付款额现值的过程如下：

剩余 9 期租赁付款额＝50 000×9＝450 000（元）

租赁负债＝剩余 9 期租赁付款额的现值＝50 000×（P/A，5%，9）＝355 391（元）

未确认融资费用＝剩余 9 期租赁付款额－剩余 9 期租赁付款额的现值

＝450 000－355 391＝94 609（元）

借：使用权资产　　405 391

　租赁负债——未确认融资费用　　94 609

　贷：租赁负债——租赁付款额　　450 000

　　银行存款（第 1 年的租赁付款额）　　50 000

第二步,将初始直接费用计入使用权资产的初始成本。

借:使用权资产 20 000

　贷:银行存款 20 000

第三步,将已收的租赁激励相关金额从使用权资产入账价值中扣除。

借:银行存款 5 000

　贷:使用权资产 5 000

综上,甲公司使用权资产的初始成本为405 391 +20 000 -5 000 =420 391(元)。

二、后续计量

(一)租赁负债的后续计量

1. 计量基础

在租赁期开始日后,承租人应当按以下原则对租赁负债进行后续计量:

(1)确认租赁负债的利息时,增加租赁负债的账面金额;

(2)支付租赁付款额时,减少租赁负债的账面金额;

(3)因重估或租赁变更等原因导致租赁付款额发生变动时,重新计量租赁负债的账面价值。

承租人应当按照固定的周期性利率计算租赁负债在租赁期内各期间的利息费用,并计入当期损益,但按照《企业会计准则第17号——借款费用》等其他准则规定应当计入相关资产成本的,从其规定。此处的周期性利率是指承租人对租赁负债进行初始计量时所采用的折现率,或者因租赁付款额发生变动或因租赁变更而需按照修订后的折现率对租赁负债进行重新计量时,承租人所采用的修订后的折现率。

【例4-7】 承租人甲公司与出租人乙公司签订了为期7年的商铺租赁合同。每年的租赁付款额为450 000元,在每年年末支付。甲公司无法确定租赁内含利率,其增量借款利率为5.04%。

分析:在租赁期开始日,甲公司按租赁付款额的现值所确认的租赁负债为2 600 000元。在第1年年末,甲公司向乙公司支付第1年的租赁付款额450 000元,其中,131 040元(2 600 000×5.04%)是当年的利息,318 960元(450 000 -131 040)是本金,即租赁负债的账面价值减少318 960元。甲公司的账务处理为

借:租赁负债——租赁付款额 450 000

　贷:银行存款 450 000

借:财务费用——利息费用 131 040

　贷:租赁负债——未确认融资费用 131 040

未纳入租赁负债计量的可变租赁付款额,即并非取决于指数或比率的可变租赁付款额,应当在实际发生时计入当期损益,但按照《企业会计准则第1号——存货》等其他准则规定应当计入相关资产成本的,从其规定。

2. 租赁负债的重新计量

在租赁期开始日后，当发生下列四种情形时，承租人应当按照变动后的租赁付款额的现值重新计量租赁负债，并相应调整使用权资产的账面价值。使用权资产的账面价值已调减至零，但租赁负债仍需进一步调减的，承租人应当将剩余金额计入当期损益。

（1）实质固定付款额发生变动

如果租赁付款额最初是可变的，但在租赁期开始日后的某一时点转为固定，那么，在潜在可变性消除时，该付款额成为实质固定付款额，应纳入租赁负债的计量中。承租人应当按照变动后租赁付款额的现值重新计量租赁负债。在该情形下，承租人采用的折现率不变，即采用租赁期开始日确定的折现率。

【例4-8】 承租人甲公司签订了一份为期10年的机器租赁合同。租金于每年年末支付，并按以下方式确定：第1年，租金是可变的，根据该机器在第1年下半年的实际产能确定；第2~10年，每年的租金根据该机器在第1年下半年的实际产能确定，即租金将在第1年末转变为固定付款额。在租赁期开始日，甲公司无法确定租赁内含利率，其增量借款利率为5%。假设在第1年末，根据该机器在第1年下半年的实际产能所确定的租赁付款额为每年20 000元。

分析：本例中，在租赁期开始时，由于未来的租金尚不确定，因此甲公司的租赁负债为0。在第1年末，租金的潜在可变性消除，成为实质固定付款额（即每年20 000元），因此甲公司应基于变动后的租赁付款额重新计量租赁负债，并采用不变的折现率（即5%）进行折现。在支付第1年的租金之后，甲公司后续年度需支付的租赁付款额为180 000元（20 000×9），租赁付款额在第1年末的现值为142 156元[20 000×(P/A,5%,9)]，未确认融资费用为37 844元（180 000-142 156）。甲公司在第1年末的相关账务处理如下：

支付第1年租金：

借：制造费用等　　20 000

　贷：银行存款　　20 000

确认使用权资产和租赁负债：

借：使用权资产　　142 156

　　租赁负债——未确认融资费用　　37 844

　贷：租赁负债——租赁付款额　　180 000

（2）担保余值预计的应付金额发生变动

在租赁期开始日后，承租人应对其在担保余值下预计支付的金额进行估计。该金额发生变动的，承租人应当按照变动后租赁付款额的现值重新计量租赁负债。在该情形下，承租人采用的折现率不变。

（3）用于确定租赁付款额的指数或比率发生变动

在租赁期开始日后，因浮动利率的变动而导致未来租赁付款额发生变动的，承租人应当按照变动后租赁付款额的现值重新计量租赁负债。在该情形下，承租人应采用反映利率变动的修订后的折现率进行折现。

在租赁期开始日后，因用于确定租赁付款额的指数或比率（浮动利率除外）的变动而导致未来租赁付款额发生变动的，承租人应当按照变动后租赁付款额的现值重新计量租赁负债。在该情形下，承租人采用的折现率不变。需要注意的是，仅当现金流量发生变动时，即租赁付款额的变动生效时，承租人才应重新计量租赁负债，以反映变动后的租赁付款额。承租人应基于变动后的合同付款额，确定剩余租赁期内的租赁付款额。

（4）购买选择权、续租选择权或终止租赁选择权的评估结果或实际行使情况发生变化

租赁期开始日后，发生下列情形的，承租人应采用修订后的折现率对变动后的租赁付款额进行折现，以重新计量租赁负债。

①发生承租人可控范围内的重大事件或变化，且影响承租人是否合理确定将行使续租选择权或终止租赁选择权的，承租人应当对其是否合理确定将行使相应选择权进行重新评估。上述选择权的评估结果发生变化的，承租人应当根据新的评估结果重新确定租赁期和租赁付款额。前述选择权的实际行使情况与原评估结果不一致等导致租赁期变化的，也应当根据新的租赁期重新确定租赁付款额。

②发生承租人可控范围内的重大事件或变化，且影响承租人是否合理确定将行使购买选择权的，承租人应当对其是否合理确定将行使购买选择权进行重新评估。评估结果发生变化的，承租人应根据新的评估结果重新确定租赁付款额。

上述两种情形下，承租人在计算变动后租赁付款额的现值时，应当采用剩余租赁期间的租赁内含利率作为折现率；无法确定剩余租赁期间的租赁内含利率的，应当采用重估日的承租人增量借款利率作为折现率。

【例 4－9】 承租人甲公司与出租人乙公司签订了一份办公楼租赁合同，每年的租赁付款额为 50 000 元，于每年年末支付。甲公司无法确定租赁内含利率，其增量借款利率为 5%。不可撤销租赁期为 5 年，并且合同约定在第 5 年末，甲公司有权选择以每年 50 000 元续租 5 年，也有权选择以 1 000 000 元购买该房产。甲公司在租赁期开始时评估认为可以合理确定将行使续租选择权，而不会行使购买选择权，因此将租赁期确定为 10 年。

分析：在租赁期开始日，甲公司确认的租赁负债和使用权资产为 386 000 元，即，$50\ 000 \times (P/A, 5\%, 10) = 386\ 000$（元）。租赁负债将按表 4－1 所述方法进行后续计量。

表 4－1　租赁负债计算表　　单位：元

年度	租赁负债年初金额	利息	租赁付款额	租赁负债年末金额
	①	② = ① × 5%	③	④ = ① + ② − ③
1	386 000*	19 300	50 000	355 300
2	355 300	17 765	50 000	323 065
3	323 065	16 153	50 000	289 218
4	289 218	14 461	50 000	253 679
5	253 679	12 684	50 000	216 363
6	216 363	10 818	50 000	177 181

表 4-1(续)

年度	租赁负债 年初金额	利息	租赁付款额	租赁负债 年末金额
	①	②=①×5%	③	④=①+②-③
7	177 181	8 859	50 000	136 040
8	136 040	6 802	50 000	92 842
9	92 842	4 642	50 000	47 484
10	47 484	2 516	50 000	—

注:* 为便于计算,本题中,年金现值系数取两位小数。

在租赁期开始日,甲公司的账务处理为

借:使用权资产　386 000

　租赁负债——未确认融资费用　(500 000-386 000) 114 000

　贷:租赁负债——租赁付款额　500 000

在第 4 年,该房产所在地房价显著上涨,甲公司预计租赁期结束时该房产的市价为 2 000 000 元,甲公司在第 4 年末重新评估后认为,能够合理确定将行使上述购买选择权,而不会行使上述续租选择权。该房产所在地区的房价上涨属于市场情况发生的变化,不在甲公司的可控范围内。因此,虽然该事项导致购买选择权及续租选择权的评估结果发生变化,但甲公司不需重新计量租赁负债。

在第 5 年末,甲公司实际行使了购买选择权。截至该时点,使用权资产的原值为 386 000元,累计折旧为 193 000 元(386 000×5/10);支付了第 5 年租赁付款额之后,租赁负债的账面价值为 216 490 元,其中,租赁付款额为 250 000 元,未确认融资费用为 33 510 元(250 000-216 490)。甲公司行使购买选择权的会计分录为

借:固定资产——办公楼　976 510

　使用权资产累计折旧　193 000

　租赁负债——租赁付款额　250 000

　贷:使用权资产　386 000

　　租赁负债——未确认融资费用　33 510

　　银行存款　1 000 000

(二)使用权资产的后续计量

1. 计量基础

在租赁期开始日后,承租人应当采用成本模式对使用权资产进行后续计量,即以成本减累计折旧及累计减值损失计量使用权资产。承租人按照新租赁准则有关规定重新计量租赁负债的,应当相应调整使用权资产的账面价值。

2. 使用权资产的折旧

承租人应当参照《企业会计准则第 4 号——固定资产》有关折旧规定,自租赁期开始日

起对使用权资产计提折旧。使用权资产通常应自租赁期开始的当月计提折旧,当月计提确有困难的,为便于实务操作,企业也可以选择自租赁期开始的下月计提折旧,但应对同类使用权资产采取相同的折旧政策。计提的折旧金额应根据使用权资产的用途,计入相关资产的成本或者当期损益。承租人在确定使用权资产的折旧方法时,应当根据与使用权资产有关的经济利益的预期实现方式做出决定。通常,承租人按直线法对使用权资产计提折旧,其他折旧方法更能反映使用权资产有关经济利益预期实现方式的,应采用其他折旧方法。承租人在确定使用权资产的折旧年限时,应遵循以下原则:承租人能够合理确定租赁期届满时取得租赁资产所有权的,应当在租赁资产剩余使用寿命内计提折旧;承租人无法合理确定租赁期届满时能够取得租赁资产所有权的,应当在租赁期与租赁资产剩余使用寿命两者孰短的期间内计提折旧。如果使用权资产的剩余使用寿命短于前两者,则应在使用权资产的剩余使用寿命内计提折旧。

3. 使用权资产的减值

在租赁期开始日后,承租人应当按照《企业会计准则第 8 号——资产减值》的规定,确定使用权资产是否发生减值,并对已识别的减值损失进行会计处理。使用权资产发生减值的,按应减记的金额,借记"资产减值损失"科目,贷记"使用权资产减值准备"科目。使用权资产减值准备一旦计提,不得转回。承租人应当按照扣除减值损失之后的使用权资产的账面价值,进行后续折旧。企业执行新租赁准则后,《企业会计准则第 13 号——或有事项》有关亏损合同的规定仅适用于采用短期租赁和低价值资产租赁简化处理方法的租赁合同以及在租赁开始日前已是亏损合同的租赁合同,不再适用于其他租赁合同。

(三)租赁变更的会计处理

租赁变更是指原合同条款之外的租赁范围、租赁对价、租赁期限的变更,包括增加或终止一项或多项租赁资产的使用权,延长或缩短合同规定的租赁期等。租赁变更生效日是指双方就租赁变更达成一致的日期。

1. 租赁变更作为一项单独租赁处理

租赁发生变更且同时符合下列条件的,承租人应当将该租赁变更作为一项单独租赁进行会计处理。

(1)该租赁变更通过增加一项或多项租赁资产的使用权而扩大了租赁范围;

(2)增加的对价与租赁范围扩大部分的单独价格按该合同情况调整后的金额相当。

2. 租赁变更未作为一项单独租赁处理

租赁变更未作为一项单独租赁进行会计处理的,在租赁变更生效日,承租人应当按照新租赁准则有关租赁分拆的规定对变更后合同的对价进行分摊;按照新租赁准则有关租赁期的规定确定变更后的租赁期;并采用变更后的折现率对变更后的租赁付款额进行折现,以重新计量租赁负债。在计算变更后租赁付款额的现值时,承租人应当采用剩余租赁期间的租赁内含利率作为折现率;无法确定剩余租赁期间的租赁内含利率的,应当采用租赁变更生效日的承租人增量借款利率作为折现率。就上述租赁负债调整的影响,承租人应区分以下情形进行会计处理:

（1）租赁变更导致租赁范围缩小或租赁期缩短的，承租人应当调减使用权资产的账面价值，以反映租赁的部分终止或完全终止。承租人应将部分终止或完全终止租赁的相关利得或损失计入当期损益。

（2）其他租赁变更，承租人应当相应调整使用权资产的账面价值。

三、短期租赁和低价值资产租赁

对于短期租赁和低价值资产租赁，承租人可以选择不确认使用权资产和租赁负债。做出该选择的，承租人应当将短期租赁和低价值资产租赁的租赁付款额，在租赁期内各个期间按照直线法或其他系统合理的方法计入相关资产成本或当期损益。其他系统合理的方法能够更好地反映承租人的受益模式的，承租人应当采用该方法。

（一）短期租赁

短期租赁是指在租赁期开始日，租赁期不超过 12 个月的租赁。包含购买选择权的租赁，即使租赁期不超过 12 个月，也不属于短期租赁。对于短期租赁，承租人可以按照租赁资产的类别做出采用简化会计处理的选择。如果承租人对某类租赁资产做出了简化会计处理的选择，未来该类资产下所有的短期租赁都应采用简化会计处理。某类租赁资产是指企业运营中具有类似性质和用途的一组租赁资产。

按照简化会计处理的短期租赁发生租赁变更或者其他原因导致租赁期发生变化的，承租人应当将其视为一项新租赁，重新按照上述原则判断该项新租赁是否可以选择简化会计处理。

【例 4－10】 承租人与出租人签订了一份租赁合同，约定不可撤销期间为 9 个月，且承租人拥有 5 个月的续租选择权。在租赁期开始日，承租人判断可以合理确定将行使续租选择权，因为续租期的月租赁付款额明显低于市场价格。在此情况下，承租人确定租赁期为 14 个月，不属于短期租赁，承租人不能选择上述简化会计处理。

（二）低价值资产租赁

低价值资产租赁是指单项租赁资产为全新资产时价值较低的租赁。承租人在判断是否是低价值资产租赁时，应基于租赁资产的全新状态下的价值进行评估，不应考虑资产已被使用的年限。对于低价值资产租赁，承租人可根据每项租赁的具体情况做出简化会计处理选择。低价值资产同时还应满足以下条件，即只有承租人能够从单独使用该低价值资产或将其与承租人易于获得的其他资源一起使用中获利，且该项资产与其他租赁资产没有高度依赖或高度关联关系时，才能对该资产租赁选择进行简化会计处理。低价值资产租赁的标准应该是一个绝对金额，即仅与资产全新状态下的绝对价值有关，不受承租人规模、性质等影响，也不考虑该资产对于承租人或相关租赁交易的重要性。常见的低价值资产的例子包括平板电脑、普通办公家具、电话等小型资产。但是，如果承租人已经或者预期要把相关资产进行转租赁，则不能将原租赁按照低价值资产租赁进行简化会计处理。值得注意的是，符合低价值资产租赁的，也并不代表承租人若采取购入方式取得该资产时该资产不符合固定资产确认条件。

第三节 出租人会计处理

一、出租人对融资租赁的会计处理

(一)初始计量

在租赁期开始日,出租人应当对融资租赁确认应收融资租赁款,并终止确认融资租赁资产。出租人对应收融资租赁款进行初始计量时,应当以租赁投资净额作为应收融资租赁款的入账价值。租赁投资净额为未担保余值和租赁期开始日尚未收到的租赁收款额按照租赁内含利率折现的现值之和。租赁内含利率是指使出租人的租赁收款额的现值与未担保余值的现值之和(即租赁投资净额)等于租赁资产公允价值与出租人的初始直接费用之和的利率。因此,出租人发生的初始直接费用包括在租赁投资净额中,也即包括在应收融资租赁款的初始入账价值中。租赁收款额是指出租人因让渡在租赁期内使用租赁资产的权利而应向承租人收取的款项,包括:

(1)承租人需支付的固定付款额及实质固定付款额。存在租赁激励的,应当扣除租赁激励相关金额。

(2)取决于指数或比率的可变租赁付款额。该款项在初始计量时根据租赁期开始日的指数或比率确定。

(3)购买选择权的行权价格,前提是合理确定承租人将行使该选择权。

(4)承租人行使终止租赁选择权需支付的款项,前提是租赁期反映出承租人将行使终止租赁选择权。

(5)由承租人、与承租人有关的一方以及有经济能力履行担保义务的独立第三方向出租人提供的担保余值。

【例 4-11】 20×9 年 12 月 1 日,甲公司与乙公司签订了一份租赁合同,从乙公司租入塑钢机一台。租赁合同主要条款如下:

(1)租赁资产:全新塑钢机。

(2)租赁期开始日:20×0 年 1 月 1 日。

(3)租赁期:20×0 年 1 月 1 日至 20×5 年 12 月 31 日,共 72 个月。

(4)固定租金支付:自 20×0 年 1 月 1 日,每年年末支付租金 160 000 元。如果甲公司能够在每年年末的最后一天及时付款,则给予减少租金 10 000 元的奖励。

(5)取决于指数或比率的可变租赁付款额:租赁期限内,如遇中国人民银行贷款基准利率调整时,出租人将对租赁利率做出同方向、同幅度的调整。基准利率调整日之前各期和调整日当期租金不变,从下一期租金开始按调整后的租金金额收取。

(6)租赁开始日租赁资产的公允价值:该机器在 20×9 年 12 月 31 日的公允价值为 700 000 元,账面价值为 600 000 元。

(7)初始直接费用:签订租赁合同过程中乙公司发生可归属于租赁项目的手续带佣金10 000元。

(8)承租人的购买选择权:租赁期届满时,甲公司享有优惠购买该机器的选择权。购买价为2 000元,估计该日租赁资产的公允价值为80 000元。

(9)取决于租赁资产绩效的可变租赁付款额:20×1年和20×2年两年,甲公司每年按该机器所生产的产品——塑钢窗户的年销售收入的5%向乙公司支付。

(10)承租人的终止租赁选择权:甲公司享有终止租赁选择权。在租赁期间,如果甲公司终止租赁,需支付的款项为剩余租赁期间的固定租金支付金额。

(11)担保余值和未担保余值均为0。

(12)全新塑钢机的使用寿命为7年。

分析:出租人乙公司的会计处理如下:

第一步,判断租赁类型。

本例存在优惠购买选择权,优惠购买价20 000元远低于行使选择权日租赁资产的公允价值80 000元,因此在20×9年12月31日就可合理确定甲公司将会行使这种选择权。另外,在本例中,租赁期6年,占租赁开始日租赁资产使用寿命的86%(占租赁资产使用寿命的大部分)。同时,乙公司综合考虑其他各种情形和迹象,认为该租赁实质上转移了与该项设备所有权有关的几乎全部风险和报酬,因此将这项租赁认定为融资租赁。

第二步,确定租赁收款额。

(1)承租人的固定付款额为考虑扣除租赁激励后的金额。

$$(160\ 000-10\ 000)\times 6=900\ 000(\text{元})$$

(2)取决于指数或比率的可变租赁付款额。

该款项在初始计量时根据租赁期开始日的指数或比率确定,因此本例题在租赁期开始日不做考虑。

(3)承租人购买选择权的行权价格。

租赁期届满时,甲公司享有优惠购买该机器的选择权,购买价为20 000元,估计该日租赁资产的公允价值为80 000元。优惠购买价20 000元远低于行使选择权日租赁资产的公允价值,因此在20×9年12月31日就可合理确定甲公司将会行使这种选择权。

结论:租赁付款额中应包括承租人购买选择权的行权价格20 000元。

(4)终止租赁的罚款。

虽然甲公司享有终止租赁选择权,但若终止租赁,甲公司需支付的款项为剩余租赁期间的固定租金支付金额。

结论:根据上述条款,可以合理确定甲公司不会行使终止租赁选择权。

(5)由承租人向出租人提供的担保余值:甲公司向乙公司提供的担保余值为0。

综上所述租赁收款额为900 000+20 000=920 000(元)。

第三步,确认租赁投资总额。

租赁投资总额=在融资租赁下出租人应收的租赁收款额+未担保余值,本例中租赁投资总额=920 000+0=920 000(元)。

第四步,确认租赁投资净额的金额和未实现融资收益。

租赁投资净额 = 70 000(租赁资产在租赁期开始日的公允价值) + 10 000(出租人发生的租赁初始直接费用) = 710 000(元)

未实现融资收益 = 租赁投资总额 - 租赁投资净额 = 920 000 - 710 000 = 210 000(元)

第五步,计算租赁内含利率。

租赁内含利率是使租赁投资总额的现值(即租赁投资净额)等于租赁资产在租赁开始日的公允价值与出租人的初始直接费用之和的利率。

本例中列出公式 $150\ 000 \times (P/A, i, 6) + 20\ 000 \times (P/F, i, 6) = 710\ 000$,计算得到租赁的内含利率为 7.82%。

第六步,账务处理。

20×0 年 1 月 1 日

借:应收融资租赁款——租赁收款额　　920 000
　贷:银行存款　　10 000
　　融资租赁资产　　600 000
　　资产处置损益　　100 000
　　应收融资租赁款——未实现融资收益　　210 000

若某融资租赁合同必须以收到租赁保证金为生效条件,出租人收到承租人交来的租赁保证金,借记“银行存款”科目,贷记“其他应收款——租赁保证金”科目。承租人到期不交租金,以保证金抵做租金时,借记“其他应收款——租赁保证金”科目,贷记“应收融资租赁款”科目。承租人违约,按租赁合同或协议规定没收保证金时,借记“其他应收款——租赁保证金”科目,贷记“营业外收入”等科目。

(二)融资租赁的后续计量

出租人应当按照固定的周期性利率计算并确认租赁期内各个期间的利息收入。

【例 4-12】 沿用【例 4-11】,以下说明出租人如何确认计量租赁期内各期间的利息收入。

分析:第一步,计算租赁期内各期的利息收入,如表 4-2 所示。

表 4-2 利息收入计算表　　单位:元

日期	租金	确认的利息收入	租赁投资净额余额
①	②	③ = 期初④ ×7.82%	期末④ = 期初④ - ② + ③
20×0 年 1 月 1 日			710 000
20×0 年 12 月 31 日	150 000	55 522	615 522
20×1 年 12 月 31 日	150 000	48 134	513 656
20×2 年 12 月 31 日	150 000	40 168	403 824
20×3 年 12 月 31 日	150 000	31 579	285 403

表4-2(续)

日期	租金	确认的利息收入	租赁投资净额余额
20×4年12月31日	150 000	22 319	157 722
20×5年12月31日	150 000	12 278*	20 000
20×5年12月31日	20 000		
合计	920 000	210 000	

注：*作尾数调整12 278=150 000+20 000-157 722。

第二步，会计分录：

20×0年12月31日收到第一期租金时：

借：银行存款　　150 000

　贷：应收融资租赁款——租赁收款额　　150 000

借：应收融资租赁款——未实现融资收益　　55 522

　贷：租赁收入　　55 522

20×1年12月31日收到第二期租金时：

借：银行存款　　150 000

　贷：应收融资租赁款——租赁收款额　　150 000

借：应收融资租赁款——未实现融资收益　　48 134

　贷：租赁收入　　48 134

纳入出租人租赁投资净额的可变租赁付款额只包含取决于指数或比率的可变租赁付款额。在初始计量时，应当采用租赁期开始日的指数或比率进行初始计量。出租人应定期复核计算租赁投资总额时所使用的未担保余值。若预计未担保余值降低，出租人应修改租赁期内的收益分配，并立即确认预计的减少额。

出租人取得的未纳入租赁投资净额计量的可变租赁付款额，如与资产的未来绩效或使用情况挂钩的可变租赁付款额，应当在实际发生时计入当期损益。

（三）融资租赁变更的会计处理

融资租赁发生变更且同时符合下列条件的，出租人应当将该变更作为一项单独租赁进行会计处理：

(1)该变更通过增加一项或多项租赁资产的使用权而扩大了租赁范围或延长了租赁期限；

(2)增加的对价与租赁范围扩大部分或租赁期限延长部分的单独价格按该合同情况调整后的金额相当。

如果融资租赁的变更未作为一项单独租赁进行会计处理，且满足假如变更在租赁开始日生效，该租赁会被分类为经营租赁条件的，出租人应当自租赁变更生效日开始将其作为一项新租赁进行会计处理，并以租赁变更生效日前的租赁投资净额作为租赁资产的账面价值。

【例4-13】 承租人就某套机器设备与出租人签订了一项为期5年的租赁，构成融资租赁。合同规定,每年末承租人向出租人支付租金 10 000 元,租赁期开始日,出租资产公允价值为 37 908 元。按照公式 $10\ 000\times(P/A,i,5)=37\ 908$,计算得出租赁内含利率为 10%,租赁收款额为 50 000 元,未确认融资收益为 12 092 元。在第 2 年年初,承租人和出租人同意对原租赁进行修改,缩短租赁期限到第 3 年末,每年支付租金时点不变,租金总额从 50 000 元变更到 33 000 元。假设本例中不涉及未担保余值、担保余值、终止租赁罚款等。

分析:本例中,如果原租赁期限设定为 3 年,在租赁开始日,租赁类别被分类为经营租赁,那么,在租赁变更生效日,即第 2 年年初,出租人将租赁投资净额余额 31 699 元(37 908 + 37 908 ×10% - 10 000)作为该套机器设备的入账价值,并从第 2 年年初开始,作为一项新的经营租赁(2 年租赁期,每年末收取租金 11 500 元)进行会计处理。

第 2 年年初会计分录如下:

借:固定资产　　31 699

　应收融资租赁款——未实现融资收益　　(12 092 - 37 908 ×10%)8 301

　贷:应收融资租赁款——租赁收款额　　(50 000 - 10 000)40 000

如果融资租赁的变更未作为一项单独租赁进行会计处理,且满足假如变更在租赁开始日生效,该租赁会被分类为融资租赁条件的,出租人应当按照《企业会计准则第 22 号——金融工具确认和计量》(2017)第四十二条关于修改或重新议定合同的规定进行会计处理。即修改或重新议定租赁合同,未导致应收融资租赁款终止确认,但导致未来现金流量发生变化的,应当重新计算该应收融资租赁款的账面余额,并将相关利得或损失计入当期损益。重新计算应收融资租赁款账面余额时,应当根据重新议定或修改的租赁合同现金流量按照应收融资租赁款的原折现率或按照《企业会计准则第 24 号——套期会计》(2017)第二十三条规定重新计算的折现率(如适用)折现的现值确定。对于修改或重新议定租赁合同所产生的所有成本和费用,企业应当调整修改后的应收融资租赁款的账面价值,并在修改后的应收融资租赁款的剩余期限内进行摊销。

二、出租人对经营租赁的会计处理

(一)租金的处理

在租赁期各个期间,出租人应采用直线法或者其他系统合理的方法将经营租赁的租赁收款额确认为租金收入。如果其他系统合理的方法能够更好地反映因使用租赁资产所产生经济利益的消耗模式的,则出租人应采用该方法。

(二)出租人对经营租赁提供激励措施

出租人提供免租期的,出租人应将租金总额在不扣除免租期的整个租赁期内,按直线法或其他合理的方法进行分配,免租期内应当确认租金收入。出租人承担了承租人某些费用的,出租人应将该费用自租金收入总额中扣除,按扣除后的租金收入余额在租赁期内进行分配。

(三)初始直接费用

出租人发生的与经营租赁有关的初始直接费用应当资本化至租赁标的资产的成本,在租赁期内按照与租金收入相同的确认基础分期计入当期损益。

(四)折旧和减值

对于经营租赁资产中的固定资产,出租人应当采用类似资产的折旧政策计提折旧;对于其他经营租赁资产,应当根据该资产适用的企业会计准则,采用系统合理的方法进行摊销。

出租人应当按照《企业会计准则第 8 号——资产减值》的规定,确定经营租赁资产是否发生减值,并对已识别的减值损失进行会计处理。

(五)可变租赁付款额

出租人取得的与经营租赁有关的可变租赁付款额,如果是与指数或比率挂钩的,应在租赁期开始日计入租赁收款额;除此之外的,应当在实际发生时计入当期损益。

(六)经营租赁的变更

经营租赁发生变更的,出租人应自变更生效日开始,将其作为一项新的租赁进行会计处理,与变更前租赁有关的预收或应收租赁收款额视为新租赁的收款额。

第四节　售后租回交易

一、售后租回交易概述

(一)售后租回的含义

售后租回交易是一种特殊形式的租赁业务,是指卖方(售后租回交易的承租人)将一项自制或外购的资产出售,然后又向买主(即出租人)租回使用,这种租赁方式称为售后租回。通过售后租回交易,资产的原所有者(即承租人)在保留对资产的占有权、使用权和控制权的前提下,将固定资本转化为货币资本,在出售时可取得全部价款的现金;而租金则是分期支付的,从而获得了所需的资金。资产的新所有者(即出租人)通过售后租回交易,找到了一个风险小、回报有保障的投资机会。

(二)售后租回交易会计处理原则

若企业(卖方兼承租人)将资产转让给其他企业(买方兼出租人),并从买方兼出租人租回该项资产,则卖方兼承租人和买方兼出租人均应按照售后租回交易的规定进行会计处理。企业应当按照《企业会计准则第 14 号——收入》(2017)的规定,评估确定售后租回交易中的资产转让是否属于销售，并区别进行会计处理。

在标的资产的法定所有权转移给出租人并将资产租赁给承租人之前，承租人可能会先获得标的资产的法定所有权。但是，是否具有标的资产的法定所有权本身并非会计处理的决定性因素。如果承租人在资产转移给出租人之前已经取得对标的资产的控制，则该交易属于售后租回交易。然而，如果承租人未能在资产转移给出租人之前取得对标的资产的控制，那么即便承租人在资产转移给出租人之前先获得标的资产的法定所有权，该交易也不属于售后租回交易。

1. 售后租回交易中的资产转让属于销售

卖方兼承租人应当按原资产账面价值中与租回获得的使用权有关的部分，计量售后租回所形成的使用权资产，并仅就转让至买方兼出租人的权利确认相关利得或损失。买方兼出租人根据其他适用的企业会计准则对资产购买进行会计处理，并根据新租赁准则对资产出租进行会计处理。

如果销售对价的公允价值与资产的公允价值不同，或者出租人未按市场价格收取租金，企业应当进行以下调整：

(1)销售对价低于市场价格的款项作为预付租金进行会计处理；

(2)销售对价高于市场价格的款项作为买方兼出租人向卖方兼承租人提供的额外融资进行会计处理。

同时，承租人按照公允价值调整相关销售利得或损失，出租人按市场价格调整租金收入。

在进行上述调整时，企业应当按以下二者中较易确定者进行：

(1)销售对价的公允价值与资产的公允价值的差异；

(2)合同付款额的现值与按市场租金计算的付款额的现值的差异。

2. 售后租回交易中的资产转让不属于销售

卖方兼承租人不终止确认所转让的资产，而应当将收到的现金作为金融负债，并按照《企业会计准则第 22 号——金融工具确认和计量》(2017)进行会计处理。买方兼出租人不确认被转让资产，而应当将支付的现金作为金融资产，并按照《企业会计准则第 22 号金融工具确认和计量》(2017)进行会计处理。

二、售后租回交易示例

1. 售后租回交易中的资产转让不属于销售

【例 4-14】 甲公司(卖方兼承租人)以货币资金 24 000 000 元的价格向乙公司(买方兼出租人)出售一栋建筑物，交易前该建筑物的账面原值是 24 000 000 元，累计折旧是 4 000 000 元。与此同时，甲公司与乙公司签订了合同，取得了该建筑物 18 年的使用权(全部剩余使用年限为 40 年)，年租金为 2 000 000 元，于每年年末支付，租赁期满时，甲公司将以 100 元购买该建筑物。根据交易的条款和条件，甲公司转让建筑物不满足《企业会计准则第 14 号——收入》(2017)中关于销售成立的条件，假设不考虑初始直接费用和各项税费的影响。该建筑物在销售当日的公允价值为 36 000 000 元，

分析:在租赁期开始日,甲公司对该交易的会计处理如下:

借:货币资金　　24 000 000

　贷:长期应付款　　24 000 000

在租赁期开始日,乙公司对该交易的会计处理如下:

借:长期应收款　　24 000 000

　贷:货币资金　　24 000 000

2. 售后租回交易中的资产转让属于销售

【例 4－15】 甲公司(卖方兼承租人)以货币资金 40 000 000 元的价格向乙公司(买方兼出租人)出售一栋建筑物,交易前该建筑物的账面原值是 24 000 000 元,累计折旧是 4 000 000 元。与此同时,甲公司与乙公司签订了合同,取得了该建筑物 18 年的使用权(全部剩余使用年限为 40 年),年租金为 2 400 000 元,于每年年末支付。根据交易的条款和条件,甲公司转让建筑物符合《企业会计准则第 14 号——收入》(2017)中关于销售成立的条件。假设不考虑初始直接费用和各项税费的影响。该建筑物在销售当日的公允价值为 36 000 000 元。

分析:由于该建筑物的销售对价并非公允价值,甲公司和乙公司分别进行了调整,以按照公允价值计量销售收益和租赁应收款。超额售价 4 000 000 元(40 000 000－36 000 000)作为乙公司向甲公司提供的额外融资进行确认。甲、乙公司均确定租赁内含年利率为 4.5%。年付款额现值为 29 183 980 元(年付款额 2 400 000 元,共 18 期,按每年 4.5% 进行折现),其中 4 000 000 元与额外融资相关,25 183 980 元与租赁相关(分别对应年付款额 328 948 元和 2 071 052 元),具体计算过程如下:年付款额现值＝2 400 000×(P/A,4.5%,18)＝29 183 980(元),额外融资年付款额＝4 000 000÷29 183 980×2 400 000＝328 948(元),租赁相关年付款额＝2 400 000－328 948＝2 071 052(元)。

(1)在租赁期开始日,甲公司对该交易的会计处理如下:

第一步,按与租回获得的使用权部分占该建筑物的原账面金额的比例计算售后租回所形成的使用权资产。

使用权资产＝(24 000 000－4 000 000)(注 1)×[25 183 980(注 2)÷36 000 000(注 3)]
　　　　　＝13 991 100(元)

注 1:该建筑物的账面价值。

注 2:18 年使用权资产的租赁付款额现值。

注 3:该建筑物的公允价值。

第二步,计算与转让至乙公司的权利相关的利得。

出售该建筑物的全部利得＝36 000 000－20 000 000＝16 000 000(元),其中:

①与该建筑物使用权相关的利得＝16 000 000×(25 183 980÷36 000 000)＝11 192 880(元);

②与转让至乙公司的权利相关的利得＝16 000 000－11 192 880＝4 807 120(元)。

第三步,会计分录:

a. 与额外融资相关:

借:货币资金　　4 000 000
　贷:长期应付款　　4 000 000

b. 与租赁相关:

借:货币资金　　36 000 000
　使用权资产　　13 991 100
　固定资产——建筑物——累计折旧　　4 000 000
　租赁负债——未确认融资费用　　12 094 956
　贷:固定资产——建筑物——原值　　24 000 000
　　租赁负债——租赁付款额　　37 278 936
　　资产处置损益　　4 807 120

分录中"租赁负债——租赁付款额"的金额为甲公司年付款2 400 000元中的2 071 052元×18年;后续甲公司支付的年付款额2 400 000元中的2 071 052元作为租赁付款额处理;328 948元作为以下两项进行会计处理;结算金融负债4 000 000元而支付的款项;利息费用以第1年年末为例:

借:租赁负债——租赁付款额　　2 071 052
　长期应付款　　148 948
　利息费用　　1 313 279
　贷:租赁负债——未确认融资费用　　1 133 279
　　银行存款　　2 400 000

其中,利息费用=25 183 980×4.5%+4 000 000×4.5%=1 133 279+180 000=1 313 279(元),长期应付款减少额=328 948-180 000=148 948(元)。

(2)综合考虑租期占该建筑物剩余使用年限的比例等因素,乙公司将该建筑物的租赁分类为经营租赁。

在租赁期开始日,乙公司对该交易的会计处理如下:

借:固定资产——建筑物　　36 000 000
　长期应收款　　4 000 000
　贷:货币资金　　40 000 000

租赁期开始日之后,乙公司将从甲公司处年收款额2 400 000元中的2 071 052元作为租赁收款额进行会计处理。从甲公司处年收款额中的其余328 948元作为以下两项进行会计处理:结算金融资产4 000 000元而收到的款项;利息收入。以第1年末为例:

借:银行存款　　2 400 000
　贷:租赁收入　　2 071 052
　　利息收入　　180 000
　　长期应收款　　148 948

复习思考题

简答题

1. 简述企业租赁业务的特点。

2. 简述融资租赁的认定条件。

3. 简述售后租回的含义。

计算分析题

1. 承租人甲公司于2021年1月1日签订了一份为期5年的机器租赁合同,用于生产A产品。租金于每年年末支付,并按以下方式确定:第1年,租金是可变的,根据该机器在第1年下半年的实际产能确定;第2年至第5年,每年的租金根据该机器在第1年下半年的实际产能确定,即租金将在第1年年末转变为固定付款额。在租赁期开始日,甲公司无法确定租赁内含利率,其增量借款年利率为6%。假设在第1年年末,根据该机器在第1年下半年的实际产能所确定的租赁付款额为每年200 000元。已知$(P/A,6\%,4)=3.465\ 1$。假定使用权资产按直线法在4年内计提折旧,利息费用不符合资本化条件,不考虑其他因素。

要求:

(1)编制2021年12月31日支付租金的会计分录。

(2)计算2021年12月31日尚未支付的租赁付款额、尚未支付的租赁付款额现值、未确认融资费用,并编制相关会计分录。

(3)编制2022年12月31日确认利息费用和支付租金的会计分录。

(4)编制2022年使用权资产计提折旧的会计分录。

(5)计算2023年确认的利息费用。(本题金额单位以元表示,计算结果保留两位小数)

2. 2020年12月1日,甲公司与乙公司签订了一份租赁合同,从乙公司租入生产设备一台。租赁合同主要条款如下:

(1)租赁资产:全新生产设备。

(2)租赁期开始日:2021年1月1日。

(3)租赁期:2021年1月1日—2024年12月31日,共48个月。

(4)固定租金支付:自2021年1月1日,每年年末支付租金2 100 000元。如果甲公司能够在每年年末的最后一天及时付款,则给予减少租金100 000元的奖励。

(5)租赁开始日租赁资产的公允价值:该设备在2021年1月1日的公允价值为6 900 000元,账面价值为5 200 000元。

(6)初始直接费用:签订租赁合同过程中乙公司发生可归属于租赁项目的手续费、佣金30 211元。

(7)担保余值和未担保余值均为0。

(8)全新生产设备的使用寿命为5年。

假定租赁内含利率为6%,且甲公司均在每年年末付款,不考虑其他因素。

要求:

(1)判断乙公司的租赁类型,并说明理由。

(2)计算租赁收款额。

(3)计算租赁投资净额和未实现融资收益。

(4)编制租赁期开始日乙公司的会计分录。

(5)计算各期的租赁投资净额余额,并编制乙公司 2021 年 12 月 31 日收到第一期租金时的会计分录(计算结果保留两位小数)。

第五章　企业合并会计(一)
——企业合并的账务处理

本章主要介绍了企业合并的方式,同一控制下的企业的合并与非同一控制下的企业合并会计处理方法及一次交换交易与多次交换交易实现企业合并的账务处理。

【考核知识点】

企业合并的方式;企业合并会计的产生;企业合并会计的核算方法;同一控制下的企业合并与非同一控制下的企业合并;合并方与合并日的确定;同一控制下企业合并的特点及核算方法;同一控制下新设合并的财务处理;同一控制下控股合并的账务处理;合并费用的账务处理;非同一控制下企业合并的核算方法;购买法核算的科目设置;一次交换交易实现企业合并的账务处理;多次交换交易实现企业合并的账务处理

【重要概念】

企业合并　同一控制　非同一控制　购买法　权益法

第一节　企业合并概述

一、企业合并的含义与方式

(一)企业合并的含义

在当今的国际经济发展中,规模经营是企业成功的一个重要因素。企业除了依靠自身的积累外,更重要的是通过企业间的合并扩大自己的经营规模,提高竞争实力。

企业合并是指将两个或者两个以上单独的企业合并形成一个报告主体的交易或事项。企业合并的结果通常是一个企业取得了对一个或多个业务的控制权。如果一个企业取得了对另一个或多个业务的控制权,而被购买方(或被合并方)并不构成业务,则该交易或事项不形成企业合并。企业取得了不形成业务的一组资产或是净资产时,应将购买成本基于购买日所取得各项可辨认资产、负债的相对公允价值基础上进行分配,不按照企业合并准则进行处理。

本章指的企业合并不包括:两方或两方以上形成合营企业的企业合并;仅通过合同而不是所有权份额将两个或者两个以上单独的企业合并形成一个报告主体的企业合并。

从企业合并的定义看,是否形成企业合并,除了要看取得的企业是否构成业务之外,关键还要看有关交易或事项发生前后,是否引起报告主体的变化。报告主体的变化产生于控制权的变化。在交易事项发生以后,一方能够对另一方的生产经营决策实施控制,形成母子公司关系，涉及控制权的转移，该交易或事项发生以后，子公司需要纳入母公司合并财务报表的范围中，从合并财务报告角度形成报告主体的变化；交易事项发生以后，一方能够控制另一方的全部净资产，被合并的企业在合并后失去其法人资格，也涉及控制权的变化及报告主体的变化，形成企业合并。

假定在企业合并前A、B两个企业为各自独立的法律主体，且均构成业务，企业合并准则中所界定的企业合并，包括但不限于以下情形：

(1)企业A通过增发自身的普通股自企业B原股东处取得企业B的全部股权，该交易事项发生后，企业B仍持续经营。

(2)企业A支付对价取得企业B的全部净资产，该交易事项发生后，撤销企业B的法人资格。

(3)企业A以自身持有的资产作为出资投入企业B，取得对企业B的控制权，该交易事项发生后，企业B仍维持其独立法人资格继续经营。

(二)企业合并的方式

企业合并按合并方式划分，包括控股合并、吸收合并和新设合并。

1. 控股合并

合并方(或购买方，下同)通过企业合并交易或事项取得对被合并方(或被购买方，下同)的控制权，企业合并后能够通过所取得的股权等主导被合并方的生产经营决策并从被合并方的生产经营活动中获益，被合并方在企业合并后仍维持其独立法人资格继续经营的，为控股合并。

该类企业合并中，因合并方通过企业合并交易或事项取得了对被合并方的控制权，被合并方成为其子公司，在企业合并发生后，被合并方应当纳入合并方合并财务报表的编制范围，从合并财务报表角度，形成报告主体的变化。

2. 吸收合并

合并方在企业合并中取得被合并方的全部净资产，并将有关资产、负债并入合并方自身的账簿和报表进行核算。企业合并后，注销被合并方的法人资格，由合并方持有合并中取得的被合并方的资产、负债，在新的基础上继续经营，该类合并为吸收合并。例如，A吸收合并B，合并后B不存在，法律主体消失，合并之后成为一个新的A公司。吸收合并中，因被合并方(或被购买方)在合并发生以后被注销，从合并方(或购买方)的角度需要解决的问题是，其在合并日(或购买日)取得的被合并方有关资产、负债入账价值的确定，以及为了进行企业合并支付的对价与所取得被合并方资产、负债的入账价值之间存在差额的处理。

3 新设合并

参与合并的各方在企业合并后法人资格均被注销，重新注册成立一家新的企业，由新注册成立的企业持有参与合并企业的资产、负债在新的基础上经营，为新设合并。例如，A企业和B企业合并成为一个新企业，称为C企业，可表示为：A企业+B企业=C企业。合并后A公司和B公司的法律主体消失。

控股合并、吸收合并和新设合并三种方式的比较如表5-1所示。

表 5－1　企业合并方式的比较

合并方式	购买方(合并方)	被购买方(被合并方)
控股合并	取得控制权	保持独立
	体现为长期股权投资	成为子公司
吸收合并	取得对方资产并承担负债	解散
新设合并	由新成立企业持有参与合并各方资产、负债	参与合并各方均解散

二、企业合并的类型

我国《企业会计准则第 20 号——企业合并》中将企业合并按照一定的标准分为两大基本类型:同一控制下的企业合并与非同一控制下的企业合并。企业合并类型划分不同,所遵循的会计处理原则也不同。

(一)同一控制下的企业合并

同一控制下的企业合并是指参与合并的企业在合并前后均受同一方或相同的多方最终控制且该控制并非暂时性的。

(1)能够对参与合并各方在合并前后均实施最终控制的一方通常指企业集团的母公司。同一控制下的企业合并一般发生于企业集团内部,如集团内母子公司之间、子公司与子公司之间等。因为该类合并从本质上是集团内部企业之间的资产或权益的转移,能够对参与合并企业在合并前后均实施最终控制的一方为集团的母公司。

(2)能够对参与合并的企业在合并前后均实施最终控制的相同多方,是指根据合同或协议的约定,拥有最终决定参与合并企业的财务和经营政策,并从中获取利益的投资者群体。

(3)实施控制的时间性要求是指参与合并各方在合并前后较长时间内为最终控制方所控制。具体是指在企业合并之前(即合并日之前),参与合并各方在最终控制方的控制时间一般在 1 年以上(含 1 年),企业合并后所形成的报告主体在最终控制方的控制时间也应达到 1 年以上(含 1 年)。

(4)企业之间的合并是否属于同一控制下的企业合并,应综合构成企业合并交易的各方面情况,按照实质重于形式的原则进行判断。通常情况下,同一控制下的企业合并是指发生在同一企业集团内部企业之间的合并。同受国家控制的企业之间发生的合并,不应仅仅因为参与合并各方在合并前后均受国家控制而将其作为同一控制下的企业合并。

(二)非同一控制下的企业合并

非同一控制下的企业合并是指参与合并的各方在合并前后不受同一方或相同的多方最终控制的合并交易,即除判断属于同一控制下企业合并的情况以外其他的企业合并。

三、企业合并的会计处理方法

（一）权益法

权益法反映了权益合并的业务实质。权益法并不被看作是两个独立主体之间的交易业务，而是两个公司的普通股股东在合并他们的权益、资产和负债，从而形成一个单一的主体。因此，权益法总是通过某一公司发行普通股交换另一公司的净资产或几乎全部的普通股来实现的。

权益法的基本特点

（1）没有产生新的计价基础。被合并公司的资产和负债在合并公司账上（或在合并会计报表上）按被合并公司先前所记录的账面价值反映。由于在两个独立主体之间不存在交换业务，因而按被合并公司账面价值合并反映在合并公司账上（以净资产收购）或者合并反映在合并会计报表上（以普通股收购），与合并有关的费用作为合并公司的期间费用。

（2）参与合并公司的留存利润，按原已形成的资本结构被合并反映在合并公司账上或合并会计报表上。

（3）不论合并发生在什么时候，合并公司的利润表或合并利润表上所反映的净利润都包括被合并公司全年的净利润，如同参与合并的公司在会计期初就已处于合并的状态。

（二）购买法

购买法反映了一个公司购买另一个公司的交易业务的实质。这种合并是独立主体之间的交换业务，即购买方和被购买方（以净资产收购）或被购买方的普通股股东（以普通股收购）之间的交换业务。

1. 购买法的基本特点

（1）对于所获得的净资产产生了新的计价基础，即在购买方公司账上（或合并报表上）以购买方公司的成本记载，并假定这些成本代表了所获净资产的公允价值。从本质上说，购买一批资产就像购买单一资产一样，应以购买者的成本入账，并且将有关的直接费用作为购买成本的一部分，而相关的间接费用作为期间费用处理。

（2）除合并会计报表上所列示的少数股权外，合并后，以前被合并公司账上所反映的股东权益部分不复存在。在购买法前提下，无论是直接收购还是间接收购，购买方公司实际上是购买了被购买方公司。如果购买方通过发行普通股或优先股来交换的话，在购买方公司账上，股本的余额将会增加，并且资本公积的余额也可能增加。这些增加的余额是这一收购业务对在随后的购买方会计报表（以净资产收购）或合并会计报表上（以普通股收购）仅仅包括被购买方从购买日至那年年底的净利润。

2. 科目设置

在进行企业合并的账务处理时，如果购买成本正好等于所购净资产的公允价值，则一般不用增设新的会计科目。如果购买成本小于所购净资产的公允价值，则应当在“无形资产”科目下设置“商誉”明细科目。如果购买成本大于所购净资产的公允价值，则应当在“递延贷项”科目下设置“负商誉”明细科目，“递延贷项——负商誉”科目为负债类科目，其贷方反映企业合并时产生的负商誉，其借方反映按期摊销的负商誉的价值，其余额在贷方，反映尚未摊销的负商誉。

第二节　同一控制下企业合并的会计处理

一、同一控制下企业合并的会计处理

同一控制下的企业合并，是从合并方出发，确定合并方在合并日对于企业合并事项应进行的会计处理。合并方是指取得其他参与合并企业控制权的一方；合并日是指合并方实际取得对被合并方控制权的日期。

同一控制下的企业合并，合并方应遵循以下处理原则：

（1）合并方在合并中确认取得的被合并方的资产、负债仅限于被合并方账面上原已确认的资产和负债，合并中不产生新的资产和负债。同一控制下的企业合并，从最终控制方的角度来看，其在企业合并发生前后能够控制的净资产价值量并没有发生变化，因此合并中不产生新的资产，但被合并方在企业合并前账面上原已确认的商誉应作为合并中取得的资产确认。

（2）合并方在合并中取得的被合并方各项资产、负债应维持其在被合并方的原账面价值不变。合并方在同一控制下的企业合并中取得的有关资产和负债不应因该项合并而改记其账面价值，从最终控制方的角度，其在企业合并交易或事项发生前控制的资产、负债，在该交易或事项发生后仍在其控制之下，因此，该交易或事项原则上不应引起所涉及资产、负债的计价基础发生变化。在确定合并中取得各项资产、负债的入账价值时，应注意的是，被合并方在企业合并前采用的会计政策与合并方不一致的，合并方应按照本企业会计政策对被合并方资产、负债的账面价值进行调整，并以调整后的账面价值作为有关资产、负债的入账价值。

（3）合并方在合并中取得的净资产的入账价值相对于为进行企业合并支付对价的账面价值之间的差额，不作为资产的处置损益，不影响合并当期利润表，有关差额应调整所有者权益相关项目。合并方在企业合并中取得的价值量相对于所放弃价值量之间存在差额的，应当调整所有者权益。在根据合并差额调整合并方的所有者权益时，应首先调整资本公积（资本溢价或股本溢价），资本公积（资本溢价或股本溢价）的余额不足冲减的，应冲减留存收益。

（4）对于同一控制下的控股合并，合并方在编制合并财务报表时，应视同合并后形成的报告主体自最终控制方开始实施控制时一直是一体化存续下来的，参与合并各方在合并以前期间实现的留存收益应体现为合并财务报表中的留存收益。合并财务报表中，应以合并方的资本公积（或经调整后的资本公积中的资本溢价部分）为限，在所有者权益内部进行调整，将被合并方在合并日以前实现的留存收益中按照持股比例计算归属于合并方的部分自资本公积转入留存收益。

二、同一控制下控股合并的会计处理

同一控制下的企业合并中，合并方在合并后取得对被合并方生产经营决策的控制权，并且被合并方在企业合并后仍然继续经营的，合并方在合并日涉入两个方面的问题：一是对于因该项企业合并形成的对被合并方的长期股权投资的确认和计量问题；二是合并日合并财务报表的编制问题。

（一）长期股权投资的确认和计量

同一控制下企业合并形成的长期股权投资，合并方应以合并日应享有被合并方账面所有者权益的份额作为形成长期股权投资的初始投资成本，借记“长期股权投资”科目，按享有被投资单位已宣告但尚未发放的现金股利或利润，借记“应收股利”科目，按支付的合并对价的账面价值，贷记有关资产或借记有关负债科目。同一控制下控股合并的长期股权投资的成本分两种情况：

1. 以支付现金、非现金资产作为合并对价的

以支付现金、非现金资产方式进行的，该初始投资成本与支付的现金、非现金资产的差额，相应调整资本公积（资本溢价或股本溢价），资本公积（资本溢价或股本溢价）的余额不足冲减的，相应调整盈余公积和未分配利润。

【例5－1】 A公司和B公司为同一控制下的子公司，其中A公司以现金和一批库存商品作为对价，取得B公司60%的股权。支付现金200万元，库存商品的账面价值为8 00万元、公允价值为1 400万元。合并日B公司的账面所有者权益总额为1 500万（假定不考虑相关税费）。A公司合并时编制的会计分录为

借：长期股权投资	9 000 000	
资本公积——资本溢价或股本溢价	1 000 000	
贷：银行存款		2 000 000
库存商品		8 000 000

如资本公积（溢价）不足冲减，冲减留存收益。

2. 合并方以发行权益性证券作为对价的

长期股权投资的初始投资成本与所发行股份的面值总额之间的差额，应调整资本公积（资本溢价或股本溢价），资本公积的余额不足冲减的，相应调整盈余公积和未分配利润。

【例5－2】 甲企业发行600万股普通股（每股面值1元）作为对价取得乙企业60%的股权，合并日乙企业账面净资产总额为1 300万元。甲企业合并时编制的会计分录为

借：长期股权投资	7 800 000	
贷：股本		6 000 000
资本公积——资本溢价或股本溢价		1 800 000

（二）合并日合并财务报表的编制

同一控制下的企业合并形成母子公司关系的，合并方一般应在合并日编制合并财务报

表，反映于合并日形成的报告主体的财务状况、视同该主体一直存在产生的经营成果等。考虑有关因素的影响，编制合并日的合并财务报表存在困难的，下列有关原则同样适用于合并当期期末合并财务报表的编制。编制合并日的合并财务报表时，一般包括合并资产负债表、合并利润表及合并现金流量表。

1. 合并资产负债表

被合并方的有关资产、负债应以其账面价值并入合并财务报表（合并方与被合并方采用的会计政策不同的，按照合并方的会计政策，对被合并方有关资产、负债经调整后的账面价值）。合并方与被合并方在合并日及以前期间发生的交易，应作为内部交易进行抵销。

同一控制下企业合并的基本处理原则是视同合并后形成的报告主体在合并日及以前期间一直存在，在合并资产负债表中，对于被合并方在企业合并前实现的留存收益（盈余公积和未分配利润之和）中归属于合并方的部分，应按以下规定，自合并方的资本公积转入留存收益。

确认企业合并形成的长期股权投资后，合并方账面资本公积（资本溢价或股本溢价）贷方余额大于被合并方在合并前实现的留存收益中归属于合并方的部分，在合并资产负债表中，应将被合并方在合并前实现的留存收益中归属于合并方的部分自"资本公积"转入"盈余公积"和"未分配利润"。在合并工作底稿中，借记"资本公积"项目，贷记"盈余公积"和"未分配利润"项目。

确认企业合并形成的长期股权投资后，合并方账面资本公积（资本溢价或股本溢价）贷方余额小于被合并方在合并前实现的留存收益中归属于合并方的部分，在合并资产负债表中，应以合并方资本公积（资本溢价或股本溢价）的贷方余额为限，将被合并方在企业合并前实现的留存收益中归属于合并方的部分自"资本公积"转入"盈余公积"和"未分配利润"。在合并工作底稿中，借记"资本公积"项目，贷记"盈余公积"和"未分配利润"项目。

因合并方的资本公积（资本溢价或股本溢价）余额不足，被合并方在合并前实现的留存收益在合并资产负债表中未予全额恢复的，合并方应当在会计报表附注中对这一情况进行说明。

【例 5-3】 A、B 公司为 F 公司控制下的两家子公司。A 公司于 20×0 年 5 月 15 日自母公司 F 处取得 B 公司 100% 的股权，合并后 B 公司仍维持其独立法人资格继续经营。为进行该项企业合并，A 公司发行了 2 000 万股本公司普通股（每股面值 1 元）作为对价。假定 A、B 公司采用的会计政策相同。合并日，A 公司及 B 公司的所有者权益构成如表 5-2 所示。

表 5-2　A 公司及 B 公司的所有者权益构成　　单位：万元

项目	A 公司	B 公司
股本	9 000	2 000
资本公积	3 000	500
盈余公积	2 000	1 200
未分配利润	6 000	2 800
合计	20 000	6 500

A 公司在合并日编制的会计分录为

借:长期股权投资　　65 000 000

　贷:股本　　20 000 000

　　资本公积　　45 000 000

进行上述处理后,A 公司在合并日编制合并资产负债表时,对于企业合并前 B 公司实现的留存收益中归属于合并方的部分(4 000 万元)应自资本公积(资本溢价或股本溢价)转入留存收益。本例中,A 公司在确认对 B 公司的长期股权投资以后,其资本公积的账面余额为 7 500 万元(3 000 万元 +4 500 万元),假定其中资本溢价或股本溢价的金额为 5 000 万元。在合并工作底稿中,应编制的调整分录为

借:资本公积　　40 000 000

　贷:盈余公积　　12 000 000

　　未分配利润　　28 000 000

2. 合并利润表

合并方在编制合并日的合并利润表时,应包含合并方及被合并方自合并当期期初至合并日实现的净利润,双方在当期所发生的交易,应当按照合并财务报表的有关原则进行抵销。例如,同一控制下的企业合并发生于 20×0 年 4 月 30 日,合并方当日编制合并利润表时,应包括合并方及被合并方自 20×0 年 1 月 1 日至 20×0 年 4 月 30 日实现的净利润。

为了帮助企业的会计信息使用者了解合并利润表中净利润的构成,发生同一控制下企业合并的当期,合并方在合并利润表中的"净利润"项下应单列"其中:被合并方在合并前实现的净利润"项目,反映因同一控制下企业合并规定的编表原则,导致由于该项企业合并中自被合并方在合并当期带入的损益情况。

3. 合并现金流量表

合并日合并现金流量表的编制与合并利润表的编制原则相同。

三、同一控制下吸收合并和新设合并的会计处理

同一控制下的吸收合并和新设合并中,合并方主要涉及合并日取得被合并方资产、负债入账价值的确定,以及合并中取得有关净资产的入账价值与支付的合并对价账面价值之间差额的处理。

1. 合并中取得资产、负债入账价值的确定

合并方对同一控制下的吸收合并和新设合并中取得的资产和负债应按相关资产、负债在被合并方的原账面价值入账。其中,对于合并方与被合并方在企业合并前采用的会计政策不同的,在将被合并方的相关资产和负债并入合并方的账簿和报表进行核算之前,应按照合并方的会计政策对被合并方的有关资产、负债的账面价值进行调整后,以调整后的账面价值确认。

2. 合并差额的处理

合并方在确认了合并中取得的被合并方的资产和负债的入账价值后,以发行权益性证券方式进行的该类合并,所确认的净资产入账价值与发行股份面值总额的差额,应记入资

本公积（资本溢价或股本溢价），资本公积（资本溢价或股本溢价）的余额不足冲减的，相应冲减盈余公积和未分配利润；以支付现金、非现金资产方式进行的该类合并，所确认的净资产入账价值与支付的现金、非现金资产账面价值的差额，相应调整资本公积（资本溢价或股本溢价），资本公积（资本溢价或股本溢价）的余额不足冲减的，应冲减盈余公积和未分配利润。

【例5－4】 A公司于20×0年3月10日对同一集团内某全资B公司进行了吸收合并，为进行该项企业合并，A公司发行了600万股普通股（每股面值1元）作为对价。合并日，A公司及B公司的所有者权益构成如表5－3所示。

表5－3　A公司及B公司的所有者权益构成

单位：万元

项目	A公司	B公司	合计
股本	3 600	600	4 200
资本公积	1 000	200	1 200
盈余公积	800	400	1 200
未分配利润	2 000	800	2 800
合计	7 400	2 000	9 400

A公司合并时编制的会计分录为

借：净资产　　20 000 000

　贷：股本　　6 000 000

　　资本公积　　14 000 000

将B公司在合并前实现的留存收益1 200万元自资本公积转入留存收益，编制的会计分录为

借：资本公积　　12 000 000

　贷：盈余公积　　4 000 000

　　利润分配——未分配利润　　8 000 000

注意：为简化会计分录，这里将各项资产和负债合为“净资产”一个项目。在实务中，实际的各项资产和负债账户应被借记或贷记。

B公司结束旧账记录其解散时编制的会计分录为

借：股本　　6 000 000

　资本公积　　2 000 000

　盈余公积　　4 000 000

　利润分配——未分配利润　　8 000 000

　贷：净资产　　20 000 000

四、合并过程中发生有关费用的会计处理

合并方为进行企业合并发生的有关费用是指合并方为进行企业合并发生的各项直接

相关费用，如为进行企业合并支付的审计费用、进行资产评估的费用，以及有关的法律咨询费用等。

同一控制下企业合并过程中发生的各项直接相关的费用，应于发生时费用化计入合并方当期损益，借记“管理费用”等科目，贷记“银行存款”等科目。但以下两种情况除外：

(1)以发行债券方式进行的企业合并，与发行债券相关的佣金、手续费等应按照《企业会计准则第22号——金融工具确认和计量》的规定进行核算。其核算应遵照金融工具准则的原则，有关的费用应计入负债的初始计量金额中。其中，债券如为折价发行的，该部分费用应增加折价的金额；债券如为溢价发行的，该部分费用应减少溢价的金额。

(2)发行权益性证券作为合并对价的，与所发行权益性证券相关的佣金、手续费等应按照《企业会计准则第37号——金融工具列报》的规定进行核算。即与发行权益性证券相关的费用，应自所发行权益性证券的发行收入中扣减，在权益性工具发行有溢价的情况下，自溢价收入中扣除，在权益性证券发行无溢价或溢价金额不足以扣减的情况下，应当冲减盈余公积和未分配利润。

第三节　非同一控制下企业合并的会计处理

一、非同一控制下企业合并的会计处理

(一)非同一控制下的控股合并

该合并方式下，购买方所涉及的会计处理问题主要是两个方面：一是购买日因进行企业合并形成的对被购买方的长期股权投资初始投资成本的确定，该成本与作为合并对价支付的有关资产账面价值之间差额的处理；二是购买日合并财务报表的编制。

1. 长期股权投资的初始投资成本确定

非同一控制下的企业合并中，购买方取得对被购买方控制权的，在购买日应当按照确定的企业合并成本（不包括应自被投资单位收取的现金股利或利润），作为形成的对被购买方长期股权投资的初始投资成本，借记“长期股权投资”科目，按享有投资单位已宣告但尚未发放的现金股利或利润，借记“应收股利”科目，按支付合并对价的账面价值，贷记有关资产或借记有关负债科目，按其差额，贷记或借记有关损益类科目（资产处置损益）。

购买方为取得对被购买方的控制权，以支付非货币性资产为对价的，有关非货币性资产在购买日的公允价值与其账面价值的差额，应作为资产的处置损益，计入合并当期的利润表。比如以库存商品等作为合并对价的，应按库存商品的公允价值，贷记“主营业务收入”科目，并同时结转相关的成本。

按发生的直接相关费用，借记“管理费用”科目，贷记“银行存款”等科目。

【例5-5】 A公司与B公司合并前不存在任何关联方关系，A公司于20×0年5月31日取得B公司60%的股权。为核实B公司的资产价值，A公司聘请专业资产评估机构对B公司的资产进行评估，支付评估费用200万元。合并中，A公司支付的有关资产在购买

日的账面价值与公允价值如表 5－4 所示。

表 5－4　20×0 年 5 月 31 日 A 公司支付的资产情况

单位：万元

项目	账面价值	公允价值
土地使用权（自用）	6 000	8 000
专利技术	2 400	4 000
银行存款	3 000	3 000
合计	11 400	15 000

A 公司用作合并对价的土地使用权和专利技术原价为 9 800 万元，至企业合并发生时已累计摊销 1 400 万元。

分析：

A 公司与 B 公司合并前不存在任何关联方关系，应作为非同一控制下的企业合并处理。

A 公司对于合并形成的对 B 公司的长期股权投资，应按确定的企业合并成本作为其初始投资成本。A 公司应进行如下账务处理：

借：长期股权投资　　152 000 000
　　累计摊销　　14 000 000
　贷：无形资产　　98 000 000
　　　银行存款　　32 000 000
　　　营业外收入　　36 000 000

【例 5－6】 20×0 年 6 月 30 日，E 公司向 F 公司的股东定向增发 1 000 万股普通股（每股面值为 1 元，市价为 11 元），取得 F 公司 70% 的股权。编制购买方 E 公司于购买日的合并资产负债表。E 公司、F 公司资产负债表（简表）如表 5－5 所示。

表 5－5　E 公司、F 公司资产负债表（简表）

20×0 年 6 月 30 日

单位：万元

项目	E 公司	F 公司	
	账面价值	账面价值	公允价值
资产：			
货币资金	4 500	450	450
存货	6 500	300	450
应收账款	3 000	2 000	2 000
长期股权投资	5 000	2 200	3 800
固定资产：			
固定资产原价	10 000	5 000	5 500

表5-5(续)

项目	E公司	F公司	
	账面价值	账面价值	公允价值
减:累计折旧	3 000	2 000	0
固定资产净值	7 000	3 000	
无形资产	4 500	600	1 500
商誉	0	0	0
资产总计	30 500	8 550	13 700
负债和所有者权益			
短期借款	2 500	2 100	2 100
应付账款	4 000	300	300
其他负债	200	350	350
负债合计	6 700	2 750	2 750
实收资本(股本)	7 500	3 000	
资本公积	5 500	1 500	
盈余公积	5 000	500	
未分配利润	5 800	800	
所有者权益合计	23 800	5 800	10 950
负债和所有者权益合计	30 500	8 550	13 700

(1)确认长期股权投资时编制的会计分录为

借:长期股权投资　　110 000 000

　贷:股本　　10 000 000

　　资本公积　　100 000 000

(2)计算确定商誉。

假定F公司除已确认资产外,不存在其他需要确认的资产及负债,则E公司首先计算合并中应确认的合并商誉为

合并商誉=企业合并成本-合并中取得被购买方可辨认净资产公允价值份额

=110 000 000-109 500 000×70% =33 350 000(元)

(3)编制抵销分录:

借:存货　　1 500 000

　长期股权投资　　16 000 000

　固定资产　　25 000 000

　无形资产　　9 000 000

　实收资本　　30 000 000

　资本公积　　15 000 000

　盈余公积　　5 000 000

未分配利润　　8 000 000
商誉　　33 350 000
贷：长期股权投资　　110 000 000
少数股东权益　　32 850 000

（4）编制合并资产负债表如表 5－6 所示。

表 5－6　合并资产负债表（简表）

20×0 年 6 月 30 日　　单位：万元

项目	E 公司	F 公司	F 公司		合并金额
			借方	贷方	
资产：					
货币资金	4 500	450			4 950
存货	6 500	300	150		6 950
应收账款	3 000	2 000			5 000
长期股权投资	5 000	2 200	1 600	11 000	8 800
固定资产：					
固定资产原价	10 000	5 000	2 500		17 500
减：累计折旧	3 000	2 000			5 000
无形资产	4 500	600	900		6 000
商誉	0	0	3 335		3 335
资产总计	30 500	8 550			47 535
负债和所有者权益：					
短期借款	2 500	2 100			4 600
应付账款	4 000	300			4 300
其他负债	200	350			550
负债合计	6 700	2 750			9 450
实收资本（股本）	7 500	3 000	3 000		10 500
资本公积	5 500	1 500	1 500		13 500
盈余公积	5 000	500	500		5 000
未分配利润	5 800	800	800		5 800
少数股东权益				3 285	3 285
所有者权益合计	23 800	5 800			38 085
负债和所有者权益合计	30 500	8 550	14 285	14 285	47 535

（二）非同一控制下的吸收合并

非同一控制下的吸收合并，购买方在购买日应当将合并中取得的符合确认条件的各项资产、负债，按其公允价值确认为本企业的资产和负债；作为合并对价的有关非货币性资产在购买日公允价值与其账面价值的差额，应作为资产的处置损益计入合并当期的利润表；确定的企业合并成本与所取得的被购买方可辨认净资产公允价值的差额，视情况分别确认为商誉或是作为企业合并当期的损益计入利润表。其具体处理原则与非同一控制下的控股合并类似，不同点在于在非同一控制下的吸收合并中，合并中取得的可辨认资产和负债是作为个别报表中的项目列示，合并中产生的商誉也是作为购买方账簿及个别财务报表中的资产列示。

二、通过多次交易分步实现企业合并的会计处理

通过多次交换交易分步实现的，企业在每一单项交易发生时，应确认对被投资单位的投资。投资企业在持有被投资单位的部分股权后，通过增加持股比例等达到对被投资单位形成控制的，购买方需区别个别合并财务报表进行处理。

（一）个别财务报表

在个别财务报表中，购买方应当以购买日之前所持被购买方的股权投资的账面价值与购买日新增股权投资成本之和，作为该项投资的初始投资成本；购买日之前持有的被购买方的股权涉及其他综合收益的，应当在处置该项投资时将与其相关的其他综合收益转入当期投资收益。并按以下原则进行会计处理：

（1）购买方于购买日之前持有的被购买方的股权投资，保持其账面价值不变。

①购买日前持有的股权投资作为长期股权投资并采用成本法核算的，为成本法核算下至购买日应有的账面价值；

②购买日前持有的股权投资作为长期股权投资并采用权益法核算的，为权益法核算下至购买日应有的账面价值；

③购买日前持有的股权投资作为金融资产并按公允价值计量的，为至购买日的账面价值。

（2）追加的投资，按照购买日支付对价的公允价值计量，并确认长期股权投资。购买方应当以购买日之前所持被购买方的股权投资的账面价值与购买日新增投资成本之和，作为该项投资的初始投资成本。

（3）购买方对于购买日之前持有的被购买方的股权涉及其他综合收益的，不予处理。待处置该项股权投资时，再按出售股权相对应的其他综合收益部分转入出售当期的投资收益。

（4）如果通过多次交易实现非同一控制下吸收合并的，按照非同一控制下吸收合并相同的原则进行会计处理。

（二）合并财务报表

在合并财务报表中，购买方对于购买日之前持有的被购买方的股权，应当按照该股权在购买日的公允价值进行重新计量，并按照以下原则处理：

（1）购买方对于购买日之前持有的被购买方的股权，应当按照该股权在购买日的公允价值进行重新计量，公允价值与其账面价值的差额计入当期投资收益。

（2）购买日之前持有的被购买方股权的公允价值，与购买日新购入股权所支付对价的公允价值之和，为合并财务报表中的合并成本。

（3）在按上述计算的合并成本基础上，比较购买日被购买方可辨认净资产公允价值的份额，确定购买日应予确认的商誉，或者应计入当期损益的金额。

（4）购买方对于购买日之前持有的被购买方的股权涉及其他综合收益的，与其相关的其他综合收益应当转入购买日所属当期投资收益。

【例5-7】 A公司于20×0年1月1日以6 000万元取得B公司10%的股份，取得投资时B公司净资产的公允价值为50 000万元。该项投资不存在活跃市场，公允价值无法可靠计量。因未以任何方式参与B公司的生产经营决策，A公司对持有的该投资采用成本法核算。20×1年1月1日，A公司另支付30 000万元取得B公司50%的股份，能够对B公司实施控制。购买日B公司可辨认净资产公允价值为52 500万元，A公司之前所取得的10%股权于购买日的公允价值为5 500万元。B公司自20×0年1月1日A公司取得投资后至20×1年1月1日购买进一步股份前实现的留存收益为1 600万元，未进行利润分配。

（1）A公司在个别报表中的处理：

20×0年1月1日，A公司取得对B公司长期股权投资的成本为6 000万元。20×1年1月1日，A公司进一步取得B公司50%的股权时，支付价款30 000万元。该项长期股权投资于购买日的账面价值为36 000万元。A公司于购买日编制的会计分录为

借：长期股权投资　　300 000 000

　贷：银行存款　　300 000 000

（2）A公司在合并财务报表中的处理：

①计算合并成本：

合并成本=5 500+30 000=35 500（万元）

②计算应计入损益的金额：

应计入损益的金额=5 500－5 200=300（万元）

借：长期股权投资　　3 000 000

　贷：投资收益　　3 000 000

③计算商誉：

在合并财务报表中应体现的商誉=35 500－52 500×60%=4 000（万元）

在合并工作底稿上应做的合并抵销分录为

借：所有者权益——B公司　　525 000 000

　　商誉　　40 000 000

　贷：长期股权投资　　355 000 000

　　　少数股东权益　　210 000 000

复习思考题

简答题

1. 简述企业合并的含义及方式。

2. 简述同一控制下企业合并与非同一控制下企业合并的特点及主要区别。

3. 简述商誉是如何产生的。

4. 简述通过多次交易实现合并的个别和合并报表的主要区别。

计算分析题

1. A、B公司分别为P公司控制下的两家子公司。A公司于2020年3月10日自母公司P处取得B公司100%的股权,合并后B公司仍维持其独立法人资格继续经营。为进行该项企业合并,A公司发行了1 500万股本公司普通股(每股面值1元)作为对价。假定A、B公司采用的会计政策相同。合并日,A公司及B公司的所有者权益构成如表5－7所示。

表5－7 A、B公司的所有者权益构成 单位:万元

A公司		B公司	
项目	金额	项目	金额
股本	9 000	股本	1 500
资本公积	2 500	资本公积	500
盈余公积	2 000	盈余公积	1 000
未分配利润	5 000	未分配利润	2 000
合计	18 500	合计	5 000

要求:编制A公司在合并日的会计分录以及合并时的调整分录。

2. 甲公司2020年1月1日以28 600万元的价格取得A公司80%的股权,A公司净资产的公允价值为35 000万元。甲公司在购买A公司过程中发生审计、评估和法律服务等相关费用120万元。上述价款均以银行存款支付。甲公司与A公司均为同一控制下的企业。A公司采用的会计政策与甲公司一致。

A公司股东权益总额为32 000万元,其中股本为20 000万元,资本公积为8 000万元,盈余公积为1 200万元,未分配利润为2 800万元。合并后,甲公司在A公司股东权益中所拥有的份额为25 600万元。甲公司对A公司长期股权投资的初始投资成本为25 600万元。购买该股权过程中发生的审计、评估等相关费用直接计入当期损益,即计入当期管理费用。

要求:编制甲公司在合并日的会计分录以及合并时的调整分录。

3. 甲公司2020年1月1日以定向增发公司普通股票的方式,购买取得A公司70%的股权。甲公司定向增发普通股股票10 000万股(每股面值为1元),甲公司普通股股票面值每股为1元,市场价格每股为2.95元。甲公司并购A公司属于非同一控制下的企业合并,

假定不考虑甲公司增发该普通股股票所发生的审计评估以及发行等相关的费用。

A公司在购买日股东权益总额为32 000万元，其中股本为20 000万元，资本公积为8 000万元、盈余公积为1 200万元、未分配利润为2 800万元。A公司购买日应收账款账面价值为3 920万元、公允价值为3 820万元；存货的账面价值为20 000万元、公允价值为21 100万元；固定资产账面价值为18 000万元、公允价值为21 000万元。购买日股东权益公允价值总额为36 000万元。

要求：编制相关会计分录。

第六章　企业合并会计(二)
——购并日的合并财务报表

本章主要介绍了合并财务报表编制的原则和方法、合并财务报表的格式与编制程序以及同一控制和非同一控制下企业合并控制权取得日合并财务报表的编制。

【考核知识点】

合并财务报表编制的原则和方法;合并财务报表的格式与编制程序;非同一控制下企业合并控制权取得日合并资产负债表的编制;同一控制下企业合并控制权取得日合并财务报表的编制;同一控制下企业合并与非同一控制下企业合并编制合并财务报表的比较。

【重要概念】

合并财务报表　个别财务报表　控制　母公司　子公司

第一节　合并财务报表概述

合并财务报表是以母公司和子公司组成的企业集团为报告主体,以母公司和子公司单独编制的个别财务报表为基础,由母公司编制的综合反映企业集团财务状况、经营成果及现金流量的财务报表。

一、合并财务报表种类

合并财务报表主要包括合并资产负债表、合并利润表、合并现金流量表、合并所有者权益变动表(或合并股东权益变动表)。

1. 合并资产负债表

合并资产负债表是反映母公司和子公司所形成的企业集团某一特定日期财务状况的报表。

2. 合并利润表

合并利润表是反映母公司和子公司所形成的企业集团整体在一定期间内经营成果的报表。

3. 合并现金流量表

合并现金流量表是反映母公司和子公司所形成的企业集团在一定期间现金流入、流出量及现金净增减变动情况的报表。

4. 合并所有者权益变动表(或合并股东权益变动表)

合并所有者权益变动表(或合并股东权益变动表)是反映母公司一定期间内,包括经营成果分配在内的所有者(或股东)权益增减变动情况的报表。它是从母公司的角度,站在母公司所有者的立场反映企业所有者（或股东）在母公司中的权益增减变动情况的。

二、合并财务报表的编制原则

合并财务报表作为财务报表，必须符合财务报表编制的一般原则和基本要求。这些基本要求包括真实可靠、内容完整。合并财务报表又与个别财务报表不同，它反映母公司和子公司组成的企业集团整体财务情况，反映的是若干个法人共同形成的会计主体的财务情况。因此，合并财务报表的编制除遵循财务报表编制的一般原则和要求外，还应当遵循以下原则和要求：

1. 以个别财务报表为基础编制

合并财务报表并不是直接根据母公司和子公司账簿编制，而是利用母公司和子公司编制的反映各自财务状况和经营成果的财务报表提供的数据，通过合并财务报表的特有方法进行编制。以纳入合并范围的个别财务报表为基础，可以说是客观性原则在合并财务报表编制时的具体体现。

2. 一体性原则

合并财务报表反映的是企业集团的财务状况和经营成果，反映的是由多个法人企业组成的一个会计主体的财务情况，在编制合并财务报表时应当将母公司和所有子公司作为整体来看待，视为一个会计主体，母公司和子公司发生的经营活动都应当从企业集团这一整体的角度进行考虑。因此，在编制合并财务报表时，对于母公司与子公司、子公司相互之间发生的经济业务，应当视同同一会计主体内部业务处理，视同同一会计主体之下的不同核算单位的内部业务。

3. 重要性原则

与个别财务报表相比，合并财务报表涉及多个法人主体，涉及的经营活动范围很广，母公司与子公司经营活动往往跨越不同行业界限，有时母公司与子公司经营活动相差很大。这样，合并财务报表要综合反映这样的会计主体的财务情况，必然要涉及重要性的判断问题。特别是在拥有众多子公司的情况下，更是如此。在编制合并财务报表时，必须强调重要性原则的运用。如对一些项目在企业集团中的某一企业具有重要性，但对于整个企业集团则不一定具有重要性，在这种情况下根据重要性的要求对财务报表项目进行取舍，则具有重要的意义。此外，母公司与子公司、子公司相互之间发生的经济业务，对整个企业集团财务状况和经营成果影响不大时，为简化合并手续也应根据重要性原则进行取舍，可以不编制抵销分录而直接编制合并财务报表。

三、合并财务报表的编制程序

合并财务报表的编制是一项极为复杂的工作，不仅涉及本企业会计业务和财务报表，而且还涉及纳入合并范围的子公司的会计业务和财务报表。为了使合并财务报表的编制工作有条不紊，必须按照一定的程序有步骤地进行。合并财务报表编制程序大致如下：

1. 设置合并工作底稿

合并工作底稿的作用是为合并财务报表的编制提供基础。在合并工作底稿中，对母公司和纳入合并范围的子公司的个别财务报表各项目的数额进行汇总和抵销处理，最终计算得出合并财务报表各项目的合并数。

2. 编制合并底稿

将母公司、纳入合并范围的子公司个别资产负债表、利润表、现金流量表、所有者权益变动表各项目的数据过入合并工作底稿，并在合并工作底稿中对母公司和子公司个别财务报表各项目的数据进行加总，计算得出个别资产负债表、利润表、现金流量表、所有者权益变动表各项目合计金额。

3. 编制调整分录与抵销分录

编制调整分录与抵销分录，将母公司与子公司、子公司相互之间发生的经济业务对个别财务报表有关项目的影响进行调整抵销处理。编制调整分录与抵销分录，进行调整抵销处理是合并财务报表编制的关键和主要内容，其目的在于将因会计政策及计量基础的差异而对个别财务报表的影响进行调整，以及将个别财务报表各项目的加总金额中重复的因素等予以抵销。

4. 计算合并财务报表各项目的合并数额

计算合并财务报表各项目的合并数额即在母公司和纳入合并范围的子公司个别财务报表各项目加总数额的基础上，分别计算财务报表中的资产项目、负债项目、所有者权益项目、收入项目和费用项目的合并数。其计算方法如下：

(1)资产类项目，其合并数根据该项目加总的数额，加上该项目调整分录与抵销分录的借方发生额，减去该项目调整分录与抵销分录的贷方发生额计算确定。

(2)负债类项目和所有者权益类项目，其合并数根据该项目加总的数额，减去该项目调整分录与抵销分录的借方发生额，加上该项目调整分录与抵销分录的贷方发生额计算确定。

(3)有关收益类项目，其合并数根据该项目加总的数额，减去该项目调整分录与抵销分录的借方发生额，加上该项目调整分录与抵销分录的贷方发生额计算确定。

(4)有关成本费用类项目和有关利润分配的项目，其合并数根据该项目加总的数额，加上该项目调整分录与抵销分录的借方发生额，减去该项目调整分录与抵销分录的贷方发生额计算确定。

5. 填列合并财务报表

填列合并财务报表即根据合并工作底稿中计算出的资产、负债、所有者权益、收入、成本费用类项目的合并数，填列正式的合并财务报表。

四、合并财务报表的格式

现行企业会计准则对合并财务报表的格式做了明确的规定，合并财务报表的格式与个别财务报表的格式基本相似。从合并资产负债表来说，主要在“所有者权益（股权权益）”部分增加了反映少数股东权益情况的“少数股东权益”项目。从合并利润表来说，增加了“归属于母公司股东的净利润”和“少数股东损益”项目。从股东权益变动表来说，增加了反映少数股东权益的相关项目。合并财务报表具体格式见第七章表7-5、表7-6、表7-7所示。

第二节　合并财务报表的合并范围

一、合并范围的确定

合并财务报表的合并范围是指纳入合并财务报表编报的子公司的范围，主要明确哪些子公司应当包括在合并报表编报范围之内，哪些子公司应当排除在合并财务报表编报范围之外。合并财务报表的合并范围应当以控制为基础予以确定。控制是指一个企业能够决定另一个企业的财务和经营政策，并能据以从另一个企业经营活动中获取利益的权力。控制通常具有以下特征：

（1）控制的主体是唯一的，不是两方或多方；

（2）控制的内容是另一个企业的日常生产经营活动的财务和经营政策，这些财务和经营政策一般是通过表决权来决定的；

（3）控制的目的是为了获取经济利益；

（4）控制的性质是一种权力，这种权力可以是法定权力，也可以是通过公司章程或协议、投资者之间的协议授予的权力。

二、纳入合并财务报表合并范围的子公司

（一）母公司拥有其半数以上表决权资本的被投资企业

母公司直接或通过子公司间接拥有被投资单位半数以上的表决权，表明母公司能够控制被投资单位，应当将该被投资单位认定为子公司，纳入合并财务报表的合并范围。但是，有证据表明母公司不能控制被投资单位的除外。

表决权资本是指对企业有投票权，能够据此参与企业经营管理决策的资本，如股份制企业中的普通股，有限责任公司中的投资者出资额等。当母公司拥有被投资企业50%以上股份时，母公司就拥有对该被投资企业的控制权，能够操纵该被投资企业的股东大会并对其生产经营活动实施控制。这种情况下，子公司实际上处在母公司的直接控制和管理下进行生产经营活动，子公司的生产经营活动成为事实上的母公司生产经营活动的一个组成部分，母公司与子公司生产经营活动一体化。拥有被投资企业半数以上表决权资本，是母公司对其拥有控制权的最明显的标志，因此应将其纳入合并财务报表的合并范围。

母公司拥有被投资企业半数以上表决权资本，具体又包括以下三种情况：

（1）母公司直接拥有被投资企业半数以上表决权。如A公司直接拥有B公司发行的普通股总数的50.1%，这种情况下，B公司就成为A公司的子公司，A公司编制合并财务报表时，必须将B公司纳入其合并范围。

（2）母公司间接拥有被投资企业半数以上表决权。间接拥有半数以上表决权资本，是指通过子公司而对子公司的子公司拥有半数以上表决权。例如，A公司拥有B公司70%的股份，而B公司又拥有C公司70%的股份。在这种情况下，A公司作为母公司通过其子

公司B公司，间接拥有和控制C公司70%的股份，从而C公司也是A公司的子公司，A公司编制合并财务报表时，也应当将C公司纳入其合并范围。这里必须注意的是，A公司间接拥有和控制C公司的股份是以B公司为A公司的子公司作为前提的。

（3）母公司通过直接和间接方式合计拥有、控制被投资企业半数以上表决权。直接和间接方式合计拥有和控制半数以上表决权，是指母公司以直接方式拥有、控制某一被投资企业一定数量（半数以下）的表决权，同时又通过其他方式如通过子公司拥有、控制该被投资企业一定数量的表决权，两者合计拥有、控制该被投资企业超半数以上的表决权。例如，A公司拥有B公司70%的股份，拥有C公司35%的股份；B公司拥有C公司30%的股份。在这种情况下，B公司为A公司的子公司，A公司通过子公司B公司间接拥有、控制C公司30%的股份，与直接拥有、控制35%的股份合计，A公司共拥有、控制C公司的股份合计为65%，从而C公司属于A公司的子公司，A公司编制合并财务报表时，也应当将C公司纳入其合并范围。

依上例，假定B公司只拥有C公司14%的股份，则A公司通过B公司间接控制C公司14%的股份，A公司通过直接方式和间接方式合计只拥有C公司49%的股份。在这种情况下，A公司则不能将C公司的会计报表纳入其合并范围。这里也必须注意的是，A公司间接拥有、控制C公司的股份是以B公司为A公司的子公司作为前提的。在上例中，如果A公司只拥有B公司40%的股份时，则不能将C公司作为A公司的子公司处理，将其纳入A公司的合并范围。

（二）被母公司控制的其他被投资企业

在母公司通过直接和间接方式没有拥有和控制被投资企业的半数以上表决权的情况下，如果母公司通过其他方法对被投资企业的经营活动能够实施有效控制时，这些被母公司所能够控制的被投资企业，也应作为子公司纳入其合并范围。

通常情况下，母公司与被投资企业之间存在如下情况之一，就应当视为母公司能够对其实施控制，视为母公司的子公司，将其纳入合并财务报表的合并范围。

（1）通过与被投资单位其他投资者之间的协议，拥有被投资单位半数以上的表决权。这种情况是指母公司与其他投资者共同投资某企业，母公司与其中的某些投资者签订协议，受托管理和控制这一被投资企业，从而在被投资企业的股东大会上拥有该被投资企业半数以上表决权。在这种情况下，母公司对这一被投资企业的经营管理拥有控制权，使该被投资企业成为事实上的子公司，为此必须将其纳入合并范围。

（2）根据公司章程或协议，有权决定被投资单位的财务和经营政策。这种情况是指在被投资企业章程等文件中明确母公司对其财务和经营政策能够实施管理和控制。企业的财务和经营政策直接决定着企业的生产经营活动，决定着企业的未来发展。能够控制企业财务和经营政策也就是等于能控制整个企业生产经营活动。这样，也就使得该被投资企业成为事实上的子公司，从而应当纳入母公司的合并范围。

（3）有权任免被投资单位的董事会或类似机构的多数成员。这种情况是指母公司能够通过任免公司董事会的董事，从而控制被投资企业的生产经营决策权。此时，该被投资企业也处于母公司的控制下进行生产经营活动，被投资企业成为事实上的子公司，从而应当纳入母公司的合并范围。

(4)在被投资单位的董事会或类似机构占多数表决权。这种情况是指母公司能够控制董事会等权力机构的会议，从而操纵公司董事会的经营决策，使该公司的生产经营活动在母公司的间接控制下进行，使被投资企业成为事实上的子公司。因此，也应将其纳入母公司的合并范围。

需要注意的是，母公司在确定能否控制被投资单位时，应当考虑企业和其他企业持有的被投资企业发行在外的认股权证、可转换公司债券等潜在表决权因素。

三、不纳入合并财务报表范围的子公司

母公司应当将其全部子公司纳入合并财务报表的合并范围。即只要是由母公司控制的子公司，不论子公司的规模大小、子公司向母公司转移资金能力是否受到严格限制，也不论子公司的业务性质与母公司或企业集团内其他子公司是否有显著差别，都应当纳入合并财务报表的合并范围。需要说明的是，受所在国外汇管制及其他管制，资金调度受到限制的境外子公司，在这种情况下，该被投资单位的财务和经营政策仍然由本公司决定，本公司也能从其经营活动中获取利益，资金调度受到限制并不妨碍本公司对其实施控制，因此，应将其纳入合并财务报表的合并范围。

但由于一些特殊的原因，母公司的一些原子公司不再纳入合并范围，具体包括以下几种：

1. 已宣告被清理整顿的原子公司

已宣告被清理整顿的原子公司是指在当期宣告被清理整顿的被投资单位，该被投资单位在上期是本公司的子公司。在这种情况下，根据2005年修订的《中华人民共和国公司法》第一百八十四条的规定，被投资单位实际上在当期已经由股东、董事或股东大会确定的人员组成的清算组或人民法院指定的有关人员组成的清算组对被投资单位进行日常管理，在清算期间，被投资单位不得开展与清算无关的经营活动，因此，本公司不能再控制该被投资单位，不能将该被投资单位继续认定为本公司的子公司。

2. 已宣告破产的原子公司

已宣告破产的原子公司是指在当期宣告破产的被投资单位，该被投资单位在上期是本公司的子公司。在这种情况下，根据《中华人民共和国企业破产法》的规定，被投资单位的日常管理已转交到法院指定的管理人，本公司不能控制该被投资单位，不能将该被投资单位认定为本公司的子公司。

3. 母公司不能控制的其他被投资单位

母公司不能控制的其他被投资单位是指母公司不能控制的除上述两种情形以外的其他被投资单位，如联营企业等。

第三节 企业合并控制权取得日合并财务报表的编制

一、同一控制下取得子公司合并日合并财务报表的编制

根据现行企业会计准则，母公司在合并日需要编制合并日的合并资产负债表、合并利润表、合并现金流量表等合并财务报表。母公司在将购买取得子公司权登记入账后，编制合并日合并资产负债表时，只需将对子公司长期股权投资与子公司所有者权益母公司所拥有的份额相抵销。

【例6-1】 甲公司20×0年1月1日以28 600万元的价格取得A公司80%的股权。A公司净资产的公允价值为35 000万元。甲公司在购买A公司过程中发生审计、评估和法律服务等相关费用120万元。上述价款均以银行存款支付。甲公司与A公司均为同一控制下的企业。A公司采用的会计政策与甲公司一致。A公司20×0年1月1日的资产负债表见表6-1中A公司的数据。

由于A公司与甲公司均为同一控制下的企业，按同一控制下企业合并的规定进行处理。根据A公司资产负债表，A公司股东权益账面价值为32 000万元，其中股本为20 000万元，资本公积为8 000万元，盈余公积为1 200万元，未分配利润为2 800万元。合并后，甲公司在A公司股东权益中所拥有的份额为25 600万元。甲公司对A公司长期股权投资的初始投资成本为28 600万元。至于购买该股权过程中发生的审计、评估等相关费用，则直接计入当期损益，即计入当期管理费用。

母公司在对A公司投资进行账务处理后编制的资产负债表，以及A公司当日的资产负债表如表6-1所示。

在本例中，对于甲公司为购买A公司所发生的审计及评估等费用实际上已支付给会计师事务所等中介机构，不属于甲公司与A公司所构成的企业集团内部交易，不涉及抵销处理的问题。编制合并日合并资产负债表时，甲公司应当进行如下抵销处理：

借：股本	20 000	
资本公积	8 000	
盈余公积	1 200	
未分配利润	2 800	
贷：长期股权投资		25 600
少数股东权益		6 400

根据上述抵销分录，编制合并工作底稿如表6-1所示。

表 6－1　合并工作底稿

单位：万元

项目	甲公司	A 公司	合计数	抵销分录		少数股东权益	合并数
				借方	贷方		
流动资产：							
货币资金	9 000	4 200	13 200				13 200
交易性金融资产	4 000	1 800	5 800				5 800
应收票据	4 700	3 600	7 700				7 700
应收账款	5 800	3 920	9 720				9 720
预付款项	2 000	880	2 880				2 880
应收股利	4 200	0	4 200				4 200
其他应收款	0	0	0				0
存货	31 000	20 000	51 000				51 000
其他流动资产	1 300	1 200	2 500				2 500
流动资产合计	62 000	35 000	97 000				97 000
非流动资产：							
可供出售金融资产	11 400	0	11 400				11 400
持有至到期投资	10 000	0	10 000				10 000
长期股权投资	25 600	0	25 600		25 600		0
固定资产原价	21 000	18 000	39 000				39 000
在建工程	20 000	3 400	23 400				23 400
无形资产	4 000	1 600	5 600				5 600
商誉	2 000	0	2 000				2 000
其他非流动资产	0	0	0				0
非流动资产合计	94 000	23 000	117 000		25 600		91 400
资产合计	156 000	58 000	214 000		25 600		188 400
流动负债：							
短期借款	12 000	5 000	17 000				17 000
交易性金融负债	3 800	0	3 800				3 800
应付票据	10 000	3 000	13 000				13 000
应付账款	18 000	4 200	22 200				22 200
预收款项	3 000	1 300	4 300				4 300
应付职工薪酬	6 000	1 600	7 600				7 600
应交税费	2 000	1 200	3 200				3 200
应付股利	4 000	4 000	8 000				8 000
其他应付款	0	0	0				0
其他流动负债	1 200	700	1 900				1 900

表 6－1(续)

项目	甲公司	A 公司	合计数	抵销分录		少数股东权益	合并数
				借方	贷方		
流动负债合计	60 000	21 000	81 000				81 000
非流动负债：							
长期借款	4 000	3 000	7 000				7 000
应付债券	20 000	2 000	22 000				22 000
长期应付款	2 000	0	2 000				2 000
其他非流动负债	0	0	0				0
非流动负债合计	26 000	5 000	31 000				31 000
负债合计	86 000	26 000	112 000				112 000
股东权益：							
股本	40 000	20 000	60 000	20 000			40 000
资本公积	10 000	8 000	18 000	8 000			10 000
盈余公积	11 000	1 200	12 200	1 200			11 000
未分配利润	9 000	2 800	11 800	2 800			9 000
股东权益合计	70 000	32 000	102 000	32 000			70 000
少数股东权益						6 400	6 400
负债和股东权益总计	156 000	58 000	214 000	32 000		6 400	188 400

二、非同一控制下企业合并控制权取得日合并资产负债表的编制

根据现行企业会计准则，非同一控制下取得子公司，母公司编制购买日的合并资产负债表时，因企业合并取得的子公司各项可辨认资产、负债及或有负债当以公允价值在合并财务报表中列示。母公司合并成本大于取得的子公司可辨认资产公允价值份额的差额，作为合并商誉在合并资产负债表中列示。

（一）按公允价值对非同一控制下取得子公司的财务报表进行调整

在非同一控制下取得子公司的情况下，母公司为进行企业合并要对子公司的资产负债进行评估，然而子公司作为持续经营的主体，一般情况下，不将该评估产生的资产、负债公允价值的变动登记入账，其对外提供的财务报表仍然是以各项资产和负债原来的账面价值为基础编制的，其提供的购买日财务报表一般也是以各项资产和负债原账面价值为基础编制的。为此，母公司要编制购买日的合并财务报表，则必须按照购买日子公司资产、负债的公允价值对其财务报表项目进行调整。这一调整是通过在合并工作底稿中编制调整分录进行的，实际上相当于将各项资产、负债的公众价值变动模拟入账，然后重新编制购买日子公司的财务报表。

【例 6－2】 甲公司 20×1 年 1 月 1 日以定向增发公司普通股票的方式，购买取得 A

公司70%的股权。甲公司当日资产负债表和A公司当日资产负债表及评估确认的资产负债数据如表6－2所示。甲公司定向增发普通股股票10 000万股(每股面值为1元),甲公司普通股股票面值每股为1元,市场价格每股为2.95元。甲公司并购A公司属于非同一控制下的企业合并,假定不考虑甲公司增发该普通股股票所发生的审计评估以及发行等相关费用。

表6－2　资产负债表

会企01表

编制单位:　　　　20×1年1月1日　　　　单位:万元

资产	甲公司	A公司		负债和所有者权益（或股东权益）	甲公司	A公司	
		账面价值	公允价值			账面价值	公允价值
流动资产:				流动负债:			
货币资金	9 000	4 200	4 200	短期借款	12 000	5 000	5 000
交易性金融资产	4 000	1 800	1 800	交易性金融负债	3 800	0	0
应收票据	4 700	3 000	3 000	应付票据	10 000	3 000	3 000
应收账款	5 800	3 920	3 820	应付账款	18 000	4 200	4 200
预付款项	2 000	880	880	预收款项	3 000	1 300	1 300
应收股利	4 200	0	0	应付职工薪酬	6 000	1 600	1 600
其他应收款	0	0	0	应交税费	2 000	1 200	1 200
存货	31 000	20 000	21 100	应付股利	4 000	4 000	4 000
其他流动资产合计	1 300	1 200	1 200	其他应付款	0	0	0
流动资产合计	62 000	35 000	36 000	其他流动负债	1 200	700	700
				流动负债合计	60 000	21 000	21 000
				非流动负债:			
非流动资产:				长期借款	4 000	3 000	3 000
可供出售金融资产	6 000	0	0	应付债券	20 000	2 000	2 000
持有至到期投资	11 000	0	0	长期应付款	2 000	0	0
长期股权投资	32 000	0	0	其他非流动负债	0	0	0
固定资产	21 000	18 000	21 000	非流动负债合计	26 000	5 000	5 000
在建工程	20 000	3 400	3 400	负债合计	86 000	26 000	26 000
无形资产	4 000	1 600	1600				
商誉	0	0		股东权益:			
其他非流动资产	0	0	0	股本	40 000	20 000	
非流动资产合计	94 000	23 000	26 000	资本公积	10 000	8 000	
				盈余公积	11 000	1 200	
				未分配利润	9 000	2 800	
				股东权益合计	70 000	32 000	36 000
资产总计	156 000	58 000	62 000	负债和股东权益总计	156 000	58 000	62 000

甲公司将购买取得 A 公司 70% 的股权作为长期股权投资入账，其账务处理如下：

借：长期股权投资——A 公司　　29 500　①
　贷：股本　　10 000
　　资本公积　　19 500

编制购买日的合并资产负债表时，将 A 公司资产和负债的评估增值或减值分别调增或调减相关资产和负债项目的金额。在合并工作底稿中调整分录如下：

借：存货　　1 100　②
　固定资产　　3 000
　贷：应收账款　　100
　　资本公积　　4 000

上述调整实际上等于将资产、负债的公允价值变动模拟入账，通过这一调整，调整后的子公司资产负债表实际上是以公允价值反映资产和负债的。在此基础上，再与母公司的个别财务报表合并，则是将子公司的资产和负债以公允价值反映于合并资产负债表中。

（二）母公司长期股权投资与子公司所有者权益抵销处理

在编制购买日的合并资产负债表时，需要将母公司对子公司长期股权投资与子公司所有者权益中拥有的份额予以抵销。母公司对非同一控制下取得的子公司长期股权投资进行账务处理时，母公司是按子公司资产、负债的公允价值确定其在子公司所有者权益中所拥有的份额，合并成本超过这一金额的差额则作为合并商誉处理。经过上述按公允价值对子公司财务报表调整处理后，在编制合并财务报表时则可以将长期股权投资与子公司所有者权益所拥有的份额相抵销。在非全资子公司的情况下，不属于母公司所拥有的份额在抵销处理时则结转为少数股东权益。在抵销处理时，应当注意的是，母公司在子公司所有者权益中所拥有的份额是按资产和负债的公允价值为基础计算的，也是按公允价值进行抵销，少数股东权益也是按资产和负债的公允价值为基础计算调整后的金额确定的。

接【例 6－2】，经过根据资产和负债的公允价值对 A 公司财务报表调整后，其股东权益总额为 36 000 万元，甲公司在其中所拥有的份额为 25 200 万元（36 000×70%）。甲公司对 A 公司长期股权投资的金额为 29 500 万元，超过其 25 200 万元的金额 4 300 万元则为合并商誉。少数股权投资权益则为 10 800 万元（36 000×30%）。

因此，甲公司将长期股权投资与其在 A 公司所有者权益中拥有的份额抵销时，其抵销分录如下：

借：股本　　20 000　③
　资本公积　　12 000
　盈余公积　　1 200
　未分配利润　　2 800
　商誉　　4 300
　贷：长期股权投资——A 公司　　29 500
　　少数股东权益　　10 800

（三）编制合并工作底稿并编制合并财务报表

在按公允价值对子公司财务报表项目进行调整，并编制合并抵销分录，将母公司对子公司长期股权投资与子公司所有者权益中母公司所持有的份额进行抵销处理后，则可以编制购买日合并工作底稿。

根据上述调整分录和抵销分录，甲公司编制购买日合并工作底稿如表6－3所示。

表6－3　合并工作底稿　　单位：万元

项目	母公司	子公司	合计数	调整分录		抵销分录		少数股东权益	合并数
				借方	贷方	借方	贷方		
流动资产：									
货币资金	9 000	4 200	13 200						13 200
交易性金融资产	4 000	1 800	5 800						5 800
应收票据	4 700	3 600	7 700						7 700
应收账款	5 800	3 920	9 720		100②				9 620
预付款项	2 000	880	2 880						2 880
应收股利	4 200	0	4 200						4 200
其他应收款	0	0							
存货	31 000	20 000	51 000	1 100②					52 100
其他流动资产	1 300	1 200	2 500						2 500
流动资产合计	62 000	35 000	97 000	1 100	100				98 000
非流动资产：									
可供出售金融资产	6 000	0	6 000						6 000
持有至到期投资	11 000	0	11 000						11 000
长期股权投资	32 000	0	32 000	29 500①			29 500③		32 000
固定资产原价	30 000	20 000	50 000	3 000②					53 000
减：累计折旧	9 000	2 000	11 000						11 000
固定资产净值	21 000	18 000	39 000	3 000					42 000
在建工程	20 000	3 400	23 400						23 400
无形资产	4 000	1 600	5 600						5 600
商誉	0		0			4300③			4 300
其他非流动资产	0	0	0						
非流动资产合计	94 000	23 000	117 000	3 000	29 500	4 300	29 500		124 300
资产合计	156 000	58 000	214 000	33 600	100	4 300	29 500		222 300
流动负债：									
短期借款	12 000	5 000	17 000						17 000

表 6-3(续)

项目	母公司	子公司	合计数	调整分录		抵销分录		少数股东权益	合并数
				借方	贷方	借方	贷方		
交易性金融负债	3 800	0	3 800						3 800
应付票据	10 000	3 000	13 000						13 000
应付账款	18 000	4 200	22 200						22 200
预收款项	3 000	1 300	4 300						4 300
应付职工薪酬	6 000	1 600	7 600						7 600
应交税费	2 000	1 200	3 200						3 200
应付股利	4 000	4 000	8 000						8 000
其他应付款	0	0	0						0
其他流动负债	1 200	700	1 900						1 900
流动负债合计	60 000	21 000	81 000						81 000
非流动负债：									
长期借款	4 000	3 000	7 000						7 000
应付债券	20 000	2 000	22 000						22 000
长期应付款	2 000		2 000						2 000
其他非流动负债	0	0	0						0
非流动负债合计	26 000	5 000	31 000						31 000
负债合计	86 000	26 000	112 000						112 000
股东权益：									
股本	40 000	20 000	60 000		10 000①	20 000③			50 000
资本公积	10 000	8 000	18 000		19 500① 4 000②	12 000③			29 500
盈余公积	11 000	1 200	12 200			1 200③			11 000
未分配利润	9 000	2 800	11 800			2 800③			9 000
股东权益合计	70 000	32 000	102 000		33 500	36 000			99 500
少数股东权益								10 800③	10 800
负债和股东权益总计	156 000	58 000	214 000		33 500	36 000		10 800	222 300*

注：222 300* = 214 000 + 33 500 - 36 000 + 10 800。

复习思考题

简答题

1. 简述合并财务报表的含义及种类。
2. 简述合并财务报表编制的原则和方法。
3. 简述合并财务报表的编制程序。
4. 简述合并财务报表合并范围的确定。

第七章 企业合并会计(三)
——购并日后的合并财务报表

本章介绍了集团内部经济业务事项的分类、内部交易事项的抵销以及资产负债表、利润表、现金流量表和所有者权益变动表的编制

【考核知识点】

集团内部经济业务事项的分类;合并财务报表编制的抵销项目;集团内部权益性投资的抵销;集团内部债权性投资的抵销;内部交易已实现内部利润和未实现内部利润;集团内部存货交易的抵销;内部固定资产交易的抵销;内部无形资产交易的抵销;内部债权债务项目的抵销;集团公司内部个别财务报表资料;编制合并工作底稿的抵销会计分录;编制合并工作底稿;编制合并财务报表;合并现金流量表的编制;合并现金流量表编制方法的应用。

【重要概念】

内部经济业务事项　抵销项目　合并财务报表　工作底稿

第一节 集团内部经济业务事项的分类及抵销项目

一、集团内部经济业务事项的分类

集团内部经济业务事项包括长期股权投资与所有者权益、内部商品交易、内部债权债务、内部固定资产交易、内部无形资产交易以及所得税会计等相关的合并处理。

二、合并财务报表编制的抵销项目

(一)编制合并资产负债表需要调整抵销的项目

合并资产负债表是以母公司和纳入合并范围的子公司的个别资产负债表为基础编制的。个别资产负债表则是以单个企业为会计主体进行会计核算的结果,它从母公司本身或从子公司本身的角度对自身的财务状况进行反映。对于企业集团内部发生的经济业务,从发生内部经济业务的企业来看,发生经济业务的两方都在其个别资产负债表中进行了反映。例如,集团内部母公司与子公司之间发生的赊购赊销业务,对于赊销企业来说,一方面,确认营业收入、结转营业成本、计算营业利润,并在其个别资产负债表中反映为应收账款;而对于赊购企业来说,在内部购入的存货未实现对外销售的情况下,则在其个别资产负债表中反映为存货和应付账款。在这种情况下,资产、负债和所有者权益类各项目的加总数额中,必然包含有重复计算的因素。作为反映企业集团整体财务状况的合并资产负债表,必须将这些重复计算的因素予以扣除,对这些重复的因素进行抵销处理。这些需要扣

除的重复因素，就是合并财务报表编制时需要进行抵销处理的项目。

编制合并资产负债表时需要进行抵销处理的项目，主要有如下项目：

(1)母公司对子公司股权投资项目与子公司所有者权益(或股东权益)项目；

(2)母公司与子公司、子公司相互之间发生的内部债权债务项目；

(3)存货项目，即内部购进存货价值中包含的未实现内部销售损益；

(4)固定资产项目(包括固定资产原价和累计折旧项目)，即内部购进固定资产价值中包含的未实现内部销售损益；

(5)无形资产项目，即内部购进无形资产价值包含的未实现内部销售损益。

(二)编制合并利润表和合并所有者权益变动表需要调整抵销的项目

合并利润表和合并所有者权益变动表是以母公司和纳入合并范围的子公司的个别利润表和个别所有者权益变动表为基础编制的。利润表和所有者权益变动表作为以单个企业为会计主体进行会计核算的结果，它从母公司本身或从子公司本身反映一定会计期间经营成果的开成及其分配情况，它从母公司本身或从子公司本身反映一定会计期间经营成果的形成及其分配情况。在以其个别利润表及个别所有者权益变动表为基础计算的收益和费用等项目的加总数额中，也必然包含有重复计算的因素。在编制合并利润表和合并所有者权益变动表时，也需要将这些重复的因素予以扣除。

编制合并利润表和合并所有者权益变动表时需要进行抵销处理的主要项目如下：

(1)内部销售收入和内部销售成本项目；

(2)内部投资收益项目，包括内部利息收入与利息支出项目、内部股份投资收益项目；

(3)资产减值损失项目，即与内部交易相关的内部应收账款、存货、固定资产、无形资产等项目的资产减值损失；

(4)纳入合并范围的子公司利润分配项目。

(三)编制合并现金流量表需要调整抵销的项目

合并现金流量表是综合反映母公司及其子公司组成的企业集团，在一定会计期间现金流入、现金流出数量以及其增减变动情况的财务报表。合并现金流量表以母公司和子公司的现金流量表为基础，在抵销母公司与子公司、子公司相互之间发生内部交易对合并现金流量表的影响后，由母公司编制。

在以母公司和子公司个别现金流量表为基础编制合并现金流量表时，需要进行抵销的内容主要有：

(1)母公司与子公司、子公司相互之间当期以现金投资或收购股权增加的投资所产生的现金流量相互抵销。

(2)母公司与子公司、子公司相互之间当期取得投资收益的现金与分配股利、利润或偿付利息支付的现金相互抵销。

(3)母公司与子公司、子公司相互之间以现金结算债权与债务所产生的现金流量相互抵销。

(4)母公司与子公司、子公司相互之间当期销售商品所产生的现金流量相互抵销。

（5）母公司与子公司、子公司相互之间处置固定资产、无形资产和其他长期资产收回的现金净额与购建固定资产、无形资产和其他长期资产支付的现金相互抵销。

（6）母公司与子公司、子公司相互之间当期发生的其他内部交易所产生的现金流量相互抵销。

第二节 同一控制下取得子公司合并日后合并财务报表的编制

编制合并日合并财务报表时，首先，将母公司对子公司长期股权投资由成本法核算的结果调整为权益法核算的结果，使母公司对子公司长期股权投资项目反映其在子公司所有者权益中所拥有权益的变动情况；其次，对母公司对子公司长期股权投资项目与子公司所有者权益项目等内部交易相关的项目进行抵销处理，将内部交易对个别财务报表的影响予以抵销；最后，在编制合并日合并工作底稿的基础上，编制合并财务报表。

一、将长期股权投资成本法核算调整为权益法核算

将成本法核算调整为权益法核算时，应当自取得对子公司长期股权投资的年度起，逐年按照子公司当年实现的净利润中属于母公司享有的份额，调整增加对子公司长期股权投资的金额，并调整增加当年投资收益；对于子公司当期分派的现金股利或宣告分派的股利中母公司享有的份额，则调整冲减长期股权投资的账面价值，同时调整减少原投资收益。之所以要按子公司分派或宣告分派的现金股利调整减少投资收益，是因为在成本法核算的情况下，母公司在当期的财务报表中已按子公司分派或宣告分派的现金股利确认投资收益。

在取得子公司长期股权投资的第二年，将成本法调整为权益法核算的结果时，则在调整计算第一年年末权益法核算的对子公司长期股权投资的金额的基础上，按第二年子公司实现的净利润中母公司所拥有的份额，调整长期股权投资的金额；按子公司分派或宣告分派的现金股利中母公司所拥有的份额，调减长期股权投资的金额。以后年度的调整，则比照上述做法进行调整处理。

子公司除净损益以外所有者权益的其他变动，在按照权益法对成本法核算的结果进行调整时，应当根据子公司本期除损益以外的所有者权益的其他变动而计入资本公积的金额中所享有的金额，对长期股权投资的金额进行调整，即按照子公司当期计入资本公积的金额中母公司所拥有的份额，在增加长期股权投资金额的同时，增加自身资本公积。在以后年度将成本法调整为权益法核算的结果时，也必须考虑这一因素对长期股权投资的金额进行调整。

【例7－1】 接【例6－1】，甲公司于20×0年1月1日，以28 600万元的价格取得A公司80%的股权，使其成为子公司。甲公司和A公司20×0年度个别财务报表如表7－1、表7－2和表7－3所示。

A公司20×0年1月1日股东权益总额为32 000万元，其中股本为20 000万元，资本公积为8 000万元，盈余公积为1 200万元，未分配利润为2 800万元；20×0年12月31日，股东权益总额为38 000万元，其中股本为20 000万元，资本公积为8 000万元，盈余公积为3 200万元，未分配利润为6 800万元。

A 公司 20×0 年全年实现净利润 10 500 万元，经公司董事会提议并经股东会批准，20×0年提取盈余公积 2 000 万元，向股东宣告分派现金股利 4 500 万元。

本例中，A 公司当年实现净利润 10 500 万元，经公司董事会提议并经股东会批准，20×0 年提取盈余公积 2 000 万元，向股东宣告分派现金股利 4 500 万元。甲公司对 A 公司长期股权投资取得时的账面价值为 25 600 万元，20×0 年 12 月 31 日仍为 25 600 万元，甲公司当年确认投资收益 3 600 万元。

将成本法核算的结果调整为权益法核算的结果，相关的调整分录如下：

借：长期股权投资　　　　　　　　8 400 ①

　贷：投资收益　　　　　　　　　　8 400

借：投资收益　　　　　　　　　　3 600 ②

　贷：长期股权投资　　　　　　　　3 600

经过上述调整分录后，甲公司对 A 公司长期股权投资的账面价值为 30 400 万元（25 600 +8 400 -3 600）。甲公司对 A 公司长期股权投资账面价值为 30 400 万元正好与母公司在 A 公司股东权益所拥有的份额相等。

表 7-1　资产负债表　　会企 01 表

编制单位：　　20×0 年 12 月 31 日　　单位：万元

资产	甲公司	A 公司	负债和所有者权益（或股东权益）	甲公司	A 公司
流动资产：			流动负债：		
货币资金	5 700	6 500	短期借款	10 000	4 800
交易性金融资产	3 000	5 000	交易性金融负债	4 000	2 400
应收票据	7 200	3 600	应付票据	13 000	3 600
应收账款	8 500	5 100	应付账款	18 000	5 200
预付款项	1 500	2 500	预收款项	4 000	3 900
应收股利	4 800	0	应付职工薪酬	5 000	1 600
其他应收款	500	1 300	应交税费	2 700	1 400
存货	37 000	18 000	应付股利	5 000	4 500
其他流动资产	1 800	1 000	其他应付款	300	700
流动资产合计	70 000	43 000	其他流动负债	2 000	900
			流动负债合计	64 000	29 000
			非流动负债：		
非流动资产：			长期借款	4 000	5 000
可供出售金融资产	8 000	0	应付债券	20 000	7 000
持有至到期投资	13 000	4 000	长期应付款	6 000	0
长期股权投资	40 000	0	其他非流动负债	0	0
固定资产	28 000	26 000	非流动负债合计	30 000	12 000
在建工程	13 000	4 200	负债合计	94 000	41 000

表 7 - 1(续)

资产	甲公司	A 公司	负债和所有者权益（或股东权益）	甲公司	A 公司
无形资产	6 000	1 800			
商誉	2 000	0	股东权益:		
其他非流动资产	0	0	股本	40 000	20 000
非流动资产合计	110 000	36 000	资本公积	10 000	8 000
			盈余公积	18 000	3 200
			未分配利润	18 000	6 800
			股东权益合计	86 000	38 000
资产总计	180 000	79 000	负债和股东权益总计	180 000	79 000

表 7 - 2　利润表

会企 02 表

编制单位:

20 × 0 年度

单位:万元

项目	甲公司	A 公司
一、营业收入	150 000	94 800
减:营业成本	96 000	73 000
营业税金及附加	1 800	1 000
销售费用	5 200	3 400
管理费用	6 000	3 900
财务费用	1 200	800
资产减值损失	600	300
加:公允价值变动损益(损失以“ - ”号填列)	0	0
投资收益(损失以“ - ”号填列)	9 800	200
二、营业利润(亏损以“ - ”号填列)	49 000	12 600
加:营业外收入	1 600	2 400
减:营业外支出	2 600	1 000
其中:非流动资产处置损失		
三、利润总额(亏损总额以“ - ”号填列)	48 000	14 000
减:所得税费用	12 000	3 500
四、净利润(净亏损以“ - ”号填列)	36 000	10 500
五、每股收益:		
(一)基本每股收益		
(二)稀释每股收益		

表 7－3　股东权益变动表

会企 04 表

编制单位：　　20×0 年度　　单位：万元

项目	甲公司					A 公司				
	股本	资本公积	盈余公积	未分配利润	股东权益合计	股本	资本公积	盈余公积	未分配利润	股东权益合计
一、上年年末余额	40 000	10 000	11 000	9 000	70 000	20 000	8 000	1 200	2 800	32 000
加：会计政策变更										
前期差错更正										
二、本年年初余额	40 000	10 000	11 000	9 000	70 000	20 000	8 000	1 200	2 800	32 000
三、本年增减变动金额（减少以“－”号填列）										
（一）净利润				36 000	36 000				10 500	10 500
（二）直接计入股东权益的利得和损失										
1. 可供出售金融资产公允价值变动净额										
2. 权益法下被投资单位其他所有者权益变动的影响										
3. 与计入股东权益项目相关的所得税影响										
4. 其他										
上述（一）和（二）小计										
（三）股东投入和减少资本										
1. 所有者投入资本										
2. 股份支付计入股东权益的金额										
3. 其他										
（四）利润分配										
1. 提取盈余公积			7 000	7 000				2 000	2 000	
2. 对股东的分配				20 000	20 000				4 500	4 500
3. 其他										
（五）股东权益内部结转										
1. 资本公积转增股本										
2. 盈余公积转增股本										
3. 盈余公积弥补亏损										
4. 其他										
四、本年年末余额	40 000	10 000	18 000	18 000	86 000	20 000	8 000	3 200	6 800	38 000

(二)合并抵销处理

在合并工作底稿中，按照上述权益法核算的要求，对长期股权投资的金额进行调整后，长期股权投资的金额正好反映母公司在子公司所有者权益中所拥有的份额。要编制合并财务报表，在此基础上还必须按编制合并财务报表的要求进行合并抵销处理，将母公司与子公司之间的内部交易对其个别财务报表的影响予以抵销。

编制合并财务报表时，首先，必须将母公司对子公司长期股权与子公司所有者权益中所拥有的份额予以抵销。根据母公司在子公司所有者权益中拥有份额的多少不同，可以将子公司分为全资子公司和非全资子公司。对于全资子公司，进行抵销处理时将对子公司长期股权投资的金额与子公司所有者权益全额抵销；而对于非全资子公司，则将长期股权投资与子公司所有者权益中母公司所拥有的金额进行抵销，不属于母公司的份额，即属于子公司少数股东的权益，应将其转为少数股东权益。

接【例 7－1】，本例经过调整后甲公司对 A 公司长期股权投资的金额为 30 400 万元；A 公司股东权益总额为 38 000 万元，甲公司拥有 80% 的股权，即在子公司股东权益中拥有 30 400万元；其余 20% 则属于少数股东权益。

长期股权投资与子公司所有者权益抵销时，其抵销分录如下：

借：股本　　20 000 ③

　资本公积　　8 000

　盈余公积　　3 200

　未分配利润　　6 800

　贷：长期股权投资　　30 400

　　少数股东权益　　7 600

其次，还必须将对子公司的投资收益与子公司当年利润分配相抵销，使合并财务报表反映母公司股东权益变动的情况。从单一企业来讲，当年实现的净利润加上年初未分配利润是企业利润分配的来源，企业对其进行分配，提取盈余公积、向股东分配股利以及留待以后年度的未分配利润（未分配利润可以理解为将这部分利润分配到下一会计年度）等，则是利润分配的去向。而子公司当年实现的净利润，可以分为两部分：一部分属于母公司所有，即母公司的投资收益；另一部分则属于少数股东所有，即少数股东本期收益。为了使合并财务报表反映母公司股东权益的变动情况及财务状况，则必须将母公司投资收益、少数股东收益和期初未分配利润与子公司当年利润分配以及未分配利润的金额相抵销。

甲公司进行上述抵销处理时，其抵销分录如下：

借：投资收益　　8 400 ④

　少数股东损益　　2 100

　未分配利润（年初）　　2 800

　贷：提取盈余公积　　2 000

　　向股东分配利润　　4 500

　　未分配利润　　6 800

另外，本例中A公司本年宣告分派现金股利4 500万元，股利款项尚未支付，A公司已将其计列应付股利4 500万元。甲公司根据A公司宣告的分派现金股利的公告，按照其所享有的金额，已确认应收股利，并在其资产负债表中计列应收股利3 600万元。这属于母公司与子公司之间的债权债务，在编制合并财务报表时必须将其予以抵销，其抵销分录如下：

借：应付股利　　　　3 600 ⑤

　贷：应收股利　　　　3 600

根据上述调整分录①、②和抵销分录③～⑤，编制合并工作底稿如表7－4所示。

表7－4　合并工作底稿

20×0年度　　　　单位：万元

项目	母公司	子公司	合计数	调整分录		抵销分录		少数股东权益	合并数
				借方	贷方	借方	贷方		
流动资产：									
货币资金	5 700	6 500	12 200						12 200
交易性金融资产	3 000	5 000	8 000						8 000
应收票据	7 200	3 600	10 800						10 800
应收账款	8 500	5 100	13 600						13 600
预付款项	1 500	2 500	4 000						4 000
应收股利	4 800	0	4 800				3 600⑤		1 200
其他应收款	500	1 300	1 800						1 800
存货	37 000	18 000	55 000						55 000
其他流动资产	1 800	1 000	2 800						2 800
流动资产合计	70 000	43 000	113 000				3 600		109 400
非流动资产：									
可供出售金融资产	8 000	0	8 000						8 000
持有至到期投资	13 000	4 000	17 000						17 000
长期股权投资	40 000	0	40 000	8 400①	3 600②		30 400③		14 400
固定资产原价	28 000	26 000	54 000						54 000
在建工程	13 000	4 200	17 200						17 200
无形资产	6 000	1 800	7 800						7 800
商誉	2 000	0	2 000						2 000
其他非流动资产	0	0	0						0
非流动资产合计	110 000	36 000	146 000	8 400	3 600		30 400		120 400
资产合计	180 000	79 000	259 000	8 400	3 600		34 000		229 800
流动负债：									
短期借款	10 000	4 800	14 800						14 800

表 7－4（续）

项目	母公司	子公司	合计数	调整分录		抵销分录		少数股东权益	合并数
				借方	贷方	借方	贷方		
交易性金融负债	4 000	2 400	6 400						6 400
应付票据	13 000	3 600	16 600						16 600
应付账款	18 000	5 200	23 200						23 200
预收款项	4 000	3 900	7 900						7 900
应付职工薪酬	5 000	1 600	6 600						6 600
应交税费	2 700	1 400	4 100						4 100
应付股利	5 000	4 500	9 500			3 600⑤			5 900
其他应付款	300	700	1 000						1 000
其他流动负债	2 000	900	2 900						2 900
流动负债合计	64 000	29 000	93 000			3 600			89 400
非流动负债：									
长期借款	4 000	5 000	9 000						9 000
应付债券	20 000	7 000	27 000						27 000
长期应付款	6 000	0	6 000						6 000
其他非流动负债	0	0	0						0
非流动负债合计	30 000	12 000	42 000						42 000
负债合计	94 000	41 000	135 000			3 600			131 400
股东权益：									
股本	40 000	20 000	60 000			20 000③			40 000
资本公积	10 000	8 000	18 000			8 000③			10 000
盈余公积	18 000	3 200	21 200			3 200③			18 000
未分配利润（见本表最后）									
股东权益合计	86 000	38 000	124 000			41 600			90 800
少数股东权益								7 600③	7 600
负债和股东权益总计	180 000	79 000	259 000						229 800
利润表									
一、营业收入	150 000	94 800	244 800						244 800
减：营业成本	96 000	73 000	169 000						169 000
营业税金及附加	1 800	1 000	2 800						2 800
销售费用	5 200	3 400	8 600						8 600
管理费用	6 000	3 900	9 900						9 900
财务费用	1 200	800	2 000						2 000

表 7－4(续)

项目	母公司	子公司	合计数	调整分录		抵销分录		少数股东权益	合并数
				借方	贷方	借方	贷方		
资产减值损失	600	300	900						900
加：公允价值变动收益	0	0	0						0
投资收益	9 800	200	10 000	3 600②	8 400①	8 400④			6 400
二、营业利润	49 000	12 600	61 600	3 600	8 400	8 400			58 000
加：营业外收入	1 600	2 400	4 000						4 000
减：营业外支	2 600	1 000	3 600						3 600
三、利润总额	48 000	14 000	62 000	3 600	8 400	8 400			58 400
减：所得税费用	12 000	3 500	15 500						15 500
四、净利润	36 000	10 500	46 500	3 600	8 400	8 400			42 900
少数股东损益								2 100④	2 100
归属于母公司股东损益									40 800
一、年初未分配利润	9 000	2 800	11 800			2 800④			9 000
二、本年增减变动金额									
三、利润分配									
1. 提取盈余公积	7 000	2 000	9 000				2 000④		7 000
2. 对股东的分配	20 000	4 500	24 500				4 500④		20 000
四、年末未分配利润	18 000	6 800	24 800	3 600	8 400	6 800③ 18 000	6 800④ 13 300	2 100	22 800 *

注：* 22 800 = 24 800 +（8 400 － 3 600）+（13 300 － 18 000）－ 2 100。

二、编制合并财务报表

（一）合并资产负债表

表 7－5　合并资产负债表

会合 01 表

编制单位：甲公司　　20 × 0 年 12 月 31 日　　单位：万元

资产	期末余额	年初余额	负债和所有者权益（或股东权益）	期末余额	年初余额
流动资产：			流动负债：		
货币资金	12 200		短期借款	14 800	

表 7－5（续）

资产	期末余额	年初余额	负债和所有者权益（或股东权益）	期末余额	年初余额
交易性金融资产	8 000		交易性金融负债	6 400	
应收票据	10 800		应付票据	16 600	
应收账款	13 600		应付账款	23 200	
预付款项	4 000		预收款项	7 900	
应收股利	1 200		应付职工薪酬	6 600	
其他应收款	1 800		应交税费	4 100	
存货	55 000		应付股利	5 900	
其他流动资产	2 800		其他应付款	1 000	
流动资产合计	109 400		其他流动负债	2 900	
			流动负债合计	89 400	
			非流动负债：		
非流动资产：			长期借款	9 000	
可供出售金融资产	8 000		应付债券	27 000	
持有至到期投资	17 000		长期应付款	6 000	
长期股权投资	14 400		其他非流动负债	0	
固定资产	54 000		非流动负债合计	42 000	
在建工程	17 200		负债合计	131 400	
无形资产	7 800				
商誉	2 000		股东权益：		
其他非流动资产	0		股本	40 000	
非流动资产合计	120 400		资本公积	10 000	
			盈余公积	18 000	
			未分配利润	22 800	
			归属于母公司股东权益合计		90 800
			少数股东权益		7 600
资产总计	229 800		负债和股东权益总计		229 800

（二）合并利润表

表 7－6　合并利润表

会合 02 表

编制单位：甲公司　　20×0 年度　　单位：万元

项目	本年金额	上年金额
一、营业收入	244 800	

表 7－6(续)

项目	本年金额	上年金额
减:营业成本	169 000	
营业税金及附加	2 800	
销售费用	8 600	
管理费用	9 900	
财务费用	2 000	
资产减值损失	900	
加:公允价值变动收益(损失以"－"号填列)	0	
投资收益(损失以"－"号填列)	6 400	
二、营业利润(亏损以"－"号填列)	58 000	
加:营业外收入	4 000	
减:营业外支出	3 600	
其中:非流动资产处置损失	0	
三、利润总额(亏损总额以"－"号填列)	58 400	
减:所得税费用	15 500	
四、净利润(净亏损以"－"号填列)	42 900	
归属于母公司股东的净利润	40 800	
少数股东损益	2 100	
五、每股收益:		
(一)基本每股收益		
(二)稀释每股收益		

(三)合并股东权益变动表

表 7－7　合并股东权益变动表　　会合 04 表

编制单位:甲公司　　20×0 年度　　单位:万元

项目	本年金额							上年金额						
	归属于母公司股东权益					少数股东权益	股东权益合计	归属于母公司股东权益					少数股东权益	股东权益合计
	股本	资本公积	盈余公积	未分配利润	其他			股本	资本公积	盈余公积	未分配利润	其他		
一、上年年末余额	40 000	10 000	11 000	9 000			70 000							
加:会计政策变更						6 400	6 400							
前期差错更正														
二、本年年初余额	40 000	10 000	11 000	9 000		6 400	76 400							

表 7-7(续)

项目	本年金额							上年金额						
	归属于母公司股东权益					少数股东权益	股东权益合计	归属于母公司股东权益					少数股东权益	股东权益合计
	股本	资本公积	盈余公积	未分配利润	其他			股本	资本公积	盈余公积	未分配利润	其他		
三、本年增减变动金额(减少以“-”号填列)				40 800		2 100	42 900							
(一)净利润				40 800		2 100	42 900							
(二)直接计入股东权益的利得和损失														
1. 可供出售金融资产公允价值变动净额														
2. 权益法下被投资单位其他所有者权益变动的影响														
3. 与计入股东权益项目相关的所得税影响														
4. 其他														
上述(一)和(二)小计				40 800		2 100	42 900							
(三)股东投入和减少资本														
1. 所有者投入资本														
2. 股份支付计入股东权益的金额														
3. 其他														
(四)利润分配			7 000	27 000		900	20 900							
1. 提取盈余公积			7 000	7 000										
2. 对股东的分配				20 000		900	20 900							
3. 其他														
(五)股东权益内部结转														
1. 资本公积转增股本														
2. 盈余公积转增股本														
3. 盈余公积弥补亏损														
4. 其他														
四、本年年末余额	40 000	10 000	18 000	22 800	—	7 600	98 400							

第三节　非同一控制下取得子公司合并日后合并财务报表的编制

母公司在非同一控制下取得子公司后，在未来持有该子公司的情况下，每一会计期末都需要将其纳入合并范围，编制合并财务报表。

一、合并日后当年合并财务报表的编制

在对非同一控制下取得的子公司编制合并财务报表时，首先应当以购买日确定的各项可辨认资产、负债及或有负债的公允价值为基础对子公司的财务报表进行调整。其次，将母公司对子公司的长期股权投资采用成本法核算的结果。调整为权益法核算的结果，对公司的财务报表进行相应的调整。再次，则是通过编制合并抵销分录。将母公司对子公司长期股权投资与子公司所有者权益等内部交易对个别财务报表的影响予以抵销。最后，则是在编制合并工作底稿的基础上，计算合并财务报表各项目的合并数，编制合并财务报表。

【例7－2】　接【例6－2】，甲公司20×1年1月1日以定向增发普通股票的方式，购买持有A公司70%的股权。甲公司对A公司长期股权投资的金额为29 500万元，甲公司购买日编制的合并资产负债表中确认合并商誉4 300万元。

甲公司和A公司20×1年12月31日个别资产负债表、利润表和股东权益变动表如表7－8、表7－9和表7－10所示。

表7－8　资产负债表

会企01表

编制单位：　　　　20×1年12月31日　　　　单位：万元

资产	甲公司	A公司	负债和所有者权益（或股东权益）	甲公司	A公司
流动资产：			流动负债：		
货币资金	5 700	6 500	短期借款	10 000	4 800
交易性金融资产	3 000	5 000	交易性金融负债	4 000	2 400
应收票据	7 200	3 600	应付票据	13 000	3 600
应收账款	8 500	5 100	应付账款	18 000	5 200
预付款项	1 500	2 500	预收款项	4 000	3 900
应收股利	4 800	0	应付职工薪酬	5 000	1 600
其他应收款	500	1 300	应交税费	2 700	1 400
存货	37 000	18 000	应付股利	5 000	4 500
其他流动资产	1 800	1 000	其他应付款	300	700
流动资产合计	70 000	43 000	其他流动负债	2 000	900
			流动负债合计	64 000	29 000
			非流动负债：		

表 7－8(续)

资产	甲公司	A 公司	负债和所有者权益（或股东权益）	甲公司	A 公司
非流动资产：			长期借款	4 000	5 000
可供出售金融资产	9 000	0	应付债券	20 000	7 000
持有至到期投资	14 000	4 000	长期应付款	6 000	0
长期股权投资	69 500	0	其他非流动负债	0	0
固定资产	28 000	26 000	非流动负债合计	30 000	12 000
在建工程	13 000	4 200	负债合计	94 000	41 000
无形资产	6 000	1 800			
商誉			股东权益：		
其他非流动资产			股本	50 000	20 000
非流动资产合计	139 500	36 000	资本公积	29 500	8 000
			盈余公积	18 000	3 200
			未分配利润	18 000	6 800
			股东权益合计	115 500	38 000
资产总计	209 500	79 000	负债和股东权益总计	209 500	79 000

表 7－9　利润表

会企 02 表

编制单位：　　　　20×1 年度　　　　单位：万元

项目	甲公司	A 公司
一、营业收入	150 000	94 800
减：营业成本	96 000	73 000
营业税金及附加	1 800	1 000
销售费用	5 200	3 400
管理费用	6 000	3 900
财务费用	1 200	800
资产减值损失	600	300
加：公允价值变动损益（损失以“－”号填列）	0	0
投资收益（损失以“－”号填列）	9 800	200
二、营业利润（亏损以“－”号填列）	49 000	12 600
加：营业外收入	1 600	2 400
减：营业外支出	2 600	1 000
其中：非流动资产处置损失		
三、利润总额（亏损总额以“－”号填列）	48 000	14 000
减：所得税费用	12 000	3 500

表 7 - 9（续）

项目	甲公司	A 公司
四、净利润（净亏损以“ - ”号填列）	36 000	10 500
五、每股收益:		
（一）基本每股收益		
（二）稀释每股收益		

表 7 - 10　股东权益变动表

会企 04 表

编制单位:　　20 × 1 年度　　单位:万元

项目	甲公司					A 公司				
	股本	资本公积	盈余公积	未分配利润	股东权益合计	股本	资本公积	盈余公积	未分配利润	股东权益合计
一、上年年末余额	40 000	10 000	11 000	9 000	70 000	20 000	8 000	1 200	2 800	32 000
加:会计政策变更										
前期差错更正										
二、本年年初余额	40 000	10 000	11 000	9 000	70 000	20 000	8 000	1 200	2 800	32 000
三、本年增减变动金额（减少以“ - ”号填列）										
（一）净利润				36 000	36 000				10 500	10 500
（二）直接计入股东权益的利得和损失										
1. 可供出售金融资产公允价值变动净额										
2. 权益法下被投资单位其他所有者权益变动的影响										
3. 与计入股东权益项目相关的所得税影响										
4. 其他										
上述（一）和（二）小计										
（三）股东投入和减少资本										
1. 所有者投入资本	10 000	19 500			29 500					
2. 股份支付计入股东权益的金额										
3. 其他										
（四）利润分配										
1. 提取盈余公积			7 000	7 000				2 000	2 000	

表7－10（续）

项目	甲公司					A公司				
	股本	资本公积	盈余公积	未分配利润	股东权益合计	股本	资本公积	盈余公积	未分配利润	股东权益合计
2.对股东的分配				20 000	20 000				4 500	4 500
3.其他										
(五)股东权益内部结转										
1.资本公积转增股本										
2.盈余公积转增股本										
3.盈余公积弥补亏损										
4.其他										
四、本年年末余额	50 000	29 500	18 000	18 000	115 500	20 000	8 000	3 200	6 800	38 000

A公司在购买日股东权益总额为32 000万元，其中股本为20 000万元、资本公积为8 000万元、盈余公积为1 200万元、未分配利润为2 800万元。A公司购买日应收账款账面价值为3 920万元、公允价值为3 820万元；存货的账面价值为20 000万元、公允价值为21 100万元；固定资产账面价值为18 000万元、公允价值为21 000万元。

A公司20×1年12月31日股东权益总额为38 000万元，其中股本为20 000万元、资本公积为8 000万元、盈余公积为3 200万元、未分配利润为6 800万元。A公司20×1年全年实现净利润10 500万元，A公司当年提取盈余公积2 000万元、向股东分配现金股利4 500万元。截至20×1年12月31日，应收账款按购买评估确认的金额收回，评估确认的坏账已核销；购买日发生评估增值的存货，当年已全部实现对外销售；购买日固定资产原价评估系公司用办公楼增值，该办公楼采用的折旧方法为年限平均法，该办公楼剩余折旧年限为20年，假定该办公楼评估增值在未来20年内平均摊销。

1.甲公司20×1年年末编制合并财务报表时相关项目计算

A公司调整后本年净利润＝10 500＋［100（购买日应收账款公允价值减值的实现而调减资产减值损失）－1 100（购买日存货公允价值增值的实现而调增营业成本）－150（固定资产公允价值增值计算的折旧而调增管理费用）］＝9 350（万元）

150万元系固定资产公允价值增值3 000万元按剩余折旧年限摊销。

A公司调整后本年年末未分配利润＝2 800（年初）＋9 350－2 000（提取盈余公积）－4 500（分派股利）＝5 650（万元）

权益法下甲公司对A公司投资的投资收益＝9 350×70%＝6 545（万元）

权益法下甲公司对A公司长期股权投资本年年末余额＝29 500＋6 545－4 500（分派股利）×70%＝32 895（万元）

少数股东权益＝9 350×30%＝2 805（万元）

少数股东权益的年末余额＝10 800＋2 805－4 500×30%＝12 255（万元）

2.甲公司20×1年编制合并财务报表时，应当进行抵销处理的调整

(1)按公允价值对A公司财务报表项目进行调整。根据购买日A公司资产和负债的公允价值与账面价值之间的差额,调整A公司相关公允价值变动的资产和负债项目及资本公积项目。在合并工作底稿中,其调整分录如下:

借:存货　　1 100　①

　固定资产　　3 000

　贷:应收账款　　100

　　资本公积　　4 000

因购买日A公司资产和负债的公允价值与原账面价值之间的差额对A公司本年净利润的影响。调整A公司年初未分配利润及相关项目。之所以进行这一调整,是由于子公司个别财务报表是按其资产,负债的原账面价值为基础编制的,其当期计算的净利润也是其资产、负债的原账面价值为基础计算的结果,而公允价值与原账面价值存在差额的资产或负债。在经营过程中因使用、销售或偿付而实现其公允价值,其实现的公允价值对子公司当期净利润的影响需要在净利润计算中予以反映。在合并工作底稿中其调整分录如下:

借:营业成本　　1 100　②

　管理费用　　150

　应收账款　　100

　贷:存货　　1 100

　　固定资产　　150

　　资产减值损失　　100

(2)按照权益法对甲公司财务报表项目进行调整。因购买日A公司资产和负债的公允价值与原账价值之间的差额对A公司本年净利润的影响,而对甲公司对A公司长期股权投资权益法核算的影响,需要对甲公司对A公司长期股权投资及相关项目进行调整;另一方面甲公司对A公司的长期股权投资采用成本法进行核算,需要对成本法核算的结果按权益法核算的要求,对长期股权投资及相关项目进行调整。在合并工作底稿中,其调整分录如下:

借:长期股权投资　　6 545　③

　投资收益　　3 150

　贷:投资收益　　6 545

　　长期股权投资　　3 150

(3)长期股权投资与所有者权益的抵销。将甲公司对A公司的长期股权投资与其在A公司股东权益中拥有的份额予以抵销。在合并工作底稿中,其抵销分录如下:

借:股本　　20 000　④

　资本公积　　12 000

　盈余公积　　3 200

　未分配利润　　5 650

　商誉　　4 300

　贷:长期股权投资　　32 895

少数股东权益　　　　12 255

(4)投资收益与子公司利润分配等项目的抵销。将甲公司对A公司投资收益与A公司本年利润分配有关项目的全额予以抵销。在合并工作底稿中,其抵销分录如下:

借:投资收益　　　　6 545　⑤
　少数股东损益　　　　2 805
　年初未分配利润　　　　2 800
　贷:提取盈余公积　　　　2 000
　　向股东分配利润　　　　4 500
　　年末未分配利润　　　　5 650

(5)应收股利与应付股利的抵销。本例中A公司本年宣告分派现金股利4 500万元,股利款项尚未支付,A公司已将其计列应付股利4 500万元。甲公司根据A公司宣告的分派现金股利的公告,按照其所享有的金额,已确认应收股利,并在其资产负债表中计列应收股利3 150万元。这属于母公司与子公司之间的债权债务,在编制合并财务报表时必须将其予以抵销,其抵销分录如下:

借:应付股利　　　　3 150　⑥
　贷:应收股利　　　　3 150

3. 编制合并工作底稿并编制合并财务报表

根据上述调整分录和抵销分录,甲公司可以编制合并工作底稿如表7－11所示。

表7－11　合并工作底稿

20×1年度　　　　单位:万元

项目	母公司	子公司	合计数	调整分录		抵销分录		少数股东权益	合并数
				借方	贷方	借方	贷方		
流动资产:									
货币资金	5 700	6 500	12 200						12 200
交易性金融资产	3 000	5 000	8 000						8 000
应收票据	7 200	3 600	10 800						10 800
应收账款	8 500	5 100	13 600	100②	100①				13 600
预付款项	1 500	2 500	4 000						4 000
应收股利	4 800	0	4 800				3 150⑥		1 650
其他应收款	500	1 300	1 800						1 800
存货	37 000	18 000	55 000	1 100①	1 100②				55 000
其他流动资产	1 800	1 000	2 800						2 800
流动资产合计	70 000	43 000	113 000	1 200	1 200		3 150		109 850
非流动资产:									
可供出售金融资产	9 000	0	9 000						9 000

表 7 – 11（续）

项目	母公司	子公司	合计数	调整分录		抵销分录		少数股东权益	合并数
				借方	贷方	借方	贷方		
持有至到期投资	14 000	4 000	18 000						18 000
长期股权投资	69 500	0	69 500						40 000
其中：A 公司	29 500			6 545③	3 150③		32 895④		
固定资产	28 000	26 000	54 000						54 000
在建工程	13 000	4 200	17 200						17 200
无形资产	6 000	1 800	7 800						7 800
商誉						4 300④			4 300
其他非流动资产									
非流动资产合计	139 500	36 000	175 500	9 545	3 300	4 300	32 895		153 150
资产合计	209 500	79 000	288 500	10 745	4 500	4 300	36 045		263 000
流动负债：									
短期借款	10 000	4 800	14 800						14 800
交易性金融负债	4 000	2 400	6 400						6 400
应付票据	13 000	3 600	16 600						16 600
应付账款	18 000	5 200	23 200						23 200
预收款项	4 000	3 900	7 900						7 900
应付职工薪酬	5 000	1 600	6 600						6 600
应交税费	2 700	1 400	4 100						4 100
应付股利	5 000	4 500	9 500			3 150⑥			6 350
其他应付款	300	700	1 000						1 000
其他流动负债	2 000	900	2 900						2 900
流动负债合计	64 000	29 000	93 000			3 150			89 850
非流动负债：									
长期借款	4 000	5 000	9 000						9 000
应付债券	20 000	7 000	27 000						27 000
长期应付款	6 000	0	6 000						6 000
其他非流动负债	0	0	0						0
非流动负债合计	30 000	12 000	42 000						42 000
负债合计	94 000	41 000	135 000			3 150			131 850
股东权益：									
股本	50 000	20 000	70 000			20 000④			50 000
资本公积	29 500	8 000	37 500		4 000①	12 000④			29 500
盈余公积	18 000	3 200	21 200			3 200④			18 000

表 7-11(续)

项目	母公司	子公司	合计数	调整分录		抵销分录		少数股东权益	合并数
				借方	贷方	借方	贷方		
未分配利润(见本表最后)									21 395
股东权益合计	115 500	38 000	153 500						118 895
少数股东权益								12 255④	12 255
负债和股东权益总计	209 500	79 000	288 500						253 000
利润表									
一、营业收入	150 000	94 800	244 800						244 800
减:营业成本	96 000	73 000	169 000	1 100②					170 100
营业税金及附加	1 800	1 000	2 800						2 800
销售费用	5 200	3 400	8 600						8 600
管理费用	6 000	3 900	9 900	150②					10 050
财务费用	1 200	800	2 000						2 000
资产减值损失	600	300	900		100②				800
加:公允价值变动收益	0	0	0						0
投资收益	9 800	200	10 000						6 850
其中:A 公司	3 150			3 150③	6 545③	6 545⑤			0
二、营业利润	49 000	12 600	61 600	4 400	6 645	6 545			57 300
加:营业外收入	1 600	2 400	4 000						4 000
减:营业外支	2 600	1 000	3 600						3 600
三、利润总额	48 000	14 000	62 000	4 400	6 645	6 545			57 700
减:所得税费用	12 000	3 500	15 500						15 500
四、净利润	36 000	10 500	46 500	4 400	6 645	6 545			42 200
少数股东损益								2 805⑤	2 805
归属于母公司股东损益									39 395
一、年初未分配利润	9 000	2 800	11 800			2 800⑤			9 000
二、本年增减变动金额									
三、利润分配									
1. 提取盈余公积	7 000	2 000	9 000				2 000⑤		7 000
2. 对股东的分配	20 000	4 500	24 500				4 500⑤		20 000

表 7－11（续）

项目	母公司	子公司	合计数	调整分录		抵销分录		少数股东权益	合并数
				借方	贷方	借方	贷方		
四、年末未分配利润	18 000	6 800	24 800	4 400	6 645	5 650④ 14 995	5 650⑤ 12 150	2 805	21 395*

注：21 395* ＝24 800＋（6 645－4 400）＋（12 150－14 995）－2 805。

甲公司在编制上述合并工作底稿，计算各项目合并数后，根据合并数编制合并资产负债表、合并利润表以及合并股东权益变动表（略）。

二、合并日后以后年度合并财务报表的编制

【例 7－3】 接【例 7－2】，甲公司和 A 公司 20 × 2 年 12 月 31 日个别资产负债表、利润表和所有者权益变动表如表 7－12、表 7－13 和表 7－14 所示。

表 7－12　资产负债表

会企 01 表

编制单位：　　20 × 2 年 12 月 31 日　　单位：万元

资产	甲公司	A 公司	负债和所有者权益（或股东权益）	甲公司	A 公司
流动资产：			流动负债：		
货币资金	8 900	9 400	短期借款	8 000	5 800
交易性金融资产	4 800	7 800	交易性金融负债	4 000	2 100
应收票据	7 100	3 900	应付票据	15 000	5 600
应收账款	9 000	5 300	应付账款	14 800	5 300
预付款项	2 600	2 900	预收款项	4 000	3 300
应收股利	5 500	0	应付职工薪酬	5 800	1 800
其他应收款	3 700	1 600	应交税费	2 200	1 700
存货	37 900	23 000	应付股利	8 000	6 000
其他流动资产	1500	1 100	其他应付款	2 000	1 500
流动资产合计	81 000	55 000	其他流动负债	1 200	900
			流动负债合计	65 000	34 000
			非流动负债：		
非流动资产：			长期借款	3 000	4 000
可供出售金融资产	8 000	0	应付债券	20 000	7 000
持有至到期投资	14 000	4 200	长期应付款	4 000	0
长期股权投资	69 500	0	其他非流动负债	0	0
固定资产	33 000	25 000	非流动负债合计	27 000	11 000

表 7－12(续)

资产	甲公司	A 公司	负债和所有者权益（或股东权益）	甲公司	A 公司
在建工程	7 000	3 200	负债合计	92 000	45 000
无形资产	5 000	1 600			
商誉		0	股东权益:		
其他非流动资产	0	0	股本	50 000	2 0000
非流动资产合计	136 500	34 000	资本公积	29 500	8 000
			盈余公积	24 000	5 600
			未分配利润	22 000	10 400
			股东权益合计	125 500	44 000
资产总计	217 500	89 000	负债和股东权益总计	217 500	89 000

表 7－13　利润表

会企 02 表

编制单位:　　20×2 年度　　单位:万元

项目	甲公司	A 公司
一、营业收入	180 000	117 000
减:营业成本	135 000	89 300
营业税金及附加	2 800	1 900
销售费用	5 800	4 700
管理费用	6 900	4 400
财务费用	2 000	1 200
资产减值损失	1 000	100
加:公允价值变动损益(损失以“－”号填列)	0	0
投资收益(损失以“－”号填列)	11 000	1 300
二、营业利润(亏损以“－”号填列)	37 500	16 700
加:营业外收入	3 700	1 100
减:营业外支出	1 200	1 800
其中:非流动资产处置损失		
三、利润总额(亏损总额以“－”号填列)	40 000	16 000
减:所得税费用	10 000	4 000
四、净利润(净亏损以“－”号填列)	30 000	12 000
五、每股收益:		
(一)基本每股收益		
(二)稀释每股收益		

表 7－14　股东权益变动表

会企 04 表

编制单位：　　20×2 年度　　单位：万元

项目	甲公司					A 公司				
	股本	资本公积	盈余公积	未分配利润	股东权益合计	股本	资本公积	盈余公积	未分配利润	股东权益合计
一、上年年末余额	50 000	29 500	18 000	18 000	115 500	20 000	8 000	3 200	6 800	38 000
加：会计政策变更										
前期差错更正										
二、本年年初余额	50 000	29 500	18 000	18 000	115 500	20 000	8 000	3 200	6 800	38 000
三、本年增减变动金额（减少以“－”号填列）										
（一）净利润				30 000	30 000				12 000	12 000
（二）直接计入股东权益的利得和损失										
1. 可供出售金融资产公允价值变动净额										
2. 权益法下被投资单位其他所有者权益变动的影响										
3. 与计入股东权益项目相关的所得税影响										
4. 其他										
上述（一）和（二）小计										
（三）股东投入和减少资本										
1. 所有者投入资本										
2. 股份支付计入股东权益的金额										
3. 其他										
（四）利润分配										
1. 提取盈余公积			6 000	6 000				2 400	2 400	
2. 对股东的分配				20 000	20 000				6 000	6 000
3. 其他										
（五）股东权益内部结转										
1. 资本公积转增股本										
2. 盈余公积转增股本										
3. 盈余公积弥补亏损										
4. 其他										
四、本年年末余额	50 000	29 500	24 000	22 000	125 500	20 000	8 000	5 600	10 400	44 000

A 公司在购买日相关资产和负债等资料同上，即购买日 A 公司股东权益总额为 32 000 万元，其中，股本为 20 000 万元、资本公积为 8 000 万元、盈余公积为 1 200 万元、未分配利润为 2 800 万元。A 公司购买日应收账款账面价值为 3 920 万元、公允价值为 3 820 万元；存货的账面价值为 20 000 万元、公允价值为 21 100 万元；固定资产账面价值为 18 000 万元、公允价值为 21 000 万元。截至 20×2 年 12 月 31 日，应收账款按购买日公允价值的金额收回；购买日的存货，当年已全部实现对外销售；购买日固定资产公允价值增加的系公司管理用办公楼，该办公楼采用的折旧方法为年限平均法，该办公楼剩余折旧年限为 20 年，假定该办公楼评估增值在未来 20 年内平均摊销。

A 公司 20×2 年 12 月 31 日股东权益总额为 44 000 万元，其中股本为 20 000 万元、资本公积为 8 000 万元、盈余公积为 5 600 万元、未分配利润为 10 400 万元。A 公司 20×1 年全年实现净利润 12 000 万元，A 公司当年提取盈余公积 2 400 万元、向股东分配现金股利 6 000 万元。

1. 甲公司编制 20×2 年度合并财务报表时相关项目的计算

A 公司调整后本年净利润 = 12 000 − 150（固定资产公允价值增值计算的折旧）
= 11 850（万元）

A 公司调整后本年年初未分配利润 = 6 800 + 100（上年实现的购买日应收账款公允价值减值）− 1 100（上年实现的购买日存货公允价值增值）− 150（固定资产公允价值增值计算的折旧）
= 5 650（万元）

A 公司调整后本年年末未分配利润 = 5 650 + 11 850 − 2 400（提取盈余公积）− 6 000（分派股利）
= 9 100（万元）

权益法下甲公司对 A 公司的投资收益 = 11 850 × 70% = 8 295（万元）

权益法甲公司对 A 公司长期股权投资本年年末余额 = 32 895（上年末长期股权投资余额）+ 8 295 − 6 000（分派股利）× 70%
= 36 990（万元）

少数股东权益 = 11 850 × 30% = 3 555（万元）

少数股东权益的年末余额 = 12 255 + 3 555 − 6 000 × 30% = 14 010（万元）

2. 甲公司 20×2 年编制合并财务报表时，应当进行的调整抵销

（1）按公允价值对 A 公司财务报表项目进行调整。因购买日 A 公司资产和负债的公允价值与账面价值之间的差额，调整 A 公司年初未分配利润及相关项目。其调整分录如下：

借：年初未分配利润	1 100	①
固定资产	3 000	
贷：年初未分配利润	100	
资本公积	4 000	

因购买日 A 公司资产和负债的公允价值与原账面价值之间的差额对 A 公司上年净利润的影响，调整 A 公司年初未分配利润及相关项目。其调整分录如下：

借:年初未分配利润　　1 100　②
　　年初未分配利润　　150
　　年初未分配利润　　100
　贷:年初未分配利润　　1 100
　　　固定资产　　150
　　　年初未分配利润　　100

上述调整分录简化为

借:年初未分配利润　　150　②
　贷:固定资产　　150

因购买日 A 公司固定资产公允价值与原账面价值之间的差额对 A 公司本年净利润的影响,调整 A 公司固定资产折旧相关的项目及累计折旧项目。由于应收账款公允价值减值和存货公允价值增值在上一年已全部实现,所以不涉及对本年实现净利润的影响。其调整分录如下:

借:管理费用　　150　③
　贷:固定资产　　150

(2)按照权益法对甲公司财务报表项目进行调整。因购买日 A 公司资产和负债的公允价值与原账面价值之间的差额对 A 公司上年净利润的影响,而对甲公司对 A 公司长期股权投资权益法核算的影响,调整甲公司对 A 公司长期股权投资及相关项目。其调整分录如下:

借:长期股权投资　　6 545　④
　　年初未分配利润　　3 150
　贷:年初未分配利润　　6 545
　　　长期股权投资　　3 150

甲公司对 A 公司长期股权投资由成本法核算的结果调整为权益法核算的结果。即根据调整后 A 公司本年实现净利润以及本年分派现金股利中所拥有的份额,调整本年甲公司对 A 公司投资收益。其调整分录如下:

借:长期股权投资　　8 295　⑤
　　投资收益　　4 200
　贷:投资收益　　8 295
　　　长期股权投资　　4 200

(3)长期股权投资与子公司所有者权益的抵销。将甲公司对 A 公司的长期股权投资与其在 A 公司所有者权益中拥有的份额予以抵销。其抵销分录如下:

借:股本　　20 000　⑥
　　资本公积　　12 000
　　盈余公积　　5 600
　　年末未分配利润　　9 100
　　商誉　　4 300
　贷:长期股权投资　　36 990

少数股东权益　　　　　　　　　　　　14 010

(4)投资收益与子公司利润分配等项目的抵销。将甲公司对A公司投资收益与A公司本年利润分配有关项目的金额予以抵销。其抵销分录如下：

借:投资收益　　　　　　　　　　　　8 295　⑦

　少数股东损益　　　　　　　　　　3 555

　年初未分配利润　　　　　　　　　5 650

　贷:提取盈余公积　　　　　　　　　　2 400

　　向股东分配利润　　　　　　　　　　6 000

　　年末未分配利润　　　　　　　　　　9 100

(5)应收股利与应付股利的抵销。本例中A公司本年宣告分派现金股利6 000万元，股利款项尚未支付,A公司已将其一计列应付股利6 000万元。甲公司根据A公司宣告的分派现金股利的公告,按照其所享有的金额,已确认应收股利,并在其资产负债表中计列应收股利4 200万元。这属于母公司与子公司之间的债权债务,在编制合并财务报表时必须将其予以抵销,其抵销分录如下：

借:应付股利　　　　　　　　　　　　4 200　⑧

　贷:应收股利　　　　　　　　　　　　4 200

3. 编制合并工作底稿并编制合并财务报表

根据上述调整分录和抵销分录。甲公司可以编制合并工作底稿如表7－15所示。

表7－15　合并工作底稿

20×2年度　　　　　　　　　　单位:万元

项目	母公司	子公司	合计数	调整分录		抵销分录		少数股东权益	合并数
				借方	贷方	借方	贷方		
流动资产：									
货币资金	8 900	9 400	18 300						18 300
交易性金融资产	4 800	7 800	12 600						12 600
应收票据	7 100	3 900	11 000						11 000
应收账款	9 000	5 300	14 300						14 300
预付款项	2 600	2 900	5 500						5 500
应收股利	5 500	0	5 500				4 200⑧		1 300
其他应收款	3 700	1 600	5 300						5 300
存货	37 900	23 000	60 900						60 900
其他流动资产	1 500	1 100	2 600						2 600
流动资产合计	81 000	55 000	136 000				4 200		131 800
非流动资产：									
可供出售金融资产	8 000	0	8 000						8 000

表 7－15(续)

项目	母公司	子公司	合计数	调整分录		抵销分录		少数股东权益	合并数
				借方	贷方	借方	贷方		
持有至到期投资	14 000	4 200	18 200						18 200
长期股权投资	69 500	0	69 500						40 000
其中:A 公司	29 500				6 545④ 8 295⑤	3 150④ 4 200⑤		36 990⑥	40 000
固定资产	33 000	25 000	58 000	3 000①	150② 150③				60 700
在建工程	7 000	3 200	10 200						10 200
无形资产	5 000	1 600	6 600						6 600
商誉		0	0			4 300⑥			4 300
其他非流动资产	0	0	0						0
非流动资产合计	136 500	34 000	170 500	17 840	7 650	4 300	36 990		148 000
资产合计	217 500	89 000	306 500	17 840	7 650	4 300	41 190	279 800	
流动负债:									
短期借款	8 000	5 800	13 800						13 800
交易性金融负债	4 000	2 100	6 100						6 100
应付票据	15 000	5 600	20 600						20 600
应付账款	14 800	5 300	20 100						20 100
预收款项	4 000	3 300	7 300						7 300
应付职工薪酬	5 800	1 800	7 600						7 600
应交税费	2 200	1 700	3 900						3 900
应付股利	8 000	6 000	14 000			4 200⑧			98 000
其他应付款	2 000	1 500	3 500						3 500
其他流动负债	1 200	900	2 100						2 100
流动负债合计	65 000	34 000	99 000			4 200			94 800
非流动负债:									
长期借款	3 000	4 000	7 000						7 000
应付债券	20 000	7 000	27 000						27 000
长期应付款	4 000	0	4 000						4 000
其他非流动负债	0	0	0						0
非流动负债合计	27 000	11 000	38 000						38 000
负债合计	92 000	45 000	137 000			4 200			132 800
股东权益:									
股本	50 000	20 000	70 000			20 000⑥			50 000

表 7－15（续）

项目	母公司	子公司	合计数	调整分录		抵销分录		少数股东权益	合并数
				借方	贷方	借方	贷方		
资本公积	29 500	8 000	37 500		4 000①	12 000⑥			29 500
盈余公积	24 000	5 600	29 600			5 600⑥			24 000
未分配利润	22 000	10 400	32 400						29 490
股东权益合计	125 500	44 000	169 500						132 990
少数股东权益								14 010⑥	14 010
负债和股东权益总计	217 500	89 000	306 500						279 800
利润表									
一、营业收入	180 000	117 000	297 000						297 000
减：营业成本	135 000	89 300	224 000						224 300
营业税金及附加	2 800	1 900	4 700						4 700
销售费用	5 800	4 700	10 500						10 500
管理费用	6 900	4 400	11 300	150③					11 450
财务费用	2 000	1 200	3 200						3 200
资产减值损失	1 000	100	1 100						1 100
加：公允价值变动收益	0	0	0						0
投资收益	11 000	1 300	12 300	4 200⑤	8 295⑤	8 295⑦			8 100
二、营业利润	37 500	16 700	54 200	4 350	8 295	8 295			49 850
加：营业外收入	3 700	1 100	4 800						4 800
减：营业外支出	1 200	1 800	3 000						3 000
三、利润总额	40 000	16 000	56 000	4 350	8 295	8 295			51 650
减：所得税费用	10 000	4 000	14 000						14 000
四、净利润	30 000	12 000	42 000	4 350	8 295	8 295			37 650
少数股东损益								3 555⑦	3 555
归属于母公司股东损益									34 095
一、年初未分配利润	18 000	6 800	24 800	1100① 150② 3 150④	100① 6 545④	5 650⑦			21 395
二、本年增减变动金额									
净利润	30 000	12 000	42 000	4 350	8 295	8 295		3 555	34 095
三、利润分配									

表 7－15（续）

项目	母公司	子公司	合计数	调整分录		抵销分录		少数股东权益	合并数
				借方	贷方	借方	贷方		
1. 提取盈余公积	6 000	2 400	8 400				2 400⑦		6 000
2. 对股东的分配	20 000	6 000	26 000				6 000⑦		20 000
四、年末未分配利润	22 000	10 400	32 400	8 750	14 940	9 100⑥ 23 045	9 100⑦ 17 500	3 555	29 490

第四节　内部商品交易的抵销处理

一、内部销售收入和内部销售成本的抵销处理

内部销售收入是指企业集团内部母公司与子公司、子公司相互之间（以下称成员企业）发生的购销活动所产生的销售收入。内部销售成本是指企业集团内部母公司与子公司、子公司相互之间发生的内部销售商品的销售成本。

（一）购买企业内部购进的商品当期全部实现销售时的抵销处理

在这种情况下，从销售企业来说，销售给其他成员企业商品与销售给集团外部企业情况下的会计处理相同，即在本期确认销售收入、结转销售成本、计算损益，并在其个别利润表中反映；对于购买企业来说，一方面要确认销售收入，另一方面要结转销售内部购进商品的成本，并在其个别利润表中分别作为营业收入和营业成本反映，并确认损益。这也就是说，对于同一购销业务，在销售企业和购买企业的个别利润表都做了反映。但从企业集团整体来看，这一购销业务只是实现了一次销售，其销售收入只是购买企业销售该产品的销售收入，其销售成本只是销售企业销售该商品的成本。

销售企业销售该商品的收入属于内部销售收入，相应的购买企业销售该商品的销售成本则属于内部销售成本。因此在编制合并财务报表时，就必须将重复反映的内部销售收入与内部销售成本予以抵销。进行抵销处理时，应借记“营业收入”等项目，贷记“营业成本”等项目。

【例 7－4】　甲公司拥有 A 公司 70% 的股权，系 A 公司的母公司。甲公司本期个别利润表的营业收入中有 3 000 万元，系向 A 公司销售产品取得的销售收入，该产品销售成本为 2 100 万元。A 公司在本期将该产品全部售出，其销售收入为 3 750 万元，销售成本为 3 000 万元，并分别在其个别利润表中列示。

对此，编制合并财务报表将内部销售收入和内部销售成本予以抵销时，应编制如下抵销分录：

借：营业收入　　　　　　3 000

　贷：营业成本　　　　　　3 000

（二）购买企业内部购进的商品未实现对外销售时的抵销处理

在内部购进的商品未实现对外销售的情况下，从销售企业来说，同样是按照一般的销售业务确认销售收入，结转销售成本，计算销售利润，并在其利润表中列示。这一业务从企业集团来看，实际上只是商品存放地点发生变动，并没有真正实现企业集团对外销售，不应确认销售收入、结转销售成本以及计算损益。因此，对于该内部购销业务，在编制合并财务报表时，应当将销售企业由此确认的内部销售收入和内部销售成本予以抵销。

对于这一经济业务，从购买企业来说，则以支付的购货价款作为存货成本入账，并在其个别资产负债表中作为资产列示。这样，购买企业的个别资产负债表中存货的价值中就包含有销售企业实现的销售毛利。销售企业由于内部购销业务实现的销售毛利，属于未实现内部销售损益。

存货价值中包含的未实现内部销售损益是由于企业集团内部商品购销活动所引起的。在内部购销活动中，销售企业将集团内部销售作为收入确认并计算销售利润。而购买企业则是以支付购货的价款作为其成本入账；在本期内未实现对外销售而形成期末存货时，其存货价值中也相应地包括两部分内容：一部分为真正的存货成本（即销售企业销售该商品的成本），另一部分为销售企业的销售毛利（即其销售收入减去销售成本的差额）。对于期末存货价值中包括的这部分销售毛利，从企业集团整体来看，并不是真正实现的利润。因为从整个企业整体来看，集团内部企业之间的商品购销活动实际上相当于一个企业内部物资调拨活动，既不会实现利润，也不会增加商品的价值。正是从这一意义上来说，将期末存货价值中包括的这部分销售企业作为利润确认的部分，称之为未实现内部销售损益。如果合并财务报表将母公司与子公司财务报表中的存货简单相加，则虚增存货成本。因此，在编制合并资产负债表时，应当将存货价值中包含的未实现内部销传损益予以抵销。

【例7－5】 甲公司系A公司的母公司。甲公司本期个别利润表的营业收入甲有2 000万元，系向A公司销售商品实现的收入，其商品成本为1 400万元，销售毛利率为30%。A公司本期从甲公司购入的商品在本期均未实现销售，期末存货中包含有2 000万元从甲公司购进的商品，该存货中包含的未实现内部销售损益为600万元。

编制合并利润表时，将内部销售收入、内部销售成本及存货价值中包含的未实现内部销售损益抵销时，其抵销分录如下：

借：营业收入	2 000	
贷：营业成本		1 400
存货		600

对于第三种情况，即内部购进的商品部分实现对外销售部分形成期末存货的情况，可以将内部购买的商品分解为两部分来理解：一部分为当期购进并全部实现对外销售；另一部分为当期购进但未实现对外销售而形成期末存货。

【例7－4】介绍的就是前一部分的抵销处理，【例7－5】介绍的则是后一部分的抵销处理。将【例7－4】和【例7－5】的抵销处理合并在一起，则就是第三种情况下的抵销处理。

【例7－6】 甲公司本期个别利润表的营业收入中有5 000万元，系向A公司销售产品取得的销售收入,该产品销售成本为 3 500 万元,销售毛利率为 30%。A 公司在本期将该批内部购进商品的 60% 实现销售,其销售收入为 3 750 万元,销售成本为 3 000 万元,销售毛利率为 20%,并列示于其个别利润表中;该批商品的另外 40% 则形成 A 公司期末存货,即期末存货为 2 000 万元,列示于 A 公司的个别资产负债表之中。

此时,在编制合并财务报表时,其抵销处理如下:

借:营业收入　　　　5 000(3 000 + 2 000)
　贷:营业成本　　　　4 400(3 000 + 1 400)
　　存货　　　　　　600

对于内部销售收入的抵销,也可按照如下方法进行抵销处理:

(1)按照内部销售收入的数额,借记"营业收入"项目,贷记"营业成本"项目;

(2)按照期末存货价值中包含的未实现内部销售损益的数额,借记"营业成本"项目,贷记"存货"项目。

【例 7-7】 甲公司与 A 公司内部销售业务资料见【例 7-5】。

将其内部销售收入、销售成本以及期末存货中包含的未实现内部销售利润抵销,编制抵销分录如下:

①借:营业收入　　　　2 000
　　贷:营业成本　　　　2 000
②借:营业成本　　　　600
　　贷:存货　　　　　　600

在合并工作底稿中,按上述抵销分录进行抵销的结果与【例 7-4】抵销结果相同。

(三)购买企业内部购进的商品作为固定资产使用时的抵销处理

购买企业内部购进的商品销售给其他成员企业作为固定资产使用的情况下,对于销售企业来说是作为普通商品销售并进行会计处理的,即在销售时确认收入、结转成本和计算损益,并以此在其个别财务报表中列示;对于购买企业来说,则以购买价格(在此不考虑安装及运输费用)作为固定资产原值记账,该固定资产入账价值中既包括销售企业生产该产品的成本,也包括销售企业由于该产品销售所实现的销售利润。购买企业虽然以支付给销售企业的购买价格作为固定资产原价入账,但从整个企业集团来说,只能以销售企业生产该产品的成本作为固定资产原价在合并财务报表中反映。因此,编制合并利润表时应将销售企业由于该固定资产交易所实现的销售收入、结转的销售成本予以抵销;并将内部交易形成的固定资产原价中包含的未实现内部销售损益予以抵销。

二、连续编制合并财务报表时内部销售商品的抵销处理

在连续编制合并财务报表的情况下,首先必须将上期抵销的存货价值中包含的未实现内部销售损益对本期期初未分配利润的影响予以抵销,调整本期期初未分配利润的金额;然后再对本期内部购进存货进行抵销处理,其具体抵销处理程序和方法如下:

(1)将上期抵销的存货价值中包含的未实现内部销售损益对本期期初未分配利润的影

响进行抵销。即按照上期内部购进存货价值中包含的未实现内部销售损益的金额，借记“未分配利润——年初”项目，贷记“营业成本”项目。

(2)对于本期发生内部购销活动的，将内部销售收入、内部销售成本及内部购进存货中未实现内部销售损益予以抵销。即按照销售企业内部销售收入的金额借记“营业收入”项目，贷记“营业成本”项目。

(3)将期末内部购进存货价值中包含的未实现内部销售损益予以抵销。对于期末内部购买形成的存货（包括上期结转形成的本期存货），应按照购买企业期末内部购入存货价值中包含的未实现内部销售损益的金额，借记“营业成本”项目，贷记“存货”项目。

存货跌价准备的合并处理：

（一）初次编制合并财务报表时存货跌价准备的抵销处理

根据现行企业会计准则规定，企业必须定期或者至少于年度终了时，对存货进行全面清查，采用成本与可变现净值孰低法进行期末计价，按单个存货项目计提存货跌价准备。其存货清查的范围既包括从企业集团外部购进形成的存货，也包括从企业集团内部购进形成的存货；采用成本与可变现净值孰低法进行期末计价的范围，也包括从企业集团内部购进形成的期末存货。当企业本期计提的存货跌价准备中包括对内部销售形成的存货计提的跌价准备时，则涉及如何将对内部购进的存货计提的跌价准备进行抵销的问题。

某一商品因毁损、陈旧过时而导致其可变现净值下跌，从而计提跌价准备时，从整个企业集团来说，对这一毁损、陈旧的商品同样必须计提跌价准备。也就是说，某一商品在企业集团内某一成员企业计提跌价准备，对于企业集团来说也同样必须计提跌价准备。某一商品计提跌价准备的金额，从单一企业来说，为该商品可变现净值低于取得成本的差额；而从企业集团来说，则是该商品可变现净值与企业集团范围内取得该商品成本的差额。

从商品的可变现净值来说，某一商品的可变现净值，无论对于企业集团还是持有该商品的企业来说，基本上都是一致的。从商品的取得成本来说，持有内部购进商品的企业，该商品的取得成本包括销售企业所实现的利润，而对于企业集团整体来说，则是指从外部购买该商品的成本或生产这一产品的生产成本。编制合并财务报表时，计提存货跌价准备应当是将该商品的可变现净值与从企业集团的取得成本进行比较确定的计提金额。

对内部销售形成的存货计提跌价准备的合并处理，从购买企业来看有两种情况：第一种情况是购买企业本期期末内部购进存货的可变现净值低于其取得成本，但高于销售企业销售成本。第二种情况是购买企业本期期末内部购进存货的可变现净值既低于该存货的取得成本，也低于销售企业的该存货的取得成本。

在第一种情况下，从购买企业个别财务报表来说，购买企业按该存货的可变现净值低于其取得成本的金额，一方面，确认存货跌价准备并在其个别资产负债表中通过抵销存货项目的金额列示；另一方面，在利润表中作为资产减值损失列示。但从合并财务报表来说，随着内部购进存货包含的未实现内部销售损益的抵销，该存货在合并财务报表中列示的成本为抵销未实现内部销售损益后的成本。当该存货的可变现净值低于购买企业的取得成本，但高于该存货在合并财务报表中成本时，则不需要计提存货跌价准备。个别财务报表中计列的相应的存货跌价准备,也应予以抵销。进行合并处理时,应当按照购买企业本期计提存货跌价准备的金额,借记“存货”项目,贷记“资产减值损失”项目。

【例7-8】 甲公司系A公司的母公司,甲公司本期向A公司销售商品2 000万元,其销售成本为1 400万元;A公司购进的该商品当期全部未实现对外销售而形成期末存货。A公司期末对存货进行检查时,发现该商品已经部分陈旧,其可变现净值已降至1 840万元。为此,A公司期末对该存货计提存货跌价准备160万元,并在其个别财务报表中列示。

在本例中,该存货的可变现净值降至1 840万元,高于抵销未实现内部销售损益后的金额(1 400万元)。此时,在编制本期合并财务报表时,应进行如下合并处理:

(1)将内部销售收入与内部销售成本抵销:

借:营业收入　　　　　　　　　　　　2 000

　贷:营业成本　　　　　　　　　　　　2 000

(2)将内部销售形成的存货价值中包含的未实现内部销售损益抵销:

借:营业成本　　　　　　　　　　　　600

　贷:存货　　　　　　　　　　　　　　600

(3)将A公司本期计提的存货减值准备抵销:

借:存货　　　　　　　　　　　　　　160

　贷:资产减值损失　　　　　　　　　　160

其合并工作底稿略。

在第二种情况下,从购买企业个别财务报表来说,购买企业按该存货的可变现净值低于其取得成本的金额确认存货跌价准备。确认的存货跌价准备的金额,一方面,在其个别资产负债表中通过抵销存货项目列示;另一方面,在利润表中作为资产减值损失列示。购买企业在个别财务报表中确认的存货跌价准备的金额,既包括购买企业该商品取得成本高于销售企业销售成本(即取得成本)的差额(即抵销的未实现内部销售损益),也包括销售企业销售成本高于该商品可变现净值的差额。但从合并财务报表来说,随着内部购进存货价值中包含的未实现内部销售损益后的成本,相对于购买企业该存货的取得成本高于销售企业取得成本的差额部分计提的跌价准备的金额,已因未实现内部销售损益的抵销而抵销,故在编制合并财务报表时,也须将这部分金额予以抵销;而相对于销售企业取得成本高于该存货可变现净值的部分而计提的跌价准备,必须在合并财务报表中予以反映。进行抵销处理时,应当按购买企业本期计提的存货跌价准备中内部购进商品取得成本高于销售企业取得成本的数额,借记“存货”项目,贷记“资产减值损失”项目。

【例7-9】 甲公司为A公司的母公司。甲公司本期向A公司销售商品2 000万元,其销售成本为1 400万元,并以此在其个别利润表中列示。A公司购进的该商品当期全部未实现对外销售而形成期末存货;期末对存货进行检查时,发现该存货已经部分陈旧,其可变现净值降至1 320万元。为此,A公司期末对该存货计提存货跌价准备680万元。

在本例中,该存货的可变现净值降至1 320万元,低于抵销未实现内部销售损益后的金额(1 400万元)。在A公司本期计提的存货跌价准备680万元中,其中的600万元是相对于A公司取得成本(2 000万元)高于甲公司销售该商品的取得成本(1 400万元)部分计提的,另外80万元则是相对于甲公司销售该商品的取得成本(1 400万元)高于其可变现净值(1 320万元)的部分计提的。此时,A公司对计提存货跌价准备中相当于抵销的未实现内部销售损益的数额600万元部分,从整个企业集团来说,该商品的取得成本为1 400万元,在可变现净值高于这一金额的情况下,不需要计提存货跌价准备,故必须将其予以抵销;而对于另外的80万元的存货跌价准备,从整个企业集团来说,则是必须计提的存货跌价准备,不需要进行抵销处理。

在编制本期合并财务报表时,应进行如下抵销处理:

(1)将内部销售收入与内部销售成本抵销:

借:营业收入　　2 000

　贷:营业成本　　2 000

(2)将内部销售形成的存货价值中包含的未实现内部销售损益抵销:

借:营业成本　　600

　贷:存货　　600

(3)将A公司本期计提的存货减值准备中相当于未实现内部销售利润的部分抵销:

借:存货　　600

　贷:资产减值损失　　600

其合并工作底稿略。

(二)连续编制合并财务报表时存货跌价准备的抵销处理

在连续编制合并财务报表进行合并处理时,首先,将上期资产减值损失中抵销的存货跌价准备对本期期初未分配利润的影响予以抵销,即按上期资产减值损失项目中抵销的存货跌价准备的数额借记"存货"项目,贷记"期初未分配利润"项目。其次,对于本期对内部购进存货在个别财务报表中补提或者冲销的存货跌价准备的数额也应予以抵销,借记"存货"项目,贷记"资产减值损失"项目。

至于抵销存货跌价准备的数额,应当分不同的情况进行处理。当本期内部购进存货的可变现净值低于持有该存货企业的取得成本但高于抵销未实现内部销售损益后的取得成本(即销售企业该存货的取得成本)时,其抵销的存货跌价准备的金额为本期存货跌价准备的增加额。当本期内部购进存货的可变现净值低于抵销未实现内部销售损益后的取得成本(即销售企业的取得成本)时,其抵销的存货跌价准备的金额为相对于购买企业该存货的取得成本高于销售企业取得成本的差额部分计提的跌价准备的数额扣除期初内部购进存货计提的存货跌价准备后的余额,即本期期末存货中包含的未实现内部销售损益的金额减去期初内部购进存货跌价准备的金额后的余额。

第五节　内部债权债务的抵销处理

一、内部债权债务抵销概述

母公司与子公司、子公司相互之间的债权和债务项目,是指母公司与子公司、子公司相互之间的应收账款与应付账款、预付账款和预收账款、应付债券与债券投资等项目。对于发生在母公司与子公司、子公司相互之间的这些项目,从债权方企业来说,在资产负债表中表现为一项债权资产;而从债务方来说,一方面形成一项负债,另一方面同时形成一项资产。发生的这种内部债权债务,从母公司与子公司组成的集团整体角度来看,它只是集团内部资金运动,既不增加企业集团的资产,也不增加负债。为此,在编制合并财务报表时也应当将内部债权债务项目予以抵销。

在编制合并资产负债表时需要进行合并处理的内部债权债务项目主要包括:(1)应收账款与应付账款;(2)应收票据与应付票据;(3)预付账款与预收账款;(4)长期债券投资与应付债券;(5)应收股利与应付股利;(6)其他应收款与其他应付款。

【例7-10】 甲公司系A公司的母公司。甲公司个别资产负债表应收账款中有600万元为应收A公司账款;应收票据中有400万元为应收A公司票据;持有至到期投资中有A公司发行的应付债券2 500元。

对此,甲公司在编制合并财务报表时,应当将这些内部债权债务予以抵销。其抵销分录如下:

(1)内部应收账款与应付账款抵销:

借:应付账款　　600

　贷:应收账款　　600

(2)内部应收票据与应付票据抵销:

借:应付票据　　400

　贷:应收票据　　400

(3)持有至到期投资与应付债券抵销:

借:应付债券　　2 500

　贷:持有至到期投资　　2 500

二、内部应收款项及其坏账准备的抵销处理

企业对于包括应收账款、应收票据、预付账款以及其他应收款在内所有应收款项,应当根据其公允价值变动情况,确认资产减值损失,计提坏账准备。这里的应收账款、应收票据等也包括应收子公司账款、应收子公司票据等。在对子公司的应收款项计提坏账准备的情况下,在编制合并财务报表时,随着内部应收款项的抵销,与此相联系也须将该内部应收款项计提的坏账准备予以抵销。将内部应收款项抵销时,按内部应付款项的金额,借记"应付账款""应付票据"等项目,贷记"应收账款""应收票据"等项目;将内部应收款项计提的坏账准备抵销时,按各内部应收款项计提的相应坏账准备期末余额,借记"应收账款""应收票据"等项目,贷记"资产减值损失"项目。

【例7-11】 甲公司为A公司的母公司。甲公司本期个别资产负债表应收账款中有580万元为应收A公司账款,该应收账款账面余额为600万元,甲公司当年计提坏账准备20万元;应收票据中有390万元为应收A公司票据,该应收票据账面余额为400万元,甲公司当年计提坏账准备10万元。A公司本期个别资产负债表中应付账款和应付票据中列示有

应付甲公司账款600万元和应付甲公司票据400万元。

在编制合并财务报表时，甲公司应当将内部应收账款与应付账款相互抵销，同时还应将内部应收账款计提的坏账准备予以抵销，其抵销分录如下：

(1)应收账款与应付账款抵销：

借：应付账款　600

　贷：应收账款　600

(2)应收票据与应付票据抵销：

借：应付票据　400

　贷：应收票据　400

(3)坏账准备与资产减值损失抵销：

借：应收账款　20

　　应收票据　10

　贷：资产减值损失　30

合并工作底稿略。

三、连续编制合并财务报表时内部应收款项及其坏账准备的抵销处理

在连续编制合并财务报表进行抵销处理时，首先，将内部应收账款与应付账款予以抵销，即按内部应收账款的金额，借记“应付账款”项目，贷记“应收账款”项目。其次，应将上期资产减值损失中抵销的内部应收账款计提的坏账准备对本期期初未分配利润的影响予以抵销，即按上期资产减值损失项目中抵销的内部应收账款计提的坏账准备的金额，借记“应收账款——坏账准备”项目，贷记“未分配利润——年初”项目。再次，对于本期个别财务报表中内部应收账款相对应的坏账准备增减变动的金额也应予以抵销，即按照本期个别资产负债表中期末内部应收账款相对应的坏账准备的增加额，借记“应收账款——坏账准备”项目，贷记“资产减值损失”项目，或按照本期个别资产负债表中期末内部应收账款相对应的坏账准备的减少额，借记“资产减值损失”项目，贷记“应收账款——坏账准备”项目。

第六节 内部固定资产交易的抵销处理

一、内部固定资产交易概述

内部固定资产交易，是指企业集团内部发生交易一方的成员企业与固定资产有关的购销业务。根据销售企业销售的是产品还是固定资产，可以将企业集团内部固定资产交易划分为两种类型：第一种类型是企业集团内部企业将自身使用的固定资产变卖给企业集团内的其他企业作为固定资产使用；第二种类型是企业集团内部企业将自身生产的产品销售给企业集团内的其他企业作为固定资产使用。此外，还有另一类型的内部固定资产交易，即企业集团内部企业将自身使用的固定资产变卖给企业集团内的其他企业作为普通商品销售。这种类型的固定资产交易，属于固定资产的内部处置。在企业集团内部发生的情况极

少，一般情况下发生的数量也不大。

严格说来，内部固定资产交易属于内部商品交易，其在编制合并财务报表时的抵销处理与一般内部商品交易的抵销处理有相同之处。但由于固定资产取得并投入使用后，往往要跨越若干个会计期间，并且在使用过程中通过计提折旧将其价值转移到产品生产成本或各会计期间费用之中去，因而其抵销处理也有其特殊性。由于其跨越若干会计期间，则涉及使用该固定资产期间编制合并财务报表的期初未分配利润的阏整问题；由于固定资产需要计提折旧，则涉及每一次计提折旧中包含的未实现内部销售损益的抵销问题。也涉及每期累计折旧中包含的未实现内部销售损益的抵销问题。相对来说，内部固定资产交易的抵销处理，要比一般的内部商品交易的抵销处理复杂得多。

二、内部固定资产交易当期的抵销处理

（一）内部固定资产交易的抵销处理

1. 企业集团内部固定资产变卖交易的抵销处理

在合并工作底稿中编制抵销分录时，应当按照该内部交易固定资产的转让价格与其原账面价值之间的差额，借记“营业外收入”项目，贷记“固定资产原价”项目。如果该内部交易的固定资产转让价格低于其原账面价值，则按其差额，借记“固定资产原价”项目，贷记“营业外支出”项目。

【例 7-12】 A 公司和 B 公司为甲公司控制下的两个子公司。A 公司将其净值为 1 280万元的某厂房，以 1 500 万元的价格变卖给 B 公司作为固定资产使用，A 公司因该内部固定资产交易实现收益 220 万元，并列示于其个别利润表之中。B 公司以 1 500 万元的金额将该厂房作为固定资产的原价入账，并列示于其个别资产负债表之中。

在该内部固定资产交易中，A 公司因交易实现营业外收入 220 万元。编制合并财务报表时，甲公司必须将因该固定资产交易实现的营业外收入与固定资产原值中包含的未实现内部销售损益的数额予以抵销。其抵销分录如下：

借：营业外收入　　　　220

　贷：固定资产原价　　　　220

通过上述抵销处理后，该内部固定资产交易所实现的损益予以抵销，该厂房的原价通过抵销处理后调整为 1 280 万元。

2. 企业集团内部产品销售给其他企业作为固定资产的交易的抵销处理

在合并工作底稿中编制抵销分录将其抵销时，应当借记“营业收入”项目，贷记“营业成本”项目和“固定资产原价”项目。其中借记“营业收入”项目的数额，为销售企业销售该产品的销售收入；贷记“营业成本”项目的数额为销售企业销售该产品结转的销售成本；贷记“固定资产原价”项目的数额为销售企业销售该产品的销售收入与销售成本之间的差额，即该内部交易所形成的固定资产原价中包含的未实现内部销售损益的数额。

【例 7-13】 A 公司和 B 公司为甲公司控制下的两个子公司。A 公司于 20×1 年 12 月，将自己生产的产品销售给 B 公司作为固定资产使用，A 公司销售该产品的销售收入为

1 680万元，销售成本为 1 200 万元，B 公司以 1 680 万元的价格作为该固定资产的原价入账。

此时，与一般的内部商品交易的抵销处理相似，编制合并财务报表时，甲公司应当将该产品的销售收入 1 680 万元及其销售成本 1 200 万元，以及 B 公司固定资产原价中包含的未实现内部销售损益 480 万元（1 680 − 1 200）予以抵销。在合并工作底稿中应进行如下抵销处理：

借：营业收入　　　　　　　　　　1 680

　贷：营业成本　　　　　　　　　　1 200

　　固定资产原价　　　　　　　　　　480

其合并工作底稿略。

（二）内部固定资产交易当期且计提折旧的抵销处理

在发生内部固定资产交易当期编制合并财务报表时，首先必须将该内部固定资产交易相关销售收入、销售成本以及形成的固定资产原价中包括的未实现内部销售损益予以抵销。其次，购买企业使用该内部交易固定资产并计提折旧，其折旧费用计入当期损益，由于购买企业是以该固定资产的取得成本作为其原价计提折旧，在取得成本中包含有销售企业由于该内部固定资产交易所实现的损益（即未实现内部销售损益），相应地在该内部交易固定资产使用过程中其各期计提的折旧额中，也包含有未实现内部销售损益摊销的金额。因此还必须将当期该内部交易固定资产计提的折旧额中相当于未实现内部销售损益的摊销金额即多计提折旧的数额，从该内部交易固定资产当期计提的折旧费用和该固定资产累计折旧中予以抵销。其合并抵销处理如下：

（1）将内部交易固定资产相关的销售收入、销售成本以及其原价中包含的未实现内部销售损益予以抵销，即按销售企业由于该固定资产交易所实现的销售收入，借记“营业收入”项目，按照其销售成本，贷记“营业成本”项目，按照该内部交易固定资产的销售收入与销售成本之间的差额（即原价中包含的未实现内部销售损益的数额），贷记“固定资产原价”项目。

（2）将内部交易固定资产当期因未实现内部销售损益而多计提的折旧费用和累计折旧予以抵销。对固定资产计提折旧，企业进行会计处理时，一方面增加当期的费用，另一方面形成累计折旧。对因内部交易固定资产当期使用多计提的折旧进行抵销处理时，应按当期多计提的数额，借记“累计折旧”项目，贷记“管理费用”等项目（为便于理解，本节有关内部交易固定资产均假定为管理用固定资产，其各期多计提的折旧费用均通过“管理费用”项目进行抵销处理）。

【例 7 − 14】　A 公司和 B 公司为甲公司控制下的两个子公司。A 公司于 20 ×1 年 1 月 1 日，将自己生产的产品销售给 B 公司作为固定资产使用，A 公司销售该产品的销售收入为 1 680 万元，销售成本为 1 200 万元。B 公司以 1 680 万元的价格作为该固定资产的原价入账。B 公司购买的该固定资产用于公司的行政管理，该固定资产属于不需要安装的固定资产，当月投入使用，其折旧年限为 4 年，预计净残值为零。为简化合并处理，假定该内部交易固定资产在交易当年按12个月计提折旧。

甲公司在编制合并财务报表时，应当进行如下抵销处理：

（1）将该内部交易固定资产相关销售收入与销售成本及原价中包含的未实现内部销售利润予以抵销。本例中，A公司因该内部交易确认销售收入1 680万元，结转销售成本1 200万元；B公司该固定资产的原价为1 680万元，其中包含的未实现内部销售损益为480万元（1 680 - 1 200）。在合并工作底稿中应进行如下抵销处理：

借：营业收入　　1 680
　贷：营业成本　　1 200
　　固定资产原价　　480

（2）将当年计提的折旧和累计折旧中包含的未实现内部销售损益予以抵销。该固定资产在B公司按4年的折旧年限计提折旧，每年计提折旧420万元，其中每年计提的折旧和累计折旧中均包含未实现内部销售损益的摊销额120万元。在合并工作底稿中应进行如下抵销处理：

借：累计折旧　　120
　贷：管理费用　　120

其合并工作底稿略。

通过上述抵销分录，在合并工作底稿中累计折旧额减少120万元，其合并数为300万元；管理费用减少120万元，其合并数为300万元。

三、内部交易固定资产取得后至处置前期间的抵销处理

在以后的会计期间，具体抵销程序如下：

（1）将内部交易固定资产原价中包含的未实现内部销售损益抵销，并调整期初未分配利润，即按照固定资产原价中包含的未实现内部销售损益的数额，借记“期初未分配利润”项目，贷记“固定资产原价”项目。

（2）将以前会计期间内部交易固定资产多计提的累计折旧抵销，并调整期初未分配利润，即按照以前会计期间抵销该内部交易固定资产因包含未实现内部销售损益而多计提（或少计提）的累计折旧额，借记“累计折旧”项目，贷记“期初未分配利润”项目。

（3）将当期由于该内部交易固定资产因包含未实现内部销售损益而多计提的折旧费用予以抵销，并调整本期计提的累计折旧额，即按照本期该内部交易的固定资产多计提的折旧额，借记“累计折旧”项目，贷记“管理费用”等费用项目。

【例7-15】　接【例7-14】，B公司20×2年其个别资产负债表中，该内部交易固定资产原价为1 680万元，累计折旧为840万元，该固定资产净值为840万元。该内部交易固定资产20×2年计提折旧为420万元。

甲公司编制20×2年度合并财务报表时，应当进行如下抵销处理：

（1）借：期初未分配利润　　480
　　贷：固定资产原价　　480

（2）借：累计折旧　　120

贷:期初未分配利润　　　　　　　　120

(3)借:累计折旧　　　　　　　　120

贷:管理费用　　　　　　　　　　120

四、内部交易固定资产清理期间的抵销处理

对于销售企业来说,因该内部交易固定资产实现的利润,作为期初未分配利润的一部分结转到以后的会计期间,直到购买企业对该内部交易固定资产进行清理的会计期间。从购买企业来说,对内部交易固定资产进行清理的会计期间,在其个别财务报表中表现为固定资产原价和累计折旧的减少;该固定资产清理收入减去该固定资产净值以及有关清理费用后的余额,则在其个别利润表中以营业外收入(或营业外支出)项目列示。固定资产清理时可能出现三种情况:(1)期满清理;(2)超期清理;(3)提前清理。编制合并财务报表时,应当根据具体情况进行合并处理。

(一)内部交易固定资产使用期限届满进行清理期间的抵销处理

在内部交易固定资产使用期限届满进行清理的会计期间期末,购买企业内部资产固定资产实体已不复存在,因此不存在未实现内部销售损益抵销问题,包括未实现内部销售损益在内的该内部交易固定资产的价值全部转移到各会计期间实现的损益之中。从整个企业来说,随着该内部交易固定资产的使用期满,其包含的未实现内部销售损益也转化为已实现利润。从销售企业来说,因该内部销售所实现的利润,作为期初未分配利润的一部分已结转到购买企业对该内部交易固定资产使用期满进行清理的会计期间。为此,编制合并财务报表时首先必须调整期初未分配利润。其次,在固定资产进行清理的会计期间,在未进行清理前仍处于使用之中,仍须计提折旧,本期计提折旧中仍然包含因内部未实现销售损益而多计提的折旧额,因此也需要将当期多计提的折旧额予以抵销。

(二)内部交易固定资产超期使用进行清理期间的抵销处理

内部交易固定资产超期使用进行清理时,在内部交易固定资产清理前的会计期间,该固定资产仍然按包含未实现内部销售损益的原价及计提的累计折旧,在购买企业的个别资产负债表中列示;销售企业因该内部交易固定资产所实现的利润,作为期初未分配利润的一部分结转到购买企业对该内部交易固定资产进行清理的会计期间。因此,首先需要将该固定资产原价中包括的未实现内部销售损益予以抵销,并调整期初未分配利润。其次,要将以前会计期间因内部交易固定资产原价中包含的未实现内部销售利润而多计提的累计折旧予以抵销。最后,由于在该固定资产使用期满的会计期间仍然需要计提折旧,本期计提折旧中仍然包含有多计提的折旧,因此需要将多计提的折旧费用予以抵销,并调整已计提的累计折旧。

在内部交易固定资产超期使用未进行清理前,由于该内部交易的固定资产仍处于使用之中,并在购买企业资产负债表中列示,因此,必须将该固定资产原价中包含的未实现内部销售损益予以抵销;其次,由于该固定资产的累计折旧仍然是按包含有未实现内部销售损

益的原价计提折旧，为此也必须将其多计提的累计折旧予以抵销。但由于固定资产超期使用不计提折旧，所以不存在抵销多计提折旧问题。

对于超期使用后再进行清理的内部交易的固定资产，由于清理当期其实物已不存在，不存在着固定资产原价中包含未实现内部销售损益的抵销问题；同时，该固定资产累计折旧也随着固定资产清理而转销，也不存在着固定资产使用多计提折旧的抵销问题。也可以这样理解，即当内部交易固定资产超期使用进行清理的情况下，其包含的未实现内部销售损益，随着其折旧计提完毕，其包含的未实现内部销售损益已实现。因此，在编制对该内部交易固定资产进行清理的会计期间的合并财务报表时，不需要进行合并处理。

（三）内部交易固定资产使用期限未满提前进行清理期间的抵销处理

在这种情况下，购买企业内部交易固定资产实体已不复存在，因此不存在着未实现内部销售损益抵销问题，但由于固定资产提前报废，固定资产原价中包含的未实现内部销售损益随着清理而成为实现的损益。对于销售企业来说，因该内部交易固定资产所实现的利润，作为期初未分配利润的一部分结转到购买企业对该内部交易固定资产进行清理的会计期间。为此，首先必须调整期初未分配利润；其次在固定资产进行清理前仍需计提折旧，本期计提折旧中仍然包含有多计提的折旧，需要将多计提的折旧费用予以抵销。

【例 7－16】 接【例 7－15】，20×4 年 12 月该内部交易固定资产使用期满，B 公司于 20×4年 12 月对其进行清理。B 公司对该固定资产清理时实现固定资产清理净收益 14 万元，在 20×4 年度个别利润表中以营业外收入项目列示。随着对该固定资产的清理，该固定资产的原价和累计折旧转销，在 20×4 年 12 月 31 日个别资产负债表固定资产中已无该固定资产的列示。

此时，甲公司编制合并财务报表时，应当进行如下抵销处理：

（1）按照内部交易固定资产原价中包含的未实现内部销售利润，调整期初未分配利润：

借：期初未分配利润　　480

　贷：营业外收入　　480

（2）按以前会计期间因固定资产原价中包含的未实现内部销售利润而多计提累计折旧的数额，调整期初未分配利润：

借：营业外收入　　360

　贷：期初未分配利润　　360

（3）将本期因固定资产原价中包含的未实现内部销售利润而多计提的折旧额抵销：

借：营业外收入　　120

　贷：管理费用　　120

随着内部交易固定资产的清理，该固定资产的原价、累计折旧和净值在 B 公司个别资产负债表中均无列示，故涉及调整期初未分配利润项目的抵销处理，均通过营业外收入项目或营业外支出项目进行。

以上三笔抵销分录，可以合并为以下抵销分录：

借：期初未分配利润　　120

　贷:管理费用　　　　　　　　　　　　　120

第七节　内部无形资产交易的抵销处理

内部无形资产交易是企业集团内部发生交易的一方涉及无形资产的交易,如企业集团内部某一成员企业将自身拥有的专利权、专有技术等转让出售给其他成员企业作为无形资产继续使用。对于内部无形资产交易,在编制合并财务报表时,首先必须将由于转让出售无形资产所产生的收入、成本及购入企业无形资产入账价值中包含的未实现内部销售损益予以抵销;其次,随着无形资产价值的摊销,无形资产价值中包含的未实现内部销售损益也随之计入当期费用,为此也必须对内部交易无形资产摊销计入相关费用项目进行抵销处理。

一、内部无形资产交易当期的抵销处理

进行合并处理时,按照内部交易时该无形资产账面价值中包含的未实现内部销售损益的数额,借记“营业外收入”项目,按交易时该内部交易无形资产账面价值中包含的未实现内部销售损益的数额,贷记“无形资产”项目;同时按本期该内部交易无形资产摊销额中包含的未实现内部销售损益的数额(即该无形资产价值中包含的未实现内部销售损益除以该无形资产的摊销年限得出的金额)借记“累计摊销”项目,贷记“管理费用”项目。

【例 7－17】　甲公司系 A 公司的母公司,甲公司 20×1 年 1 月 8 日向 A 公司转让无形资产一项,转让价格为 820 万元,该无形资产的账面成本为 700 万元。A 公司购入该无形资产后,即投入使用,确定使用年限为 5 年。A 公司 20×1 年 12 月 31 日资产负债表中无形资产项目的金额为 656 万元,利润表管理费用项目中记有当年摊销的该无形资产价值 164 万元。

此时,A 公司该无形资产入账价值为 820 万元,其中包含的未实现内部销售利润为 120 万元;按 5 年的期限,本期摊销的金额为 164 万元(与固定资产不同,无形资产从取得的当月起开始摊销),其中包含的未实现内部销售利润的摊销额为 24 万元。

甲公司在编制 20×1 年度合并财务报表时,应当对该内部无形资产交易进行如下抵销处理:

(1)将 A 公司受让取得该内部交易无形资产时其价位中包含的未实现内部销售利润抵销:

借:营业外收入　　　　　　　　　　　120

　贷:无形资产　　　　　　　　　　　　　120

(2)将 A 公司本期该内部交易无形资产价值摊销额中包含的未实现内部销售利润抵销:

借:累计摊销　　　　　　　　　　　　24

　贷:管理费用　　　　　　　　　　　　　24

对于抵销分录(1),可以理解为将购入时该无形资产价值中包含的未实现内部销售损

益予以抵销。对于抵销分录(2)，则可以理解为将本期无形资产累计摊销中因内部交易无形资产价值中包含未实现内部销售损益而多计算的摊销以及当期多计列入无形资产摊销费用予以抵销。

二、内部交易无形资产持有期间的抵销处理

进行合并处理时，按受让时内部交易无形资产价值中包含的未实现内部销售损益的数额，借记“期初未分配利润”项目，贷记“无形资产”项目；按上期期末该内部交易无形资产累计摊销金额中包含的已摊销未实现内部销售损益的数额，借记“累计摊销”项目，贷记“期初未分配利润”项目；按本期因该内部交易无形资产价值中包含未实现内部销售损益而多计算的摊销金额，借记“累计摊销”项目，贷记“管理费用”项目。

三、内部无形资产交易摊销完毕期间的抵销处理

从购买企业来说，该内部交易无形资产到期时，其账面价值已摊销完毕，包含于其中的未实现内部销售损益的数额也摊销完毕，无形资产账面价值经摊销后为零。对于转让企业来说，因该内部交易无形资产实现的收益，作为期初未分配利润的一部分结转到以后的会计期间，直到购买企业对该内部交易无形资产到期的会计期间。从整个企业来说，随着该内部交易无形资产的使用期满，其包含的未实现内部销售损益也转化为已实现损益。由于销售企业因该内部交易无形资产所实现的收益，作为期初未分配利润的一部分结转到购买企业该内部交易无形资产到期的会计期间，为此首先必须调整期初未分配利润。其次，在该无形资产到期的会计期间，本期无形资产摊销额中仍然包含无形资产价值中包含的未实现内部销售损益的摊销额，这一数额仍须进行抵销处理。

第八节　合并现金流量表的编制

一、合并现金流量表概述

现金流量表作为第三张主要报表已经被很多国家的会计实务所采用，现金流量表要求按照收付实现制反映企业经济业务所引起的现金流入和流出，其编制方法有直接法和间接法两种。我国已经明确规定企业对外报送的现金流量表采用直接法编制。所谓直接法，是将按照权责发生制确认的营业收入调整与营业活动有关的流动资产和流动负债的增减变动，列示营业收入和其他收入的收现数，将按照配比原则确认的营业成本和营业费用调整为付现数。在采用直接法的情况下，以合并利润表有关项目的数据为基础，调整得出本期的现金流入和现金流出数量；分为经营活动产生的现金流量、投资活动产生的现金流量、筹资活动产生的现金流量等三大类，反映企业一定会计期间的现金流量情况。

合并现金流量表是综合反映母公司及其子公司组成的企业集团在一定会计期间现金流入、现金流出数量以及其增减变动情况的财务报表。合并现金流量表以母公司和子公司的现金流量表为基础，在抵销母公司与子公司、子公司相互之间发生内部交易对合并现金

流量表的影响后，由母公司编制。合并现金流量表也可以合并资产负债表和合并利润表为依据进行编制。

二、编制合并现金流量表需要抵销的项目

在以母公司和子公司个别现金流量表为基础编制合并现金流量表时，需要进行抵销的内容主要有：

(1)母公司与子公司、子公司相互之间当期以现金投资或收购股权增加的投资所产生的现金流量应当抵销。当母公司从子公司中购买其持有的其他企业的股票时，由此所产生的现金流量，在购买股权方的母公司的个别现金流量表中，表现为“投资活动产生的现金流量”中的“投资支付的现金”的增加，而在出售股权方的子公司的个别现金流量表中则表现为“投资活动产生的现金流量”中的“收回投资收到的现金”的增加。在母公司对子公司投资的情况下，其所产生的现金流量表在母公司的个别现金流量表中表现为“投资活动产生的现金流量”中的“投资支付的现金”的增加，而在接受投资的子公司个别现金流量表中则表现为“筹资活动产生的现金流量”中的“吸收投资收到的现金”的增加。因此，编制合并现金流量表时将其予以抵销。

(2)母公司与子公司、子公司相互之间当期取得投资收益收到的现金，应当与分配股利、利润或偿付利息支付的现金相互抵销。母公司对子公司投资以及子公司之间进行投资分配现金股利或利润时，由此所产生的现金流量，在股利或利润支付方的个别现金流量表中表现为“筹资活动产生的现金流量”中的“分配股利、利润或偿付利息支付的现金”的增加，而在收到股利或利润方的个别现金流量表中则表现为“投资活动产生的现金流量”中的“取得投资收益收到的现金”的增加，为此，在编制合并现金流量表时必须将其予以抵销。

(3)母公司与子公司、子公司相互之间以现金结算债权与债务所产生的现金流量应当抵销。以现金结算内部债权债务，对于债权方来说表现为现金的流入，而对于债务方来说则表现为现金的流出。在现金结算的债权与债务属于母公司与子公司、子公司相互之间内部销售商品和提供劳务所产生的情况下，从其个别现金流量表来说，在债权方的个别现金流量表中表现为“销售商品、提供劳务收到的现金”的增加；而在债务方的个别现金流量表中则表现为“购买商品、接受劳务支付的现金”的增加。在编制合并现金流量表时必须将由此所产生的现金流量予以抵销。在现金结算的债权与债务属于内部往来所产生的情况下，在债权方的个别现金流量表中表现为“收到的其他与经营活动有关的现金”的增加，在债务方的个别现金流量表中表现为“支付的其他与经营活动有关的现金”的增加，在编制合并现金流量表时由此所产生的现金流量也必须将其予以抵销。

(4)母公司与子公司、子公司相互之间当期销售商品所产生的现金流量应当抵销。母公司与子公司、子公司相互之间当期销售商品没有形成固定资产、在建工程、无形资产等资产的情况下，该内部销售商品所产生的现金流量，在销售方的个别现金流量表中表现为“销售商品、提供劳务收到的现金”的增加，而在购买方的个别现金流量表中则表现为“购买商品、接受劳务支付的现金”的增加。而在母公司与子公司、子公司相互之间当期销售商品形成固定资产、工程物资、在建工程、无形资产等资产的情况下，该内部销售商品所产生的现

金流量，在购买方的个别现金流量表中表现为“购建固定资产、无形资产和其他长期资产所支付的现金”的增加。为此，在编制合并现金流量表时必须将由此所产生的现金流量予以抵销。

（5）母公司与子公司、子公司相互之间处置固定资产、无形资产和其他长期资产收回的现金净额，应当与购建固定资产、无形资产和其他长期资产支付的现金相互抵销。内部处置固定资产时，由于处置固定资产等所产生的现金流量，对于处置方个别现金流量表来说，表现为“处置固定资产、无形资产和其他长期资产收回的现金净额”的增加；对于购置该资产的接受方来说，在其个别现金流量表中表现为“购置固定资产、无形资产和其他长期资产支付的现金”的增加，故在编制合并现金流量表时必须将由此所产生的现金流量予以抵销。

（6）母公司与子公司、子公司相互之间当期发生的其他内部交易所产生的现金流量应当抵销。合并现金流量表的格式与个别现金流量表的格式基本相同，在“投资活动产生的现金流量”中增加“处置子公司及其他营业单位收到的现金净额”项目。

【例7－18】 母公司及其子公司20×9年度涉及有关经济业务：母公司以银行存款50万元增加对子公司的投资；子公司本年度分配20×8年度现金股利100万元，其中母公司取得60万元，该股利已全部支付；子公司以20万元偿还所欠母公司20×8年商品款；本年度子公司向母公司销售产品共计46.8万元，母公司以银行存款结清；母公司将不需用的一辆汽车销售给子公司，售价5万元。

母公司20×9年编制合并现金流量表时，应当进行如下抵销处理：

借：投资支付的现金	500 000	
贷：吸收投资收到的现金		500 000
借：分配股利、利润或偿付利息支付的现金	600 000	
贷：取得投资收益收到的现金		600 000
借：购买商品、接受劳务支付的现金	200 000	
贷：销售商品、提供劳务收到的现金		200 000
借：购买商品、接受劳务支付的现金	468 000	
贷：销售商品、提供劳务收到的现金		468 000
借：购建固定资产、无形资产和其他长期资产支付的现金	50 000	
贷：处置固定资产、无形资产和其他长期资产收到的现金净额		50 000

复习思考题

简答题

1. 简述编制合并资产负债表需要调整抵销的项目。
2. 简述编制合并利润表需要调整抵销的项目。
3. 简述编制合并现金流量表需要调整抵销的项目。
4. 简述编制合并所有者权益变动表需要调整抵销的项目。

计算分析题

1. 甲股份有限公司为上市公司，2020 年与长期股权投资和企业合并有关资料如下：

（1）2020 年 1 月 20 日，甲公司与乙公司签订购买乙公司持有的丙公司 60% 股权的合同。合同规定：以丙公司 2020 年 6 月 30 日评估的可辨认净资产价值为基础，协商确定对丙公司 60% 股权的购买价格；合同经双方股东大会批准后生效。购买丙公司 60% 股权时，甲公司与乙公司不存在关联方关系。

（2）购买丙公司 60% 股权的合同执行情况如下：①2020 年 3 月 15 日，甲公司和乙公司分别召开股东大会，批准通过了该购买股权的合同。②2020 年 6 月 30 日，丙公司的可辨认净资产账面价值为 8 400 万元，以丙公司 2020 年 6 月 30 日净资产评估值为基础，经调整后丙公司可辨认净资产公允价值为 9 000 万元。③经协商，双方确定丙公司 60% 股权的价格为 5 700 万元，甲公司以一栋办公楼和一项土地使用权作为合并对价。甲公司作为对价的固定资产 2020 年 6 月 30 日的账面原价为 2 800 万元，累计折旧为 600 万元，计提的固定资产减值准备为 200 万元，公允价值为 4 200 万元；作为对价的土地使用权 2020 年 6 月 30 日的账面原价为 2 600 万元，累计摊销为 400 万元，计提的无形资产减值准备为 200 万元，公允价值为 1 500 万元。2020 年 6 月 30 日，甲公司以银行存款支付购买股权过程中发生的审计费用、评估咨询费用共计 200 万元。④甲公司和乙公司均于 2020 年 6 月 30 日办理完毕上述相关资产的产权转让手续。⑤甲公司于 2020 年 6 月 30 日对丙公司董事会进行改组，并取得控制权。

（3）甲公司与丙公司 2020 年与内部交易有关的事项如下：①2020 年 8 月 10 日，甲公司从丙公司购进 A 商品 400 件，购买价格为每件 2 万元，价款已支付。丙公司 A 商品每件成本为 1.6 万元。2020 年甲公司将上述 A 商品对外销售 300 件，每件销售价格为 2.1 万元，年末结存 A 商品 100 件。2020 年 12 月 31 日，甲公司结存的 A 商品的可变现净值为 140 万元。

②2020 年 7 月 1 日，丙公司出售一项专利权给甲公司。该专利权在丙公司的账面价值为 760 万元，销售给甲公司的售价为 1 000 万元。甲公司取得该专利权后当月投入使用，预计尚可使用年限为 10 年，按照直线法摊销，预计净残值为 0。至 2020 年 12 月 31 日，甲公司尚未支付专利权款项 1 000 万元。丙公司对该项应收账款计提坏账准备 100 万元。

（4）其他有关资料：

①不考虑相关税费。②甲公司、丙公司均按照净利润的 10% 提取法定盈余公积。③本题内部交易无形资产未发生减值。

要求：

（1）计算甲公司对丙公司的合并成本、支付合并对价对损益的影响，编制相关会计分录。

（2）计算 2020 年 6 月 30 日甲公司合并财务报表对丙公司投资应确认的商誉。

（3）编制相应的抵销分录。

2. A 公司在 2020 年 1 月 1 日用银行存款 33 000 万元从证券市场上购入 B 公司发行在外 80% 的股份从而能够控制 B 公司。同日，B 公司账面所有者权益为 40 000 万元（与可辨认净资产公允价值相等)，其中，股本为 30 000 万元，资本公积为 2 000 万元，盈余公积为 800 万元，未分配利润为 7 200 万元。A 公司和 B 公司不属于同一控制下的两个公司。

(1) B 公司 2020 年度实现净利润 4 000 万元，提取盈余公积 400 万元，2020 年宣告分派 2019 年现金股利 1 000 万元，无其他所有者权益变动。

(2) A 公司与 B 公司 2020 年度发生的内部交易如下：

①A 公司 2020 年 7 月 1 日按面值发行两年期债券 4 000 万元，其中 1 000 万元卖给了 B 公司，债券票面利率为 5%，到期一次还本付息，A 公司发行债券所筹集资金用于在建工程，B 公司将其作为持有至到期投资。忽略票面利率与实际利率的差异。工程项目于 2020 年 7 月 1 日开始资本化，至 2020 年 12 月 31 日尚未达到预定可使用状态，预计 2021 年年末工程完工。

②B 公司出售库存商品给 A 公司，售价为 1 500 万元(不含增值税)，成本为 1 000 万元，相关账款已结清。A 公司从 B 公司购入的上述库存商品至 2020 年 12 月 31 日尚有 50% 未出售给集团外部单位。

③B 公司 2020 年 6 月 30 日以 1 000 万元的价格出售一台管理设备给 A 公司，账款已结清，该台管理设备账面原价为 2 000 万元，至出售日的累计折旧为 1 200 万元，剩余使用年限为 4 年。B 公司原采用年限平均法对这台管理设备计提折旧，折旧年限为 10 年，预计净残值为 0，至出售时未计提减值准备。A 公司购入这台管理设备后，当日投入使用，以 1 000 万元作为固定资产入账价值，采用年限平均法计提折旧，折旧年限为 4 年，预计净残值为 0。

要求：

(1) 编制 A 公司 2020 年个别财务报表中与长期股权投资业务有关的会计分录。

(2) 编制内部交易抵销分录。

(3) 编制 2020 年末长期股权投资的抵销分录。

第八章　通货膨胀会计(一)
——通货膨胀会计概述

本章介绍了通货膨胀会计的产生、通货膨胀会计的模式和通货膨胀会计对传统财务会计理论和方法的发展等内容。

【考核知识点】

通货膨胀会计的计价单位和计价基准;通货膨胀会计模式的种类

【重要概念】

通货膨胀会计　计价单位　计价基准　通货膨胀会计模式

第一节　通货膨胀会计的产生

一、通货膨胀会计产生的社会经济条件

通货膨胀是在商品经济条件下,由于货币发行量超过商品流通正常需要而造成的单位币值降低和以货币计量的商品价格上涨的经济现象。它表现为一般物价水平的持续上升和货币购买力的持续下降。

货币购买力的变动是通过物价指数来反映的。

物价指数是反映两个时期商品、劳务价格动态的指标。其通常是指某一时期商品或劳动力价格与基期的商品或劳动力价格的比率。它反映相同的商品所需要的纸质货币数量的变化。

物价指数可分为一般物价指数和个别物价指数。

一般物价指数反映范围广泛的商品综合价格的变动情况,即反映社会全部商品、劳务价格变动的指数。因此,一般物价指数的变动又称为一般物价水平变动。

个别物价指数反映个别商品价格变动的情况,又称为个别物价水平变动。

在通货膨胀的经济条件下,由于币值不断大幅降低,造成实务计量单位、劳动(时间)计量单位的固定不变与货币计量单位不断变动的矛盾,使得不同时期相等数量的货币单位所计量的实物数量或劳动(时间)数量不等。货币计量单位与其他计量单位相互依存的比例关系遭到破坏,不同时期提供的会计数据和财务比率失去了可比性。

通货膨胀的发生使会计的计量基础遭到很大破坏,因而使得会计作为企业经营管理重要工具和向与企业有经济利害关系者提供相关会计信息的重要作用,受到严重的不良影响。这主要表现在:

第一,传统财务会计报表提供的会计信息不能真实地反映企业现时的财务状况和经营

成果。

第二，企业经营过程中消耗的资产得不到应有的补偿，企业的生产经营能力受到削弱。

第三，无法正确反映企业产权资本的维护情况和使业主权益得到保护。

第四，根据失实的会计信息难以对企业的经营业绩做出正确的评价，据以做出的经营决策甚至会给企业带来重大失误。

第五，失实的会计信息难以满足企业债权人和投资人做出信贷及投资决策的需要，影响企业的资金筹措和金融资本市场的正常运转。

第六，失实的会计信息不能满足政府部门对国民经济进行宏观调控和对企业进行微观管理的需要。

二、通货膨胀会计产生和发展的阶段

纵观通货膨胀会计的产生与发展，在实践中大致经历了三个阶段。

（一）在传统财务会计中采用适当方法消除通货膨胀对传统财务会计信息的影响

（1）付出存货成本计算的后进先出法。以最后收进存货的成本作为最先付出存货成本的原则，使得计算的存货售出或者耗用的成本接近现时价格水平。

（2）固定资产加速折旧法。使固定资产磨损的大部分价值能在较前的几个使用期间内收回，保证所耗资产价值得到及早补偿。

（3）固定资产定期重置估价法。企业对拥有的固定资产按固定时期和当时的重置完全价值进行重估并调整账面价值和计提折旧，以反映现时价值。

（4）固定资产不提折旧法。对使用中的固定资产不计提折旧，使其账面价值接近通货膨胀条件下的实际净值。

（二）按一般物价水平变动调整传统财务会计信息反映和消除通货膨胀的影响

将通货膨胀条件下的各项会计数据，经过一般物价水平变动的换算调整使会计报表的各期会计数据成为等值货币计价的会计数据，然后重新计算损益，重新编制会计报表，反映和消除通货膨胀的影响。这一做法否定了传统财务会计的货币计价中币值不变的假设。

这种通货膨胀会计，在美国称为“一般物价水平会计”，英国则称其为“现时购买力会计”或“不变购买力会计”。在一般物价水平与个别物价水平变动相差较大时，按一般物价水平变动调整传统财务会计各数据并不能确切反映某些企业所受通货膨胀影响的程度，甚至歪曲。

（三）按现时成本反映企业资产在通货膨胀中的变动，向报表使用者提供个别物价水平变动对传统财务会计影响的会计信息

以市场不断变动的现时成本对资产进行计价，反映资产规模及其增减变动，按企业的

现时收入和所耗资产的现时成本配比计算损益，并以此为基础编制跨级报表。

这种会计方法称为“现时成本会计”，它完全否定了传统财务会计的币值不变假设和历史成本的计价原则，被会计界认为是较一般物价水平会计更为完善的一种通货膨胀会计。

第二节 通货膨胀会计的模式

在会计核算中将一定的计价单位和计价基准，一定会计方法与一定会计程序相互结合的固定程式，称为会计模式。

一、通货膨胀会计的计价单位和计价基准

（一）通货膨胀会计的计价单位

计价单位即计量单位。在会计核算中，货币是主要的计价单位，企业发生的各项经济业务均要通过货币单位进行统一计量。在通货膨胀会计中所涉及的货币计量单位包括名义货币和等值货币两种。

在通货膨胀的条件下单位货币的价值一跌再跌，虽然在会计核算中依旧以货币作为主要计量单位，可是不同时期的币值是不相等的，不同时期的货币量并不代表相同的价值量，故货币这一计量单位变成了富于伸缩的“橡皮尺”。对于这种在现时流通中货币单位虽然不变但其单位货币所含价值量不断改变的货币，我们称其为名义货币（官方发行货币）。在通货膨胀条件下传统财务会计所应用的货币实际就是名义货币。

与名义货币相对应的概念是等值货币，即单位货币不同时期所含价值量相等的货币。等值货币在不同时期的购买力被看作是相等的。在通货膨胀的条件下等值货币实际是不存在的。

（二）通货膨胀会计的计价基准

计价基准（也称计量属性）是指会计对象计价所依据的基础与标准，是影响会计对象计价结果的重要因素。如对企业资产的计价，可以按历史成本也可以按现时成本作为不同的基准。

历史成本是指取得某项资产时的实际成本。

现时成本是在现时市场价格条件下取得与企业现有的某项相同（或类似）的资产所需付出的实际成本。

资产的现时成本还可以按其取得的不同，划分为现时重置成本和现时再生产成本。

在通货膨胀会计中遵循的计价基准之一是物价变动因素，对物价变动这一计价基准还可进一步划分为一般物价水平变动和个别物价水平变动。

二、通货膨胀会计模式的种类

通货膨胀会计形成四种不同模式：一般物价水平会计、现时成本会计、现时成本/等值

货币会计和变现价值会计。

（一）一般物价水平会计

一般物价水平会计是以期末名义货币为等值货币作为计价单位，以资产的历史成本和一般物价水平变动作为计价基准，将传统财务会计报表中各项会计数据换算调整为按现时货币购买力计价的企业财务状况和经营成果的各项会计数据，反映和消除一般物价水平变动对传统财务会计信息影响的会计程序和方法。

（二）现时成本会计

现时成本会计是以名义货币为计价单位和以资产的现时成本与个别物价水平变动为计价基准，提供企业的财务状况和经营成果的各项会计数据，以反映和消除通货膨胀中个别物价水平变动对传统财务会计信息影响的会计程序和方法。

（三）现时成本/等值货币会计

现时成本/等值货币是一种以一般物价水平会计和现时成本会计两种模式相结合，以克服各自缺点和全面反映通货膨胀影响的会计模式。先按现时成本会计模式提供一套以名义货币为计价单位和以现时成本与个别物价水平变动为计价基准的会计数据；再将此数据换算成按一般物价水平变动为计价基准和以期末名义货币为等值货币计价的会计指标，从而全面反映和消除通货膨胀影响的一种会计模式。

（四）变现价值会计

变现价值会计是以名义货币为计价单位和以企业正常经营过程中资产的变现价值为计价基准，通过各会计期间扣除投资因素影响后的期末和期初资产变现价值的变动，确定企业损益的一种会计程序和方法。

资产的变现价值是指企业资产按现时销售价格计价销售后所能获得的收入净额，也就是将企业资产按现时销售价格销售后可能收入的现金扣除其拆除运输等处置成本费用后的收入数额。

第三节　通货膨胀会计的理论和方法

通货膨胀会计是财务会计的一个分支，与传统财务会计同属一个范畴，因此，在很大程度上遵循着传统财务会计的基本理论。但通货膨胀是在新的社会经济条件下产生的，有其特有的基本理论和方法。

一、通货膨胀会计的基本理论

（一）通货膨胀会计特有的会计假设

通货膨胀会计实际上已否定了传统财务会计的货币计价假设的重要条件——币值不

变假设；同时又确立了通货膨胀会计的特有前提——币值不断大幅度降低假设。

货币单位价值大幅度降低是通货膨胀会计存在的先决条件，也是通货膨胀会计特有的假设。

（二）通货膨胀会计特有会计概念

1. 名义货币和等值货币

名义货币是指在现实流通的，单位名称虽然不变但其单位所含实际价值量不断改变的货币。

等值货币是指不同时期单位货币所含价值量相等的货币，又称“币值不变货币”。

2. 历史成本和现时成本

历史成本是指取得某项资产时的实际成本。

现时成本是指在当前市场条件下为取得与现有资产相同或类似的资产，按现时价格所需付出的现金或其等价物。

3. 财务资本和实物资本

财务资本是以货币数量，即与其相当的购买力表示的资本。

实物资本是将资本看作是所有者投入企业的实物生产能力或经营能力，或获得该项能力所拥有的资源或资金，它反映企业所拥有的一定生产能力或经营能力，以与其相当的实物量的现时购买力的货币数量表示。

4. 财务资本维护和实物资本维护

财务资本维护是指维护企业资本所拥有的购买力规模。所需收回的已耗资本的数额应当以收回相当于已耗资本购买力的价值量确定。在通货膨胀条件下，财务资本维护是以回收经一般物价水平变动换算调整后的所耗资本购买力的货币数量加以确定。

实物资本维护是指维护企业资本所拥有的生产经营能力的规模。所需维护的资本数额需要用表现其生产能力具体实物数量的价值量表示，即以企业所拥有生产经营能力具体实物的现时价格表示。在通货膨胀条件下，以收回已耗实物资产的现时价格作为实物资产维护的前提。

5. 会计收益和经济收益

会计收益是以财务资本维护为基础所确定的收益，是在从本期收入中回收或维护了企业以货币计量的本期所有耗资本的购买力后所确定的利益。

经济收益是以所耗实物资本得到回收为计量基础计算确定的收益。它要求对经营过程中发生的耗费以所耗实物资本的现时成本计量和回收。

6. 营业收益和持有资产收益

营业收益是由企业在本期过程中销售产（商）品或提供劳务而发生的各项收入和本期成本费用支出相抵后，使企业资产净额增加。

持有资产收益是指由于企业持有资产现时价格变动而使企业净资产增加的价值，又称为“资产置存收益”或“持产利得”。企业持有资产收益是在资产售出或耗用后从营业收入中收回，因此对收回的这部分持产收益，称为已实现持产收益；同时对在通货膨胀中形成而尚未售出或耗用的持有资产所形成的收益称为未实现持产收益。

7. 货币性项目和购买力损益

货币性项目是指企业持有的货币资金和将以固定或可确定的金额收取的资产或偿付的负债。

在通货膨胀的条件下，企业持有货币性资产通常会遭到货币购买力下降的损失，持有货币性负债和权益会带来货币购买力下降的利得。这些由于持有货币性项目的资产、负债和权益因通货膨胀而给企业带来的损失和利得，称为购买力损益。

（三）通货膨胀会计特有的会计计量属性和会计原则

1. 现时价格计量原则

资产计价实行现时价格原则是指当企业提出财务报告时，对企业各项财产物资的计价应以其现时的价格（现实重置价格或现时销售价格）为标准。

2. 变革及增加了会计原则

（1）收入确认原则：将报告期不同时点的产品销售收入或劳动收入用一定的方法换算为提供报告时的现时收入额。收入确认原则与传统财务会计相同，只是改变了确认收入的方法。

（2）配比原则：通货膨胀会计采用一定的方法，消除成本费用与收入由于通货膨胀造成的不可比因素，排除或弥补传统财务会计以历史成本和币值不变为计价基准的配比原则的不足，通过换算形成以同一计价标准为基准的收入与成本费用的配比，从而使之获得较为科学正确的结果。在现时成本会计中现时收入与现时成本配比。

（3）谨慎性原则：在一些不同的通货膨胀会计的方法中，为反映通货膨胀对企业财务状况和经营成果的影响，将由于通货膨胀使企业持有的实物资产带来的可能的收益一并列入企业资产负债表中权益的增加或利润表的收益项目中，因而在一定的程度上否定传统财务会计的谨慎性原则。在选择的处理方法中，应尽量选择那些导致乐观程度最小的信息和最充分揭示通货膨胀影响的调整方案。在估算各项指标时，应尽量采用避免导致乐观数据的方法。

（4）成本效益原则：使采用的某种通货膨胀会计模式所带来的效益大于实施这种模式所花费的成本。

（5）重要性原则：对于是否采用通货膨胀会计模式从重要性原则出发考虑。当通货膨胀严重，持续时间长，趋势不可遏止，对传统会计信息的正确提供和会计目标的全面实现有较大影响时，才考虑采用通货膨胀会计；反之，则不考虑应用通货膨胀会计。

（6）客观性原则：对传统财务会计信息消除通货膨胀因素的影响时的物价资料取舍、计算方法的选择及调整项目的确定等方面，尽量符合客观实际。

二、通货膨胀会计的基本方法

（一）会计核算方法

会计核算的基本方法是设置会计科目、复式记账、填制和审核会计凭证、登记账簿、财产清产、成本计算、编制财务报表等。

通货膨胀会计的基本方法如表8－1所示。

表8－1 通货膨胀会计核算方法的具体内容

项目	具体要求
设置会计科目	除一般物价水平会计不单独设置会计科目和有关账户外，其余各种通货膨胀会计设置了自身业务特有的会计科目，在变现价值会计模式中，取消了损益类科目
账簿的设置	采用显示成本会计和现时成本/等值货币会计模式：在实行传统财务会计核算的同时，另设了一套完整的现时成本会计账簿体系；在变现价值会计中，废止了传统财务会计大不相同的账簿体系
编制财务报表	各种通货膨胀会计要设置和编制一套反映不同通货膨胀影响的会计报表，特别是变现价值会计资产负债表和损益表，采取与传统财务会计报表完全不同的编制。此外，在一般物价水平会计模式中，为了计算和反映货币性项目购买力损益，增加了购买力损益计算表，采用了特有的编制方法

（二）财务指标计算方法

财务指标的计算方法或财务处理要根据一般物价水平变动，以期末名义货币为等值货币，计算本期的收入和支出的配比。在一般物价水平会计和现时成本/等值货币会计模式中，要根据一般物价指数的变动，计算货币性项目购买力损益；在现时成本会计/等值货币会计模式中，要按个别物价变动指数计算企业自从变动所产生的持有资产损益，要按固定资产的个别物价指数变动计算期末较期初应增补的折旧费用等等。

（三）会计核算程序

会计核算程序：在会计核算中为取得会计信息所需指标而采取的相互配合的先后步骤。

（1）增加了划分货币性项目和非货币性项目，计算货币性项目购买力损益；

（2）增加了根据传统财务会计报表编制一般物价水平报表的会计程序；

（3）现实成本/等值货币会计采用了与传统财务会计完全不同的计价基准和收益确定原则与方法。

复习思考题

简答题

1. 简述通货膨胀会计的含义及产生。
2. 简述通货膨胀会计的计价单位和计价基准。
3. 简述通货膨胀会计的模式。
4. 简述通货膨胀会计与传统会计比较有哪些特殊的理论与方法。

第九章　通货膨胀会计(二)
——一般物价水平会计

本章介绍了一般物价水平会计的含义、会计程序和方法以及一般物价水平会计的优缺点。

【考核知识点】

划分货币性项目和非货币性项目;按一般物价水平变动调整传统财务会计报表的各项数据;计算货币性项目的购买力损益;编制一般物价水平会计报表;一般物价水平会计资产负债表各项数据的换算调整;一般物价水平会计利润及其分配表各项数据的换算调整;一般物价水平会计的优点;一般物价水平会计的缺点。

【重要概念】

一般物价水平会计　货币性项目　非货币性项目　货币性项目购买力损益

第一节　一般物价水平会计的程序

一、一般物价水平会计的含义

一般物价水平会计,又称一般购买力会计、不变购买力会计或不变币值会计,它是用一般物价指数将历史成本财务报表中的各项数据加以调整,按货币的现时购买力反映企业的财务状况和经营成果的一种会计程序与方法。一般物价水平会计是通货膨胀条件下的产物,它没有脱离传统财务会计,其日常核算仍按传统会计模式进行,只是在期末根据传统会计报表,对某些项目按一般物价指数进行调整。这种做法,使传统会计报表仍然可对外公开发布,而按一般物价指数调整后的会计数据,则可向报表的使用者提供更为相关的信息,以供他们决策参考。

二、一般物价水平会计的会计程序和方法

一般物价水平会计是一种消除物价变动对会计信息影响的会计程序和方法,主要程序有:

(1)将传统财务报表中的项目划分为货币性项目和非货币性项目;

(2)确定一种适用的一般物价指数对非货币性项目按物价指数进行调整;

(3)运用物价指数调整计算货币性项目的货币购买力损益;

(4)按调整后的数据重新编制财务报表。

（一）划分货币性项目和非货币性项目

在编制一般物价水平的会计报表前，必须将企业的会计要素划分为货币性项目与非货币性项目，这是一般物价水平会计的第一个重要程序。在物价变动情况下，货币性项目和非货币性项目的账面余额受货币购买力变化的影响不同，需要采取不同的会计处理方法。

1. 货币性项目

货币性项目是指金额固定，或是以货币直接反映，不因物价变动而发生金额变动的项目。

（1）货币性资产项目是指企业持有的货币资金和将以固定或可确定的金额收取的资产。主要包括：以货币直接反映的各种货币资金，按合同规定以固定金额收回的各种应收款项，按面值和固定利率到期收回本利或定期收取利息的各种票据，以及收取固定利息或股利的各类证券投资等。

（2）货币性负债项目是指企业所承担的应在未来期间偿还的金额固定的债务。主要包括：按固定金额支付的各种应付款项，按面值和固定利率到期支付本利或定期支付利息的各种票据，以及各项长期或短期借款等。

（3）货币性权益项目是指收取固定红利的优先股和企业停业清理时对剩余资产只有固定求偿权的优先股。

货币性项目有两个特点：第一，金额固定不变，不因物价的变动而变动。例如企业年初持有现金 20 000 元，如未发生相关业务，年终现金账面上仍为 20 000 元。根据此特点，期末不需要按物价指数调整货币性项目的金额。第二，在一般物价水平变动中所持货币性项目的实际购买力发生变化，并产生购买力损益。尽管货币性项目的金额不因物价变化而变化，但它们必然受到一般物价水平的影响。也就是说，它们所实际代表的购买力会因物价水平的影响而上下波动。在通货膨胀时期，持有货币性资产者因购买力下降而遭受损失，持有货币性负债者则因货币购买力下降而获得利益。相反，在通货紧缩时期，持有货币性资产者因货币购买力上升而得益，持有货币性负债者因货币购买力上升而受到损失。

2. 非货币性项目

非货币性项目是指其金额并不是固定不变，而是随着物价变动而发生变化的项目。当物价上涨时，非货币性项目的金额提高，当物价下跌时，非货币性项目的金额降低。

（1）非货币性资产项目，主要包括存货、按非固定金额结算的预付货款、按合同规定收取商品或劳务的应收款项、固定资产以及无形资产等；

（2）非货币性负债项目主要是按合同规定以商品或劳务偿还的应付账款；

（3）非货币性权益主要包括普通股、参与分红的优先股和可兑回优先股等。

非货币性项目有两个特点：第一，在物价变动时期，其金额随物价变动而变动，应按一般物价水平变动的幅度加以调整。例如，企业年初拥有设备金额为 100 000 元，一般物价指数由年初的 100 上升为年末的 200，则按现行购买力单位，年末设备金额应调整为 200 000 元。第二，在一般物价水平会计中非货币性项目换算后的金额，随物价变动的同时不产生购买力损益。这是因为非货币性项目的金额可以随物价变动而变动，所代表的购买力与币值的升降保持同步，因而不会发生货币购买力变动。

从现实的角度看，划分货币性项目与非货币性项目是企业理财方针的重要内容，在通货膨胀时期应缩减货币性资产，在物价下降时期应缩减货币性负债，否则会造成损失。从物价变动会计的角度看，划分货币性项目与非货币性项目又是会计处理的重要程序之一。对货币性项目不做数额调整，但要计算由于持有货币性项目而影响的本期购买力损益；对非货币性项目要随物价变动水平而进行数据调整。

（二）按一般物价指数调整非货币性项目金额

对会计报表中按历史成本反映的非货币性项目金额，用本期一般物价指数进行调整，借以反映其价值的变化。物价指数常有年初的物价指数、年末的物价指数和全年平均的物价指数三种，不同的调整对象应使用不同的物价指数。利润表项目中，企业的收入、费用是年内不同时期发生额的合计，为了简化换算的工作量，一般假设收入、费用在年内均衡发生，故采用全年平均物价指数进行调整。资产负债表应反映企业年末的财务状况，其非货币性项目就需采用年末一般物价指数进行调整。有关计算如下：

某非货币性项目调整后的金额 = 该项目的历史成本金额 × 调整系数

调整系数 = 现行一般物价指数/历史期一般物价指数

重点非货币性项目的调整方法如下：

1. 固定资产项目

固定资产的原值、累计折旧等，应按其购入时的物价指数进行调整。

【例 9－1】 某企业 20 ×7 年购进设备一台，历史成本为 150 000 元，以 20 ×7 年为基年，20 ×7 年物价指数为 120，假定 20 ×9 年的物价指数为 200，20 ×9 年年末对该设备进行调整：

调整后的金额 = 150 000 × 200/120 = 250 000（元）

2. 存货项目

存货主要来自外购，企业平时都有进货记录。但不同企业存货的流转及其计价方法有所不同，故存货项目的调整应区分两种情况：一是存货的发出能逐项确认时，可较容易确定年末存货的取得时期及当时的一般物价指数，从而计算年末存货调整后的金额。二是存货的发出不能逐项辨认，只能依靠存货流转假设确定发出批次。如果采用先进先出法，年末存货的取得日应为进货的最近月份；如果采用加权平均法计算发出存货的成本，则应将年末存货的进货日期确定为其购买日；如果存货的购入、耗用是在年内均衡地发生，为了简化核算，也可选用年平均物价指数进行调整。

【例 9－2】 某企业按先进先出法计算存货成本，期末存货的成本为 120 000 元，最近月份进货的物价指数为 120，年末的物价指数为 130。

调整后的金额 = 120 000 × 130/120 = 130 000（元）

3. 留存收益项目

应先按一般物价指数对上年末留存收益进行调整，然后再使其与本年度已调整过的净收益相加而求得。实际工作中，多采用“余额法”计算求得。计算公式如下：

留存收益 =（按一般物价水平计算的资产数额 - 按一般物价水平计算的负债数额）- 按一般物价水平计算的股本数额

如果企业的所得税与应付股利是在年末一次性缴纳和支付，则其报表数额无须调整，但如果所得税于年内各月预缴、年终汇算清缴，也应按全年平均物价指数和年末物价指数予以调整。

4. 利润表中的有关项目

营业收入、除折旧费以外的营业费用，大多为年内均衡发生，可按年度内平均物价指数作为计算调整系数的分母。折旧费的调整应与固定资产项目的调整相一致。按某项固定资产原价计提的折旧费，应以取得该项固定资产时的一般物价指数作为调整系数的分母，据此计算折旧费的调整金额。营业成本要考虑期初存货成本、本期购货成本和期末存货成本。年初存货成本可按上年末时的物价指数进行调整；本期期末的存货按年末的物价指数进行调整；本年购货成本可考虑为平均进货成本，采用年内的平均物价指数调整。

（三）计算货币性项目购买力损益

货币性项目购买力损益是指在通货膨胀条件下，由于单位货币购买力的不断降低，持有货币性资产而给企业带来的购买力损失，以及持有货币性负债和权益而给企业带来的购买力收益。在通货紧缩的情况下，企业持有货币性项目则会带来相反的损益。

货币性项目购买力损益的计算大致分为以下几步：

（1）确认、调整期初货币性资产净额在期末的货币购买力；

（2）按年末物价指数调整货币性收入和费用；

（3）计算货币购买力损益。

【例 9 - 3】 某企业期初库存现金为 200 000 元，应收账款为 400 000 元，应付账款为 500 000 元。假定期初物价指数为 130，期末物价指数为 195。该企业年度销售收入为 600 000 元，年度费用总额为 400 000 元，年度平均物价指数为 160。该企业货币性项目购买力损益计算如下：

（1）期初货币性资产净额 = 600 000 - 500 000 = 100 000（元）

（2）调整后期初货币性资产净额 = 100 000 × 195/130 = 150 000（元）

（3）调整货币性收入和费用：

调整货币性收入金额 = 600 000 × 195/160 = 731 250（元）

调整货币性费用金额 = 400 000 × 195/160 = 487 500（元）

（4）计算货币性项目购买力损益：

期末调整后货币性资产净额 = 150 000 + 731 250 - 487 500 = 393 750（元）

期末未调整货币性资产净额 = 100 000 + 600 000 - 400 000 = 300 000（元）

货币性项目购买力损益 = 393 750 - 300 000 = 93 750（元）

（四）编制按一般物价水平调整的财务报表

编制一般物价水平财务报表是一般物价水平会计的最后一个会计程序，是在通货膨胀条件下，以等值货币为计价单位，以历史成本和一般物价水平变动为计价基准，综合反映企业因一般物价水平变动影响而形成的财务状况和经营成果的财务会计报表，包括一般物价水平会计资产负债表、一般物价水平会计利润表、购买力损益计算表等。

1. 一般物价水平会计资产负债表的编制方法

该表可按传统财务会计资产负债表各项目经一般物价水平变动换算后的金额，填入一般物价水平会计资产负债表相应各项目，并重新计算各类合计和总计即可。

2. 一般物价水平会计利润表的编制方法

一般物价水平会计利润及其分配表的格式与传统财务会计的利润及其分配表的格式基本相同，只是在“税后利润”项目之后增加了“货币性项目净额购买力损益”和“等值货币净收益”两个项目。

【例9－4】 A公司于20×7年实行一般物价水平会计，有关换算资料及相关资料如下：

（1）20×7年A公司传统财务会计资产负债表和利润表及所有者权益变动表的部分项目如表9－1和表9－2所示。

有关A公司业务情况及物价变动资料在资产负债表各项目数据换算调整金额已计算得出，可直接选用。

表9－1　资产负债表

编制单位：A公司　　20×7年12月31日　　单位：元

项目	20×7年1月1日	20×7年12月31日
货币资金	560 000	910 000
存货	700 000	840 000
固定资产原值	1 680 000	1 680 000
其中：设备	420 000	420 000
土地	1 260 000	1 260 000
累计折旧	—	28 000
固定资产净值	1 680 000	1 652 000
资产合计	2 940 000	3 402 000
短期借款（货币性）	280 000	560 000
长期借款（货币性）	1 820 000	1 820 000
负债合计	2 100 000	2 380 000
股本	840 000	840 000
未分配利润	—	182 000
所有者权益合计	840 000	1 022 000
负债和所有者权益合计	2 940 000	3 402 000

表 9－2　利润表及所有者权益变动表的部分项目

编制单位：A 公司　　20×7 年度　　单位：元

项目	金额
销售收入	2 240 000
销售成本	1 316 000
期初存货(1 月 1 日)	700 000
本期购进	1 456 000
可供销售存货	2 156 000
期末存货(12 月 31 日)	840 000
毛利	924 000
销售与管理费用、财务费用	476 000
折旧费用	28 000
税前利润	420 000
所得税费用	210 000
税后利润	210 000
年初未分配利润	0
可供分配利润	210 000
对所有者(或股东)的分配	28 000
未分配利润	182 000

(2)A 公司有关经济业务资料如下：

①20×7 年 1 月 1 日购进固定资产设备原值为 420 000 元，当日交付使用，预计使用 15 年，无残值，采用直线法计提折旧(假定 20×7 年按 12 个月计提折旧)，购进土地原值为 260 000 元，不提折旧；

②存货为年内均匀购进；

③发出存货成本采用先进先出法计价；

④长短期借款均为年初借入，年末尚未归还；

⑤年内全部销售收入和销售费用、管理费用均为年内均匀发生；

⑥所需发放现金股利为年终结算后决定。

(3)有关年内物价资料如下：

①20×7 年 1 月 1 日一般物价指数为 100；

②20×7 年 12 月 31 日一般物价指数为 180；

③20×7 年全年平均一般物价指数为 150；

④期末存货购进期间一般物价指数为 160。

要求：

(1)根据一般物价水平会计对传统财务会计资产负债表中货币性项目和非货币性项目数据进行换算调整；

（2）根据一般物价水平会计对传统财务会计利润表及所有者权益变动表部分项目数据进行换算调整；

（3）根据以上资料，编制购买力损益计算表；

（4）根据以上结果，编制A公司一般物价水平会计资产负债表和利润表及所有者权益变动表的部分项目。

1. 资产负债表项目的调整

（1）货币性项目数据的换算调整

在以期末名义货币为等值货币时，各货币性项目期末数均保持原值，不需要再进行计算，各货币性项目期初数需根据一般物价水平的变动进行换算，由于各货币性项目年初数均为当年1月1日发生，故基期一般物价指数均为年初一般物价指数。

①“货币性资产项目”：

$$期初数换算后金额=560\ 000\times180/100=1\ 008\ 000(元)$$

②“货币性流动负债项目”：

$$期初数换算后金额=280\ 000\times180/100=504\ 000(元)$$

③“货币性长期负债项目”：

$$期初数换算后金额=1\ 820\ 000\times180/100=3\ 276\ 000(元)$$

（2）非货币性项目的换算调整

①“存货”项目：

$$期初数换算后金额=700\ 000\times180/100=1\ 260\ 000(元)$$

$$期末数换算后金额=840\ 000\times180/160=945\ 000(元)$$

②“固定资产原值”项目中：

$$设备期初数换算后金额=420\ 000\times180/100=756\ 000(元)$$

$$土地期初数换算后金额=1\ 260\ 000\times180/100=2\ 268\ 000(元)$$

“固定资产原值”项目期末数据换算时所用的基期一般物价指数应为其取得时的一般物价指数。由于该会计期间设备和土地均未发生增减，故其换算结果应与期初数相同。

③“累计折旧”项目中“土地”不计提折旧，故不计算折旧。“设备项目”折旧期初数为0，期末数计算时采用与固定资产原值计算时相同的基期一般物价指数。

“设备”项的“累计折旧”期末数换算后金额$=28\ 000\times180/100=50\ 400$(元)

④“固定资产净值”项目根据换算后的“固定资产原值”项目和“累计折旧”项目分别求得。

$$“设备”净值的换算调整期初数=756\ 000-0=756\ 000(元)$$

$$“设备”净值的换算调整期末数=756\ 000-50\ 400=705\ 600(元)$$

“土地”不计提折旧，故其换算调整后的期初数和期末数均$=1\ 260\ 000\times180/100$

$$=2\ 268\ 000(元)$$

⑤股本项目期初数换算后金额$=840\ 000\times180/100=1\ 512\ 000$(元)

因股本项目为历史成本，故股本项目期末数换算后金额与年初数的计算相同。

⑥未分配利润项目是在各项目的金额换算后，依据资产总计和负债所有者权益总计相

等的平衡原理计算的结果，所以该项目期末数为

未分配利润项目期末数 =（910 000 + 945 000 + 2 973 600）-（560 000 + 1 820 000）- 1 512 000
= 936 600（元）

2. 利润表及所有者权益变动表部分项目的调整

（1）“销售收入”项目调整换算后的金额 = 2 240 000 × 180/150 = 2 688 000（元）

（2）“销售成本”及各有关项目金额的换算调整：

“期初存货”项目换算后金额 = 700 000 × 180/100 = 1 260 000（元）

“本期进货”项目换算后金额 = 1 456 000 × 180/150 = 1 747 200（元）

“可供销售存货”项目金额按换算后的期初存货加本期进货金额 = 1 260 000 + 1 747 200
= 3 007 200（元）

“期末存货”项目换算后金额 = 840 000 × 180/160 = 945 000（元）

“销售成本”项目换算后金额 = 3 007 200 - 945 000 = 2 062 200（元）

（3）“销售与管理费用、财务费用”项目换算后金额 = 476 000 × 180/150 = 571 200（元）

（4）“折旧费用”项目换算后金额 = 28 000 × 180/100 = 50 400（元）

（5）“所得税费用”项目换算后金额 = 210 000 × 180/150 = 252 000（元）

（6）“对所有者（或股东）的分配”项目换算后金额 = 28 000 × 180/180 = 28 000（元）

3. 编制 A 公司购买力损益计算表

A 公司购买力损益计算表如表 9 - 3 所示。

表 9 - 3　A 公司购买力损益计算表（按等值货币计算）

20×7 年度　　单位：元

项目	未调整金额	换算系数	调整后金额
期初货币资产	560 000	180/100	1 008 000
期初短期借款（货币性）	280 000	180/100	504 000
期初长期借款（货币性）	1 820 000	180/100	3 276 000
期初货币性项目净额	-1 540 000	180/100	-2 772 000
本期货币性项目增减变动			
加：销售收入	2 240 000	180/150	2 688 000
减：发出本期进货	1 456 000	180/150	1 747 200
销售、管理、财务费用	476 000	180/150	571 200
所得税费用	210 000	180/150	252 000
对所有者（或股东）的分配	28 000	180/180	28 000
付出合计	2 170 000		2 598 400
期末应有货币性项目净额			-2 682 400
期末实有货币性项目净额			-1 470 000
货币购买力损益			-1 212 400

4. 编制调整后的财务报表

A 公司调整后资产负债表、利润表及所有者权益变动表的部分项目如表 9 –4 和表9 –5 所示。

表 9 –4 A 公司资产负债表（以等值货币为基准）

编制单位：A 公司　　20 ×7 年 12 月 31 日　　单位：元

项目	20 ×7 年 1 月 1 日	20 ×7 年 12 月 31 日
货币资金	1 008 000	910 000
存货	1 260 000	945 000
固定资产原值	3 024 000	3 024 000
其中：设备	756 000	756 000
土地	2 268 000	2 268 000
累计折旧	—	50 400
固定资产净值	3 024 000	2 973 600
资产合计	5 292 000	4 828 600
短期借款（货币性）	504 000	560 000
长期借款（货币性）	3 276 000	1 820 000
负债合计	3 780 000	2 380 000
股本	1 512 000	1 512 000
未分配利润	—	936 600
所有者权益合计	1 512 000	2 448 600
负债和所有者权益合计	5 292 000	4 828 600

表 9 –5 利润表及所有者权益变动表的部分项目（按等值货币计算）

编制单位：A 公司　　20 ×7 年度　　单位：元

项目	金额	金额
销售收入		2 688 000
销售成本		
期初存货（1 月 1 日）	1 260 000	
本期购进	1 747 200	
可供销售存货	3 007 200	
期末存货（12 月 31 日）	945 000	2 062 200
毛利		625 800
销售与管理费用、财务费用		571 200
折旧费用		50 400
税前利润		4 200
所得税费用		252 000

表 9-5(续)

项目	金额	金额
税后利润		-247 800
货币性项目净额购买力损益		1 212 400
等值货币净收益		964 600
年初未分配利润		0
可供分配利润		964 600
对所有者(或股东)的分配		28 000
未分配利润		936 600

第二节 一般物价水平会计的评价

一、一般物价水平会计的优点

(一)简便易行

主要表现在:

(1)不改变传统的历史成本计量基础,不改变会计日常核算的方法和程序,只是按一般物价指数对历史成本会计报表的数字进行调整,既简单又容易理解,因此所耗费的人力和物力较少。

(2)选用的物价指数一般情况下是政府公布的,具有客观、可验证性;同时该指数现行可用,不会耽搁报表的公布时间。

(二)增强了财务数据的可比性

对于特定企业来说,因其按照一般物价指数调整了财务报表的各项数据,因而统一了同期报表中不同时点形成的数据的计量单位。如果将这种方法连续应用于相邻会计期间,将会提高各期报表财务数据之间的可比性。如果相关企业都采用这一会计模式,则由于所采用的物价指数相同,将会增强企业之间财务信息的可比性。

(三)易于监督

由于所有企业依据相同物价指数(一般由政府公布)进行调整,使调整后的财务报表具有客观性,选用的物价指数具有可验证性,从而便于进行审计等监督。

二、一般物价水平会计的缺点

(一)不能确切反映企业真实的财务状况和经营成果

一般物价水平会计是按一般物价指数调整财务报表中的数值,没有考虑企业各类资产价值的实际变化。物价指数一般只能依靠政府提供,而政府提供物价指数不是为了满足物价变动会计的需要。大多数国家选用消费品价格指数,由于消费品价格指数主要由食品、服装、房租等构成,它与企业所要调整的各项生产资料价格走向也不一定完全相关。此外,一般物价指数是一个综合的物价指数,因而它并不能确切的反映某一具体类别资产价值的变化。在大多数情况下,一般物价水平和个别物价水平的差异是较大的,加上各企业资本的结构不同,若按一般物价指数统一调整不同类型的企业报表,则调整后的报表容易引起误解。

(二)易造成误解

一般物价水平会计中的货币性项目的购买力损益,只是一种计算上的差额,并不意味着企业的股东因此可以分享相应的股利,也不意味着企业可因此而积累更多的盈余来扩大经营规模。如果企业承担着巨额负债,将会出现这样的情况:一方面,在历史成本会计模式下,将沉重的利息支出计入了历史成本经营费用;另一方面,在一般物价水平会计下,又会出现巨额的购买力利得。这很可能给人以错觉,导致决策失误。

(三)对报表的所有项目要求明确划分货币性项目和非货币性项目难以完全做到

尽管大多数项目按照划分标准,可以区分为货币性项目和非货币性项目,但是有少数项目很难以明确划分,至今仍难以确定其性质。

复习思考题

简答题

1. 简述一般物价水平会计的含义及特点。
2. 简述运用一般物价水平会计时,如何划分货币性项目和非货币性项目。
3. 简述非货币性项目如何按物价指数进行调整。
4. 简述货币性项目如何计算其货币购买力损益。

计算分析题

1. 某公司本期持有货币性项目情况如下:

期初的货币性资产为100 000元,货币性负债为80 000元;该公司全年取得的营业收入为500 000元,系均匀取得;全年发生的存货购买成本和营业费用300 000元,也系均匀发生;期末的货币性资产为310 000元,货币性负债为90 000元。已知该年年初的物价指数为110,年末为165,年度平均物价指数为150。

要求:计算货币购买力损益。

2. 某公司本期持有非货币性项目情况如下:

20×9年12月31日固定资产的账面余额为800 000元,其购置期间为20×7年500 000元,20×8年为200 000元,20×9年为100 000元。在这三年期间一般物价指数的变动情况分别为:20 ×7 年 105,20 ×8 年 120,20 ×9 年 150。

要求:按一般物价指数调整固定资产的账面价值。

3. 编制按一般物价水平调整的会计报表:

某公司 20 ×9 年按历史成本编制的会计报表如表 9 -6、表 9 -7 所示。

表 9 -6　资产负债表

20 ×9 年 12 月 31 日　　单位:元

项目	20 ×8 年 12 月 31 日	20 ×9 年 12 月 31 日
货币资金	120 000	135 000
应收账款	45 000	42 000
存货	100 000	105 000
固定资产	520 000	520 000
减:累计折旧	(85 000)	(105 800)
资产合计	700 000	696 200
应付账款	40 000	45 000
长期借款	150 000	141 000
普通股	500 000	500 000
留存收益	10 000	10 200
权益合计	700 000	696 200

表 9 -7　利润表

20 ×9 年度　　单位:元

项目	金额
营业收入	500 000
减:营业成本	345 000
期初存货	100 000
本期购货	350 000
可供销售存货	450 000
期末存货	105 000
折旧费用	20 800
其他费用	44 000
所得税费用	40 000
净利润	50 200
加:期初留存收益	10 000
减:现金股利	50 000
期末留存收益	10 200

其他有关资料：

(1)年初存货购置时的平均物价指数为105，本年存货购置是在年内均衡发生，存货发出采用先进先出法，年末存货购置时的平均物价指数为125。

(2)固定资产购置时的物价指数为110，年折旧率为4%，无残值。

(3)应收账款和应付账款的收支时间在年内均衡发生。

(4)普通股发行时的物价指数为108。

(5)销售收入、其他费用、所得税费用在年内均衡发生。

(6)现金股利宣告分派时的物价指数为145。

(7)20×8年12月31日的物价指数为115，20×9年12月31日的物价指数为145，20×9年度平均物价指数为130。

要求：

(1)按一般物价指数调整会计报表。

(2)编制货币性项目购买力变动净损益计算表。

第十章　通货膨胀会计(三)——现时成本会计

本章介绍了现时成本会计的含义、会计程序和方法、优缺点以及现时成本与一般物价水平结合会计的处理方法。

【考核知识点】

现时成本会计的作用;确定和反映资产的现时成本;计算企业持有资产损益;计算现时成本会计收益;编制现时成本会计报表;现时成本会计的日常核算方法;现时成本会计的定期核算方法;现时成本会计的优点;现时成本会计的缺点。

【重要概念】

现时成本会计　直接定价法　价格指数法　持有损益

第一节　现时成本会计的程序

一、现时成本会计的含义

现时成本会计,又称现时重置成本会计,是以资产的现时成本或现时重置成本作为计价基础,从而反映和消除物价变动对企业财务状况和经营成果影响的一种会计程序和方法。

在现时成本法下,会计人员要根据资产的现时成本对资产的计价基础进行调整,在调整的基础上,确定对资产的持有损益(或称置存损益),最终再以财务报表中的现时收入与产生收入所耗的现时成本相配比,确定出本期损益。

现时成本会计模式的提出,主要基于以下两点考虑:

(1)是根据马克思的社会再生产理论;

(2)是从报表使用者的角度看,他们最关心的是企业资产的现时价值而非历史成本。在物价发生结构性变动的情况下,无论历史成本会计或一般物价水平会计均无法做到。而现时成本会计,对企业本期耗费的资产及期末持有资产的价值均采用现时成本(重置成本)计量,从而满足了实物资本保全和提供资产现时价值的要求。现时成本会计虽然仍然使用名义货币单位,但已充分考虑了物价变动的具体情形,故而被认为是比较完善的物价变动会计。

现时成本会计模式与其他物价变动会计模式相比的主要特征是:

(1)资产按现时重置成本计价。现时成本会计的一个主要特点,是随着物价的波动,不断地对同一资产进行重新计量。现时成本会计正是通过企业资产价值变化的不断计量,来提供更为相关的会计信息。现时成本即重新购置在品种、规格等方面与现有资产相同的资产的成本。现时重置成本可以按市场的现时重置价格直接确定。

(2)反映资产的持有损益。历史成本会计的收益是收入与成本相配比的结果，它不反映由于物价变动而引起持有资产价值变化给企业带来的损益。在物价变动时，物价上涨将带来资产持有收益；物价下跌将会发生资产持有损失。历史成本会计对资产持有损益在资产未出售前不予以确认，只是在销售时才体现于经营收益中，但现时成本会计对资产在持有期间按现时重置成本的变化不断进行计量，以反映物价变动所带来的损益。

二、现时成本会计的会计程序和方法

现时成本会计处理的一般步骤：

(1)确定各种非货币性资产的现时成本；

(2)计算非货币性资产持有损益；

(3)按现时成本调整财务报表。

(一)现时成本的确定

《企业会计准则——基本准则》中规定会计的计量属性包括历史成本、重置成本、可变现净值和公允价值。一般情况下，现时成本是指现时重置成本，现时重置成本的确定方法一般有两类：直接定价法和价格指数法。

(1)直接定价法。采用直接定价法确定实物资产的现时成本时，一般可以采用现时发票价格、供货方的价目表或报价单、能反映现时成本的标准制造成本等。

(2)价格指数法。在最近没有发生交易、没有价目表或者价目表已不适用的情况下，一般可用个别物价指数计算个别项目的现时成本。个别物价指数有两个来源：①政府或其他权威机构提供的特种或分类物价指数；②企业自行编制的某种或某类商品物价指数。

确定企业资产的现时成本既是现时成本会计的首要程序，也是贯彻始终的会计核算内容。

(二)资产持有损益的确定

在现时成本会计中，计算资产持有损益是一个核心问题。在现时成本会计下，货币性项目的购买力损益是不计的，因为从现时成本会计的观点看，不认为不同时期的计量单位已经改变，而当非货币性项目被重新表述时，持有损益就出现了。持有损益主要发生在存货、房屋、设备等具有实物形态的资产上，并延及销货成本和折旧费等利润表项目。在初次实行现时成本会计的情况下，持有损益是当年现时成本总额与财务报表显示的历史成本总额的差额。在前期已经实行现时成本会计的情况下，由于每年年末都曾确认过当时的现时成本金额，因此在报告期末，只需确认本期现时成本变动额与上期现时成本变动额的差额。

持有损益分为已实现和未实现两部分。已实现持有损益是指已经销售或转换的资产的持有损益，主要包括已销售存货上的持有损益和当期计提折旧的资产在当期现时成本折旧额中的持有损益等，计算金额为已被消耗资产的现时成本与其历史成本之差。未实现持有损益是指尚未销售或处置的资产上的持有损益，主要产生于期末存货、房屋、设备等这类实物资产，计算金额为企业期末持有的资产按现时成本计算与其历史成本之差。

持有损益的计算可分为两个步骤：

(1)汇总有关项目的历史成本与现时成本(其差额就是持有损益)；

(2)汇总有关项目上已实现和未实现的持有损益。

现时成本会计下,资产持有损益如何列示：

(1)根据财务资本保全观念的处理方法,对资产持有损益单独设项、列入利润表中,最终调整企业的期末留存利润；

(2)根据实物资本保全观念,因物价变动而产生的资产持有损益,反映在资产负债表中的股东权益项下。这样做的好处是可以保证企业实物资本保全,因而被广泛采用。

1. 存货持有损益的确定

【例 10－1】 A 公司在 20×9 年 1 月 1 日购入商品 2 000 千克,每千克 12 元;6 月 1 日此项存货商品的现时重置成本上升为每千克 16 元;8 月 18 日销售该存货 1 200 千克,每千克 20 元,当时每千克存货的重置成本为 16 元。年末该存货商品的重置成本为 18 元。

对上述业务按现时成本会计方法处理如下：

(1)20×9 年 1 月 1 日存货购入：

借:存货　　(2 000×12)24 000

　贷:银行存款　　24 000

(2)6 月 1 日按现时重置成本计算持有收益：

借:存货　　(2 000×4)8 000

　贷:未实现存货持有收益　　8 000

(3)8 月 18 日销售存货结转销货成本：

借:银行存款　　(1 200×20)24 000

　贷:销售收入　　24 000

借:销售成本　　(1 200×16)19 200

　贷:存货　　19 200

(4)8 月 18 日结转已实现存货持有收益：

借:未实现存货持有收益　　(1 200×4)4 800

　贷:已实现存货持有收益　　4 800

(5)12 月 31 日按现时重置成本计算持有收益：

借:存货　　(800×2)1 600

　贷:未实现存货持有收益　　1 600

2. 固定资产持有损益的确定

【例 10－2】 A 公司年初购入一台管理用设备,成本 1 000 000 元,该设备预计可使用 5 年,假定本年按 12 个月计提折旧,直线法提取的折旧额为 200 000 元。年末该项资产的重置成本为 1 200 000 元。

A 公司应做的会计处理为两部分,即在物价变动后调整资产价值,使其与现时成本相一致;调整已提取的折旧额,并按已提折旧的情况确定出资产的已实现、未实现持有损益。

根据固定资产的特点,应将固定资产价格上升的金额部分视为持有损益;而且将已补提折旧部分视为已实现持有损益，未提折旧部分视为未实现持有损益。

固定资产持有损益 = 1 200 000 - 1 000 000 = 200 000（元）

固定资产已实现持有损益 = 1 200 000/5 - 1 000 000/5 = 40 000（元）

固定资产未实现持有损益 = 200 000 - 40 000 = 160 000（元）

编制会计分录为：

借：固定资产——设备	200 000
贷：已实现持有损益	40 000
未实现持有损益	160 000

按现时成本计算折旧费用的一个主要问题是，由于年初与年末资产重置成本不同，按年末重置成本计算的折旧费用大于按年初重置成本所计算的折旧费用，其差额称为积欠折旧，即按现时成本会计，对这部分积欠折旧，可以追加折旧费用，也可以不计入当期的折旧费用，而是冲减留存利润（即未分配利润）调整增加本年度的累计折旧，并相应降低资产的年末净值。

借：管理费用——增补折旧费	40 000
贷：累计折旧	40 000

（三）按现时成本调整财务报表

首先要按现时成本对报表内的资产项目进行调整，使其账面价值与现时成本趋于一致；然后，再按调整后各账户的余额编制资产负债表，按计算过的资产持有损益编制利润表。

1. 资产负债表项目的调整

在对资产负债表项目进行调整时，对货币性项目和非货币性项目要区别对待。由于货币性项目是按固定金额表述的，不受个别物价变动影响，各年末的历史成本就是其现时成本，因此，对货币性项目按历史成本表述，不用进行任何调整。非货币性项目受个别物价变动的影响，其形成时的历史成本就是当时的现时成本，会计期末要根据有关资产市场价值的变动情况将其调整为资产负债表日的现时成本。

2. 利润表项目的调整

利润表中的某些项目（如销售收入、除折旧费用以外的费用、所得税等）是按当期的物价水平或接近于当期的物价水平逐渐累积的，其历史成本和现时成本极为接近，为简化调整工作，通常不对其进行调整。至于折旧费用和销售成本，因其与特定的、较早取得的资产的历史成本相联系，与相应资产当期的价格距离较近，应按相应资产的现时成本调整确定它们的现时成本。

【例 10 - 3】 假设 A 公司 20 × 9 年年末按历史成本编制的资产负债表和利润表如表 10 - 1 和表 10 - 2 所示。

表 10－1　资产负债表(历史成本)

编制单位:A 公司　　20×9 年 12 月 31 日　　单位:元

项目	20×8 年 12 月 31 日	20×9 年 12 月 31 日
资产		
流动资产:		
货币资金	108 000	90 000
应收账款(净额)	152 000	160 000
存货	160 000	190 000
流动资产合计	420 000	440 000
固定资产原价	600 000	600 000
减:累计折旧	200 000	240 000
资产总计	820 000	800 000
负债及所有者权益		
流动负债:		
应付账款	180 000	150 000
应付股利	20 000	30 000
流动负债合计	200 000	180 000
长期负债	220 000	220 000
所有者权益:		
实收资本	300 000	300 000
盈余公积及未分配利润	100 000	100 000
负债及所有者权益总计	820 000	800 000

表 10－2　利润表(历史成本)

编制单位:A 公司　　20×9 年度　　单位:元

项目	金额
一、销售收入	560 000
减:销售成本	234 000
销售费用、税金	112 000
二、销售利润	214 000
减:管理费用、财务费用	96 000
折旧费用	40 000
三、营业利润	78 000
加:营业外收支净额	(20 000)
四、利润总额	58 000
减:所得税费用	18 000
五、税后利润	40 000
加:年初未分配利润	
六、可供分配的利润	40 000
减:提取的盈余公积	10 000
应付利润	30 000
七、未分配利润	0

其他有关补充资料如下：

(1)本期不同日期发生的现时销售成本为260 000元,20×8年年底存货的现时成本为180 000元,20×9年年底存货的现时成本为210 000元。

(2)固定资产20×8年年底现时成本为1 380 000元,累计折旧440 000元。20×9年年底固定资产现时成本为1 420 000元。该项固定资产预计使用15年,假定无残值。

(3)其他项目的历史成本与现时成本一致。

根据上述资料,重编现时成本会计报表如下：

1. 将历史成本报表的有关项目调整为现时成本

在调整过程中,对货币性项目无须调整,对某些项目,如实收资本等也暂不调整,下面仅列示需要调整的项目如表10－3所示。

表10－3　相关项目调整表　　单位:元

项目	历史成本		现时成本	
	20×8年12月31日	20×9年12月31日	20×8年12月31日	20×9年12月31日
存货	160 000	190 000	180 000	210 000
固定资产	600 000	600 000	1 380 000	1 420 000
累计折旧	200 000	240 000	440 000	533 334[注]

注:20×8年12月31日累计折旧现时成本加上本期现时成本折旧费用93 333.33元[(1 380 000＋1 420 000)/2/15＝93 333.33(元)]。

2. 计算资产持有损益

表10－4　资产持有收益计算表　　单位:元

项目	历史成本	现时成本	差额
存货 20×8年12月31日	160 000	180 000	20 000
20×9年12月31日	190 000	210 000	20 000
固定资产净值			
20×8年12月31日	400 000	940 000	540 000
20×9年12月31日	360 000	886 666	526 666
销售成本	234 000	260 000	26 000

表10－5　持有收益汇总计算表　　单位:元

项目	存货	固定资产	合计
未实现的资产持有收益			
20×8年12月31日	20 000	526 666	546 666

表 10－5(续)

项目	存货	固定资产	合计
折旧费	40 000	93 334	53 334
20×9 年 12 月 31 日	20 000	540 000	560 000
未实现资产持有收益的增加(减少)	0	(13 334)	(13 334)[注]
已实现的资产持有收益	26 000	53 334	79 334
资产持有收益合计	26 000	40 000	66 000

注:这是对重复计算的已实现资产持有收益的冲减,并非本期发生的资产持有损失。

3. 编制以现时成本为基础的财务报表

以现时成本为基础的财务报表如表 10－6 和表 10－7 所示。

表 10－6　资产负债表(现时成本)

编制单位:A 公司　　　　20×9 年 12 月 31 日　　　　单位:元

项目	20×8 年 12 月 31 日	20×9 年 12 月 31 日
资产		
流动资产:		
货币资金	108 000	90 000
应收账款(净额)	152 000	160 000
存货	180 000	210 000
流动资产合计	440 000	460 000
固定资产原价	1 380 000	1 420 000
减:累计折旧	440 000	533 334
资产总计	1 380 000	1 346 666
负债及所有者权益		
流动负债:		
应付账款	180 000	150 000
应付股利	20 000	30 000
流动负债合计	200 000	180 000
长期负债	220 000	220 000
所有者权益:		
实收资本	300 000	300 000
盈余公积及未分配利润	660 000	646 666
负债及所有者权益总计	1 380 000	1 346 666

表 10-7　利润表(历史成本)

编制单位:A 公司　　　　20×9 年度　　　　单位:元

项目	金额
一、销售收入	560 000
减:销售成本	260 000
销售费用、税金	112 000
二、销售利润	188 000
减:管理费用、财务费用	96 000
折旧费用	93 334
三、营业利润(无损)	(1 334)
加:营业外收支净额	(20 000)
已实现资产持有收益	79 334
四、利润总额	58 000
减:所得税费用	18 000
五、税后利润	40 000
加:年初未分配利润	
六、可供分配的利润	40 000
减:提取的盈余公积	10 000
应付利润	30 000
加:未实现资产持有收益的增加(减少)	(13 334)
七、未分配利润	(13 334)
加:年初盈余公积及未分配利润	660 000[注]
八、年末盈余公积及未分配利润	646 666

注:根据上表 20×8 年年底盈余公积及未分配利润项目金额填列。

第二节　现时成本会计的评价

一、现时成本会计的优点

(一)能为经济决策提供更相关的会计信息

现时成本会计模式,能真实反映企业的财务状况和经营成果,增强了会计信息质量的相关性和有用性。例如,对企业管理者来说,历史成本是沉没成本,存在由于资产购置年代不同而在计价上有较大差异的不合理现象,制定未来决策往往需要现时成本,现时成本会计恰好能提供这种相关信息,信息的有用性也相应提高。另外,利润是现实收入与现时成本相互配比的基础上得出的,避免了在历史成本会计下产生的虚假利润。

（二）能全面评价企业的经营管理业绩

现时成本会计明确区分企业的经营损益与资产持有损益，两者性质不同，前者经营损益的大小取决于经营管理水平，反映企业管理者的真实经营管理水平，后者持有损益虽然取决于物价的变动因素，但也与管理者的应变能力有关。将两者分别列示于利润表中，有利于对企业管理人员的业绩做出全面、客观的评价。

（三）有利于实物资本保全

现时成本会计按现时重置成本补偿成本费用，保证了实物资产更新的资金来源。尤其是将通货膨胀时期产生的资产持有收益反映在所有者权益内，可较好地保持企业的生产经营能力，杜绝资本金的暗中流失。

二、现时成本会计的缺点

（一）现时成本的确定比较困难

严格说来，现时成本会计对资产收进、付出和储存的核算均应以现时成本为基础。但要想准确地确定资产的现时成本，尤其对专项设备和季节性生产，要确定其在任何时点的重置成本相当困难，往往需要大量的物价资料，由此可能导致大量的时间和花费，这对于大多数企业来说是困难的。如果采用直接估价或是按物价部门公布的分类物价指数进行调整，又势必加进主观意志，从而影响会计信息的可靠性。

（二）没有考虑一般物价水平的变化

在现时成本会计下，企业各期资产的现时成本或重置成本只是反映了资产在不同时期的现时价值，并没有考虑一般物价水平的变化，因此，在进行多期比较时，无法反映企业财务状况和经营成果的真实变动情况。另外，不计列一般物价水平影响的货币性项目购买力损益，未必能真正反映和消除物价变动对会计信息的影响。

（三）应用成本较高

在现时成本会计下，取得必要的物价变动资料必然要花费较多的人力物力，增加企业的负担。另外，现时成本的变动可能会导致投保额、所得税和财产税的变动，使审计的难度和成本增加，会给现时成本会计的实施带来很大的难度。

第三节 现时成本与一般物价水平结合会计

按照国际会计准则的要求，以现时成本法编制的财务报表也要按一般物价指数进行上一报告期的重述，因此，会计实务中有了将两种方法结合起来的会计。目的是要将一般物价指数未能反映的个别物价变动的影响再予以反映，在此基础上，还需要计算持有货币性项目的购买力损益，从而更准确地报告收益，揭示企业的财务状况。

一、现时成本与一般物价水平结合会计的特征

一般物价水平方法只是依据物价指数调整财务报表中的数额，没有改变会计记录的内容，且调整的依据是各期的一般物价指数，因此，该方法未能确切的表达固定资产、存货等的期末价值。

现时成本会计虽按期末固定资产、存货等的重置成本进行了实际的调整，但对各期的货币性项目不做改变，不计算货币性购买力损益，调整范围不涉及企业上期的权益数额。

将二者结合起来的会计既要变动会计计量基础，即要以会计分录的形式改变各项资产的计价；又要改变会计计量单位，即要用物价指数进行上述其他项目的调整。其特点如下：

(1)该方法在现时成本法的基础上再采用一般物价指数调整所有者权益数额，从而反映企业在一般购买力条件下所有者权益的保持程度；

(2)该方法在现时成本法的基础上还要按一般物价指数对各货币性项目进行换算，从而反映企业在一定时期内的货币购买力损益；

(3)该方法在账户记录的基础上又对各项目按一般物价指数进行调整，其报表的数额在某些项目上（如“持有损益”“资本保全调整”）仍会有与账户记录不一致的差异；

(4)用该方法编制报表比前述两种方法都费时费力，阅读者也难以对其中的某些项目全部理解；

(5)从实际工作的角度看，该方法的编制基础是现时成本法，先按现时成本法编制调整后的财务报表，再按一般物价指数调整。

二、资产负债表的调整与编制

资产负债表的调整是指依一般物价指数对已编制出的现时成本会计报表再进行调整。

资产负债表的调整包括：

(1)对年初资产负债表中各项目按年末物价指数的调整，调整时用年末的一般物价指数；

(2)对本期所有者权益数额的调整，此调整要通过换算得出。

三、资产持有损益的计算

资产持有损益应为年末一般物价水平基础上的现时成本与历史成本的差异，因此，按现时成本法确定的有关项目的持有损益必须扣除因一般物价水平变动的资产持有损益。

四、货币购买力损益与利润表其他项目数额的确定

该方法下的货币购买力损益是按一般物价水平方式对现时成本的调整，现时成本法将期初期末的货币性项目都视为现时成本，因此，该方法下的货币购买力损益的计算与一般物价水平方式下的完全相同。

营业收入、营业成本、折旧费用、营业费用、所得税、前期未分配利润等均需要在按现时

成本法调整的数字的基础上,再按一般物价指数进行调整。而对于年末一次性支付的费用,如提取盈余公积和未分配利润,同一般物价水平会计一样,不需要调整。

五、现时成本与一般物价水平结合会计的评价

(一)现时成本与一般物价水平结合会计的优点

1. 能够为决策提供更为相关的信息

一般物价水平会计改变了传统会计的计量单位,在按历史成本计价的基础上反映了物价变动的影响,但它采用的计量属性决定了它所提供信息的局限性。现时成本会计改变了传统会计的计量属性,能够提供比历史成本计价更为相关的会计信息,但它仍采用名义货币计量单位,不能全面反映和消除物价变动的影响。而现时成本与一般物价水平结合会计既改变了传统会计的计量单位,又改变了它的计量属性。因而,综合了一般物价变动会计和现时成本会计的优点,它以不变币值作为计量单位,以现时成本作为计量属性,因而能够提供对决策更为相关的会计信息。

2. 可以更加真实地反映企业收益和更好地评价管理人员的业绩

传统的会计以现时收入和历史成本相配比,计算出收益,而且以名义货币单位计量,从而使收益水分更大。现时成本与一般物价水平结合会计以不变币值计量的现时收入和现时成本相配比,使计算出的收益更为客观。同时,将收益分为经营收益和持有收益,并对持有收益进一步加以区分,能够较科学地评价管理人员运用资本获取利润的能力和科学地管理资产及资产保值增值的水平。

(二)现时成本与一般物价水平结合会计的缺点

1. 所需要的资料难以得到

现时成本与一般物价水平结合会计为了反映和消除物价变动对会计信息的影响,采用现时成本计价。但各项资产的现时成本资料难以取得,实际上主观随意性大。此外,用不变币值作为计量单位需要各种与各企业资产结构相适应的物价指数,而这些物价指数同样难以取得。这就使现时成本与一般物价水平结合会计的推广运用受到限制。

2. 会计程序和方法过于繁杂

采用现时成本与一般物价水平结合会计对以现时成本为计量基础的财务报表还需要按不变币值进行换算,既要反映货币购买力损益,又需要反映资产的持有损益,还要对持有损益加以区分,其调整计算过程比较复杂。经多次调整计算后得到的报表资料,在理解上有一定的难度,能真正看懂这种报表所提供的信息的使用者很少。

3. 需要花费较高的成本

由于现时成本与一般物价水平结合会计的程序和方法较复杂,因而大大增加了其工作量,相应地增加了信息的取得成本,从而使其效益是否一定大于成本成为一个值得探讨的问题。甚至从开始实行现时成本与一般物价水平结合会计,就有很多企业认为现时成本与一般物价水平结合会计的效益小于成本,因而难以被人们接受。

复习思考题

简答题

1. 简述现时成本会计的含义及特点。

2. 简述如何确认、计算资产的持有损益。

3. 简述现时成本会计的优缺点。

4. 简述如何编制现时成本会计报表。

计算分析题

1. 已知某公司期初购入存货 2 000 件，每件 15 元；该公司年中按每件 20 元售出该种存货 1 500 件，当时该种商品的重置成本为每件 17 元；期末公司的持有存货为 500 件，重置成本为每件 18 元。

要求：

(1) 计算本期的已实现和未实现的持有损益；

(2) 进行账务处理。

2. 某公司年初按 100 000 元价格购入一成套项目的固定资产，该资产预计可使用 5 年，本年度按直线法计提折旧，数额为 20 000 元。年末该资产的重置成本为 200 000 元。

要求：

(1) 计算固定资产的持有损益；

(2) 进行账务处理。

3. 编制以现时成本为基础的会计报表：

某公司 20×9 年按历史成本编制的会计报表如表 10－8、表 10－9 所示：

表 10－8　资产负债表

20×9 年 12 月 31 日　　　　单位：元

项目	20×8 年 12 月 31 日	20×9 年 12 月 31 日
货币资金	120 000	135 000
应收账款	45 000	42 000
存货	100 000	105 000
固定资产	520 000	520 000
减：累计折旧	(85 000)	(105 800)
资产合计	700 000	696 200
应付账款	40 000	45 000
长期借款	150 000	141 000
普通股	500 000	500 000
留存收益	10 000	10 200
权益合计	700 000	696 200

表 10-9 利润表

20×9 年度 单位:元

项目	金额
营业收入	500 000
减:营业成本	345 000
期初存货	100 000
本期购货	350 000
可供销售存货	450 000
期末存货	105 000
折旧费用	20 800
其他费用	44 000
所得税费用	40 000
净利润	50 200
加:期初留存收益	10 000
减:现金股利	50 000
期末留存收益	10 200

其他有关资料有:

(1)存货。20×8 年 12 月 31 日和 20×9 年 12 月 31 日的重置现时成本分别为 108 000 元和 112 000 元。

(2)固定资产。20×8 年 12 月 31 日的重置现时成本为 600 000 元,净值为 502 000 元;20×9 年 12 月 31 日的重置现时成本为 650 000 元。

(3)营业成本。20×9 年度平均现时成本为 390 000 元。

要求:

(1)编制以现时成本为基础的会计报表;

(2)编制资产持有损益计算表。

第十一章　清 算 会 计

本章主要介绍了企业破产清算的原因、类型、业务程序以及企业破产的处理；企业清算会计工作的内容；重点掌握普通清算和破产清算的会计核算。

【考核知识点】

清算会计工作的内容；清算会计对传统财务会计理论的改变；企业破产的处理程序；破产企业和管理人破产清算会计工作的内容；破产清算的会计核算；普通清算会计的一般核算程序；普通清算的会计核算。

【重要概念】

普通清算　破产清算　清算程序

第一节　清算会计概述

一、企业清算会计的概述

（一）企业清算的原因

企业清算是指企业按章程规定解散以及由于破产或其他原因宣布终止经营后，对企业的财产、债权、债务进行全面清查，并进行收取债权、清算债务和分配剩余财产的经济活动。导致企业清算的原因很多，通常有以下几种：

（1）公司章程规定的经营期限届满，投资方无意继续经营，自行终止。

（2）企业合并或者分立，企业需要解散。

（3）投资一方或各方不履行协议、合同、章程规定的义务，致使企业无法继续经营。

（4）企业发生严重亏损，无力继续经营。

（5）企业因自然灾害、战争等不可抗拒因素遭受严重的损失，无法继续经营。

（6）企业因违反国家法律、法规，危害社会公共利益被依法撤销。

（7）企业宣告破产。企业因经营管理不善造成严重亏损，无法偿还到期债务，由企业的债权人或企业申请，由人民法院宣告破产，即终止进入清算程序。

（8）股份有限公司和有限责任公司的股东决定公司解散。

（9）法律、企业章程所规定的其他解散事由已经出现。

无论上述哪种原因，都会使企业解体，失去法人资格，而清算是企业解体过程中最重要的业务事项。

（二）企业清算的类型

1. 普通清算

普通清算是指对因经营期满或者其他经营方面的原因,导致不宜或不能继续经营而自愿或被迫解散的企业所进行的清算。按企业规定的经营期限是否届满和企业终止法人资格的程序不同,普通清算可分为完全解散清算和非完全解散清算。完全解散清算是指对宣告解散并且各方都不再继续经营的企业所进行的清算。非完全解散清算也称产权转让清算,是指对因营业期满或其他原因,由合营一方将其所拥有的产权转让给另一方继续经营的解散企业所进行的清算。

2. 破产清算

破产清算是指对依法宣告破产的企业所进行的清算。

(三)企业清算的业务程序

无论是哪一种企业清算,其清算的业务程序基本是一致的。清算业务的一般程序如下:

1. 确定清算人或成立清算组

企业宣布经营终止时,不同于公司的正常经营活动,它涉及许多法律问题,同时具有较强专业性,应当在规定的期限内成立清算组。清算组指清算委员会,是企业经营终止后执行清算事务并代表企业行使职权的权力组织,清算组负责企业清算期间的一切事宜。有限责任公司的清算组,由股东组成;股份有限公司的清算组,由股东大会来确定人选;宣告破产的企业,则由人民法院组成清算组。

2. 清查债务

清算组成立后,应按有关的规定时间通知或公告债权人;债权人应在规定的时间内向清算组申报债权,并提供证明材料和有关债权说明;清算组应逐步审核、登记、编制企业债务明细表。

3. 清查财产和债权

清算企业的财产,包括宣布清算时企业的财产和清算期间所取得的财产。

4. 清偿债务

清算组在进行全面的企业财产、债权、债务清查后,清算财产应该首先支付清算期间开展全面清算工作所支出的所有清算费用。对支付清算费用后的剩余财产,按下列顺序逐项清偿企业债务:首先支付应付未付的职工工资、劳动保险等,其次缴纳企业的所得税款,最后清偿其他各项无担保债务。

如果企业的财产不能够完全清偿债务,要立即向法院申请宣告破产,待法院宣告破产后,清算组应将清算事务移交给法院。对宣告破产的企业,当破产财产不足以清偿同一顺序债务时,则在同一顺序内按比例清偿。

5. 分配剩余财产

企业清偿债务后的剩余财产,应在投资者之间进行分配。有限责任公司,应按投资各方的出资比例或企业章程、协议规定的办法进行分配。股份有限公司,应首先按优先股股份面值对优先股股份进行分配;优先股股东分配后的剩余部分,再按普通股股东的持股比例分配给普通股股东。如果剩余财产不足以全额偿付优先股股本,则按优先股股份面值的比例进行分配。

6. 编制清算报告和办理企业注销手续

企业清算工作全部结束后，清算组应编制清算报告并编制清算期内收支报表和各种财务账册。清算报告经注册会计师验证后，报股东大会或企业主管机关和企业原注册登记机关，办理公司注销手续，同时公告企业终止。至此，企业的清算过程全部结束。

二、破产清算会计工作的内容

（一）破产申请与受理

1. 破产申请

债务人、债权人以及依法负有清算责任的人都是破产申请的主体。债务人向人民法院申请破产需要提交以下材料：企业主体资格证明；企业法定代表人与主要负责人名单；企业职工情况与安置备案；企业亏损情况的书面说明，并附审计报告；企业至破产申请日的资产状况明细表；企业在金融机构开设账户的详细情况；企业债务（债权）情况表；列明企业的债权（债务）人名称、住所、数额、发生时间等情况；企业涉及的担保情况；企业已发生的诉讼情况；人民法院认为应当提交的其他材料。债权人申请债务人破产，应向人民法院提交有关债权发生的事实与证据，债权性质、数额、有无担保，并附证据，以及债务人不能到期清偿债务的证据。

2. 破产受理

人民法院收到破产申请后，应在 7 日内决定是否立案；决定受理破产案件的，要填制案件受理通知书，送达申请人和债务人。人民法院受理企业破产案件后，应通知债务人在 15 日内向人民法院提交有关会计报表、债权债务清册以及其他应当提交的材料。

（二）管理人

管理人是人民法院依法受理破产申请的同时指定的全面接管破产企业并负责破产财产的保管、清理、估价、处理和分配，总管破产事务的人。管理人可以由有关部门、机构的人员组成的清算组或者依法设立的律师事务所、会计师事务所、破产清算事务所等社会中介机构担任。管理人的主要职责是：

（1）接管债务人的财产、印章和账簿、文书等资料；

（2）调查债务人财产状况，制作财产状况报告；

（3）决定债务人的内部管理事务；

（4）决定债务人的日常开支和其他必要开支；

（5）在第一次债权人会议召开之前，决定继续或者停止债务人的营业；

（6）管理和处分债务人的财产；

（7）代表债务人参加诉讼、仲裁或者其他法律程序；

（8）提议召开债权人会议；

（9）人民法院认为管理人应当履行的其他职权。

（三）债务人财产

债务人财产，在破产法理论中又称为破产财团。依据《企业破产法》第一百零七条的规定，债务人财产在破产宣告后被称为“破产财产”。由此可见《企业破产法》对债务人的财产在破产宣告前后的不同阶段，赋予了不同的称谓。根据《企业破产法》第三十条规定可知，债务人财产是指破产申请受理时属于债务人的全部财产，以及破产申请受理后至破产程序终结前债务人取得的财产。

（四）破产费用和共益债务

1. 破产费用

破产费用是指人民法院受理破产申请后，为破产程序的顺利进行及对债务人财产的管理、变价、分配过程中，必须支付的且用债务人财产优先支付的费用。《企业破产法》规定，人民法院受理破产申请后发生的下列费用为破产费用：

（1）破产案件的诉讼费用；

（2）管理、变价和分配债务人财产的费用；

（3）管理人执行职务的费用、报酬和聘用工作人员的费用。

2. 共益债务

共益债务是指人民法院受理破产申请后，管理人为全体债权人的共同利益，管理债务人财产时所负担的或产生的债务，以及因债务人财产而产生的，以债务人财产优先支付的债务。《企业破产法》规定，人民法院受理破产申请后发生的下列债务为共益债务：

（1）以管理人或者债务人请求对方当事人履行双方均未履行完毕的合同所产生的债务；

（2）债务人财产受无因管理所产生的债务；

（3）因债务人不当得利所产生的债务；

（4）为债务人继续营业而应支付的劳动报酬和社会保险费用以及由此产生的其他债务；

（5）管理人或者相关人员执行职务致人损害所产生的债务；

（6）债务人财产致人损害所产生的债务。

（五）债权申报

债权申报是指债务人的债权人在接到人民法院的破产申请受理裁定通知或者公告后，在法定期限内向人民法院申请登记债权，以取得破产债权人地位的行为。《企业破产法》规定，人民法院受理破产申请后，应当确定债权人申报债权的期限。申报债权的期限自人民法院发布受理破产申请公告之日起计算，最短不得少于30日，最长不得超过3个月。

（六）债权人会议

债权人会议由申报债权的债权人组成。债权人会议设主席1人，由人民法院从有表决权的债权人中指定,债权人会议主席主持债权人会议。债权人会议的职权是:核查债权;申请人民法院更换管理人,审查管理人的费用和报酬;监督管理人;选任和更换债权人委员会成员;决定继续或者停止债务人的营业;通过重整计划;通过和解协议;通过债务人财产的管理方案;通过破产财产的变价方案;通过破产财产的分配方案;人民法院认为应当由债权人会议行使的其他职权。

(七)破产财产的变价

《企业破产法》规定,管理人应及时拟定破产财产变价方案。由于破产财产变价方案关系破产案件当事人尤其是债权人的利益,因此,管理人拟定的破产财产变价方案应提交债权人会议讨论通过。

(八)破产财产的分配

根据《企业破产法》规定,破产财产按照下列顺序进行分配:

(1)破产财产优先清偿破产费用和共益债务(但是它对破产企业特定财产享有优先受偿权的债权没有优先权);

(2)破产人所欠职工的工资和医疗、伤残补助、抚恤费用,所欠的应当划入职工个人账户的基本养老保险、基本医疗保险费用,以及法律、行政法规规定应当支付给职工的补偿金;

(3)破产人欠缴的除前项规定以外的社会保险费用和破产人所欠税款;

(4)普通破产债权。

(九)破产终结

破产程序的终结,又称破产程序的终止,是指人民法院受理破产案件后,在出现法定事由时,由人民法院依法裁定终结破产程序,结束破产案件的审理。《企业破产法》规定,下列情况终结破产程序:

(1)债务人财产不足以清偿破产费用的,管理人应当提请人民法院终结破产程序;

(2)人民法院受理破产申请后,债务人与全体债权人就债权债务的处理自行达成协议的,可以请求人民法院裁定认可,并终结破产程序;

(3)破产人无财产可供分配的,管理人应当请求人民法院裁定终结破产程序;

(4)破产财产分配完毕。

第二节　普通清算的会计处理

一、普通清算会计的一般核算程序

企业进入清算期,清算组应变卖企业所有财产,清偿所有债务,并将剩余财产在投资者之间进行分配。普通清算会计的一般核算程序如下:

(1)全面清算财产,编制财产盘点表和清算日的资产负债表;

(2)核算监督财产和物资的处置、债权的回收、债务的偿付以及清算费用的支付和结转；

(3)计算清算损益,编制清算费用表、利润表和清算结束日的资产负债表；

(4)归还投资各方的资本,并分配剩余财产,结平各账户。

二、普通清算的会计核算

企业解散清算属于对企业正常终止的清算,不需要另设新的账户体系。但清算组对解散清算进行核算时,要增设"清算费用"和"清算损益"两个账户。"清算费用"账户是用来核算清算过程中发生的各项费用,如清算人员酬金、咨询费、诉讼费、利息支出等;"清算损益"账户是用来核算清算过程中发生的收益或损失。由于解散清算沿用旧账,因此也就不需结转账户的余额。

下面举例说明企业普通清算的会计核算。

【例 11 -1】 昊海股份有限公司近几年经营不善,连续发生亏损,经股东大会决定终止经营,自 20×0 年 7 月 1 日起办理清算。

清算组的清算过程如下:

(1)编制清算日的资产负债表,如表 11 -1 所示。

表 11 -1　资产负债表(清算前)

编制单位:昊海公司　　20×0 年 6 月 30 日　　单位:元

资产	金额	负债和所有者权益	金额
流动资产:		流动负债:	
现金	8 320	短期借款	800 000
银行存款	880 000	应付票据	320 000
应收票据	880 000	应付账款	15 200 000
应收账款	11 071 680	应付职工薪酬	320 000
减:坏账准备	320 000	应交税费	480 000
应收账款净额	10 751 680	流动负债合计	17 120 000
存货	15 328 000	非流动负债:	
流动资产合计	27 848 000	长期借款	1 600 000
非流动资产:		负债合计	18 720 000
固定资产原值	20 528 000	股东权益:	
减:累计折旧	4 056 000	股本	32 000 000
固定资产净值	16 472 000	资本公积	3 200 000
		盈余公积	1 600 000
		未分配利润	(11 200 000)
		股东权益合计	25 600 000
资产总计	44 320 000	负债和股东权益总计	44 320 000

(2)核算清算费用。

20×0年7月1日至7月31日期间共支付各项清算费用280 000元,其中清算人员酬金128 000元,咨询费用64 000元,诉讼费用88 000元。

账务处理如下:

借:清算费用　　280 000
　贷:现金　　8 320
　　银行存款　　271 680

(3)核算变卖财产物资的损益。

①处理存货,其中原材料账面价值3 200 000元,产成品账面价值8 000 000元,溢价出售原材料3 840 000元,产成品9 760 000元。在产品账面价值3 200 000元,低值易耗品账面价值928 000元,折价出售在产品2 880 000元,低值易耗品320 000元。

账务处理如下:

借:银行存款　　16 800 000
　贷:原材料　　3 840 000
　　生产成本　　2 880 000
　　库存商品　　9 760 000
　　低值易耗品　　320 000
借:原材料　　640 000
　库存商品　　1 760 000
　贷:清算损益　　2 400 000
借:清算损益　　928 000
　贷:生产成本　　320 000
　　低值易耗品　　608 000

②处理固定资产收入17 600 000元,超过账面净值1 128 000元。

先将变价收入入账。

借:银行存款　　17 600 000
　贷:固定资产　　17 600 000

再将累计折旧冲销固定资产,并将溢价部分转入"清算损益"科目。

借:累计折旧　　4 056 000
　贷:固定资产　　928 000
　　清算损益　　1 128 000

(4)核算企业收回债权和清偿债务。

①收回应收票据880 000元,支付贴现利息24 000元。

借:银行存款　　856 000
　清算费用　　24 000
　贷:应收票据　　880 000

②收回应收账款10 720 000,冲销坏账准备320 000元,其余31 680元无法收回,作为

坏账损失。

借：银行存款　　10 720 000

　坏账准备　　320 000

　清算损益　　31 680

　贷：应收账款　　11 071 680

③清偿应付职工薪酬。

借：应付职工薪酬　　320 000

　贷：银行存款　　320 000

④交清税费。

借：应交税费　　480 000

　贷：银行存款　　480 000

⑤归还短期借款800 000元，并支付利息24 000元。

借：短期借款　　800 000

　清算费用　　24 000

　贷：银行存款　　824 000

⑥偿还应付票据及应付账款。

借：应付票据　　320 000

　应付账款　　15 200 000

　贷：银行存款　　15 520 000

⑦归还长期借款，并支付利息80 000元。

借：长期借款　　1 600 000

　清算费用　　80 000

　贷：银行存款　　1 680 000

(5)核算剩余股东权益。

①将“清算费用”转入“清算损益”科目。

借：清算损益　　408 000

　贷：清算费用　　408 000

②计算清算经损益，结转到“利润分配”科目。

“清算损益”借方合计为1 367 680元，贷方合计为3 528 000元，则清算经损益为2 160 320元。

借：清算损益　　2 160 320

　贷：利润分配　　2 160 320

清算损益应先弥补以前年度亏损，若有剩余，再计算并交纳所得税。本例题清算损益2 160 320元，不足以弥补以前年度亏损11 200 000元。不用计算缴纳企业所得税。

③计算剩余财产。

(6)编制清算费用表（表11－2）、利润表（表11－3）、清算后资产负债表（表11－4）。

表 11－2　清算费用表

编制单位：昊海公司　　20×0 年 7 月 31 日　　单位：元

费用项目	金额
清算人员酬金	128 000
咨询费用	64 000
诉讼费用	88 000
利息支出	128 000
合计	408 000

表 11－3　清算利润表

编制单位：昊海公司　　20×0 年 7 月 31 日　　单位：元

清算损失及清算费用	金额	清算收益	金额
清算费用	408 000	存货溢价收益	2 400 000
应收账款坏账损失	31 680	固定资产溢价收益	1 128 000
存货折价损失	928 000		
合计	1 367 680	合计	3 528 000

表 11－4　资产负债表（清算后）

编制单位：昊海公司　　20×0 年 7 月 31 日　　单位：元

资产	金额	股东权益	金额
银行存款	27 760 320	股本	32 000 000
		资本公积	3 200 000
		盈余公积	1 600 000
		未分配利润	(9 039 680)
合计	27 760 320	合计	27 760 320

(7)归还股东股款。

将剩余财产分配给普通股股东。

第三节　破产清算的会计处理

一、破产清算会计的一般核算程序

破产清算的特殊性决定了其核算程序与普通清算程序有所区别。破产清算会计的一般核算程序如下：

(1)设置账户科目，建立新的账户体系；

(2)结转各破产清算账户的起初余额;
(3)在财产清查的基础上,编制清查后的财产盘点表和资产负债表;
(4)核算和监督破产企业财产的处置;
(5)核算和监督清算费用的支付;
(6)核算和监督破产企业财产的分配,结平各账户;
(7)编制清算会计报表,办理企业注销登记。

二、破产清算的会计处理

(一)设置会计账户

(1)“清算费用”账户,用来核算被清算企业在清算期间发生的各项费用。支付各项清算费用时,计入该账户的借方;清算结束,将该账户发生额转入“清算损益”账户时,计入该账户的贷方。

(2)“土地转让收益”账户,用来核算被清算企业转让土地使用权取得的收入和发生的有关成本、税费等。取得土地使用权转让收入时,计入该账户的贷方;结转转让成本、土地使用权所得支付职工安置费以及支付转让的有关税费时,计入该账户的借方;清算终结时,应将本账户的余额转入“清算损益”账户。

(3)“清算损益”账户,用来核算被清算企业在破产清算期间处置资产、确认债务等发生的损益和被清算企业的所有者权益。在清算结束后,清算损益账户的余额可能在贷方,也可能在借方,分别表示清算收益和损失。

(二)破产清算会计处理程序

(1)编制破产清算日的资产负债表;
(2)核算清算费用、变价收入、收回的债权及清偿的债务和剩余股东权益;
(3)编制清算报表;
(4)归还各类股东权益。

【例 11-2】 兴隆公司因经营管理不善,严重亏损,不能清偿到期债务,经股东大会同意申请破产。该公司清算前的资产负债表如表 11-5 所示。

表 11-5 资产负债表(清算前)

编制单位:兴隆公司　　　　单位:元

资产	金额	负债和所有者权益	金额
流动资产:		流动负债:	
现金	12 000	短期借款	2 400 000
银行存款	3 840 000	应付票据	1 200 000
应收票据	480 000	应付账款	22 800 000
应收账款	13 200 000	应付职工薪酬	1 200 000

表 11－5(续)

资产	金额	负债和所有者权益	金额
减:坏账准备	360 000	应交税费	720 000
应收账款净额	12 840 000	流动负债合计	28 320 000
存货	8 400 000	非流动负债:	
流动资产合计	25 572 000	长期借款	12 000 000
		负债合计	40 320 000
非流动资产		股东权益:	
固定资产原值	9 120 000	优先股	12 000 000
减:累计折旧	3 000 000	普通股	36 000 000
固定资产净值	6 120 000	资本公积	4 800 000
		盈余公积	2 400 000
		未分配利润	(63 828 000)
		股东权益合计	(8 628 000)
合计	31 692 000	合计	31 692 000

在清算过程中,发生如下经纪业务:

(1)支付各项清算费用 1 212 000 元,包括清算人员酬金 168 000 元,公告费用 48 000 元,咨询费用 48 000 元,诉讼费用 60 000 元,利息净支出 888 000 元;

(2)处理存货共获得价款 8 400 000 元,其中,原材料和产成品溢价出售超过账面价值 720 000 元,在产品和低值易耗品折价出售低于账面价值 720 000 元;

(3)处理固定资产收入 6 480 000 元,超过账面净值 720 000 元;

(4)在上述被处理固定资产中有一建筑物原来作价 2 400 000 元,用作长期借款的担保物,现在应当优先偿还有抵押的借款;

(5)收回应收票据 480 000 元,应收账款 12 000 000 元,冲销坏账准备后还有 840 000 元无法收回,作为坏账损失,记入“清算损益”的借方;

(6)经过上述处理后,剩余财产仅剩下银行存款 27 960 000 元。

以上会计事项的处理与前述普通清算业务一样,不再一一列出。

在进行破产公司剩余财产分派时,必须按照法律规定的程序清偿:

首先,支付应付职工薪酬、应交税费:

借:应付职工薪酬	1 200 000	
应交税费	720 000	
贷:银行存款		1 920 000

其次,清偿应归还债权人的款项。兴隆公司欠债权人款项 36 000 000 元,包括短期借款 2 400 000 元、应付票据 1 200 000 元、应付账款 22 800 000 元、长期借款 9 600 000 元(12 000 000 – 2 400 000),而现在剩余财产为 26 040 000 元(27 960 000 – 1 920 000)。因此,只能按 72.33%(26 040 000/36 000 000 × 100%)的偿还比例偿还。

计算偿还：

借：短期借款　　1 736 000

　应付票据　　868 000

　应付账款　　16 492 000

　长期借款　　6 944 000

　贷：银行存款　　26 040 000

无力归还的部分 9 960 000 元，转入"清算损益"科目。

借：短期借款　　664 000

　应付票据　　332 000

　应付账款　　6 308 000

　长期借款　　2 656 000

　贷：银行存款　　9 960 000

再次，将清算费用转入清算损益，并结转清算损益。

借：清算损益　　1 212 000

　贷：清算费用　　1 212 000

同时，

借：清算损益　　8 628 000

　贷：利润分配　　8 628 000

经过上述会计处理后，编制清算费用表（略）、清算利润表（表 11－6）、清算后资产负债表（表 11－7）。

表 11－6　清算利润表

编制单位：兴隆公司　　单位：元

清算损失及清算费用	金额	清算收益	金额
清算费用	1 21 000	存货溢价收益	720 000
应收账款坏账损失	840 000	固定资产溢价收益	720 000
存货折价损失	720 000	短期借款偿还后的差额收入	664 000
		应付票据偿还后的差额收入	332 000
		应付账款偿还后的差额收入	6 308 000
		长期借款偿还后的差额收入	2 656 000
合计	2 772 000	合计	11 400 000

表 11 -7　资产负债表(清算后)

编制单位:兴隆公司　　　　　　　　　　　　　　　　　　　　　　　　单位:元

资产	金额	股东权益	金额
银行存款	55 200 000	优先股	12 000 000
		普通股	36 000 000
		资本公积	4 800 000
		盈余公积	2 400 000
合计	55 200 000	合计	55 200 000

最后,做账务处理。兴隆公司不能抵偿负债,除按比例清偿债务外,不能支付优先股股利和股本,账务处理如下:

借:资本公积　　4 800 000
　盈余公积　　2 400 000
　股本——优先股　　12 000 000
　　——普通股　　36 000 000
　贷:利润分配　　55 200 000

复习思考题

简答题

1. 简述企业清算的含义。
2. 简述企业清算会计的特点。
3. 简述企业普通清算与企业破产清算会计处理的区别。
4. 简述企业破产清算会计的程序及核算。
5. 简述破产清算会计报表的种类及基本结构和格式。

计算分析题

1. 甲有限责任公司由 A、B、C 三方分别投资 50%、30% 和 20% 组成。由于经营期满,于 2020 年 12 月 1 日解散公司,12 月 31 日清算结束。该公司注册资本 200 万元,解散时 12 月 1 日的资本公积为 60 万元,留存收益为 40 万元,解散过程中发生的清算收益为 50 万元。

要求:计算公司解散时 A、B、C 三方各收回的投资额,并进行相关会计处理。

2. 大龙公司因经营管理不善,发生严重亏损,无法进行重组计划,于 2020 年 2 月向法院申请破产。法院于 4 月初宣告该公司实行破产清算,清算组由债权、债务相关责任部门组成。截止到 4 月初各项账户余额如表 11 -8 所示。

表 11－8　账户余额表

2020 年 4 月 1 日　　单位:元

总账科目	借方余额	总账科目	贷方余额
货币资金	63 250	应付账款	110 500
应收账款	122 300	应付职工薪酬	202 250
其他应收款	15 000	应交税费	200 700
原材料	48 250	其他应付款	229 050
库存商品	62 050	长期借款	438 250
长期股权投资	179 000	实收资本	125 000
固定资产(净额)	353 500	资本公积	15 750
无形资产	125 000	盈余公积	22 070
长期待摊费用	266 250	利润分配	42 780
待处理财产损益	151 750		
合计	1 386 350	合计	1 386 350

其他资料:

清算组对该企业的财产、债权、债务进行全面审查之后得出以下结论:

(1)应收账款 11 295 元无法收回,准予核销。

(2)清查中发现短缺库存原材料 6 735 元。

(3)注销无形资产 15 000 元。

要求:根据上述资料,计算清算净损失。

参 考 文 献

[1] 傅荣. 高级财务会计[M]. 5 版. 北京:中国人民大学出版社,2019.

[2] 刘永泽,傅荣. 高级财务会计[M]. 6 版. 大连:东北财经大学出版社,2018.

[3] 杨金观. 高级财务会计[M]. 4 版. 北京:经济科学出版社,2019.

[4] 比姆斯,安东尼,贝丁豪斯,等. 高级会计学[M]. 毛新述,何玉润,张路,等译. 13 版. 北京:中国人民大学出版社,2020.

[5] 田翠香,李宜. 高级财务会计[M]. 北京:清华大学出版社,2019.

[6] 王敏,韩跃. 高级财务会计[M]. 2 版. 北京:经济科学出版社,2021.

[7] 费金华,贲友红. 高级财务会计学[M]. 北京:立信会计出版社,2021.

[8] 中华人民共和国财政部. 企业会计准则:应用指南[M]. 北京:立信会计出版社,2021.

[9] 中华人民共和国财政部. 企业会计准则[M]. 北京:立信会计出版社,2020.